한반도에 새겨진
십자가의 길

한국교회 위대한 믿음의 사람들, 50인

한반도에 새겨진 십자가의 길

발행일: 2013년 9월 28일 초판 발행
        2014년 4월 11일 2쇄 발행
        2015년 6월 22일 3쇄 발행
발행인: 김재현
엮은이: 김재현
발행처: 한국고등신학연구원(KIATS)
한글편집: 강은혜, 류명균
디자인: 박송화
등록번호: 제 300-2004-211호
주소: 서울시 용산구 한강로 1가 228 한준빌딩 1층
전화: 02-766-2019
팩스: 0505-116-2019
E-mail: kiats2019@gmail.com
ISBN: 978-89-93447-59-0

*본 출판물의 저작권은 한국고등신학연구원(KIATS)에 있습니다.
*사전동의 없이 무단으로 복사 또는 전재하여 사용할 수 없습니다.

*이 도서의 국립중앙도서관 출판시도서목록(CIP)은 서지정보유통지원시스템 홈페이지(http://seoji.nl.go.kr)와 국가자료공동목록시스템(http://www.nl.go.kr/kolisnet)에서 이용하실 수 있습니다. (CIP제어번호: CIP2013017882)

한반도에 새겨진 십자가의 길

한국교회 위대한 믿음의 사람들, 50인

김재현 엮음

KIATS
2013

한반도의 십자가의 길을 찾는 순례 길을 기대하며

김재현(한국고등신학연구원장)

| 순교자와 기독교의 발전 |

소아시아 서머나 교회의 감독 폴리카르푸스Policarpus는 155년경 로마의 황제숭배에 반대하다 잡혀와 장작더미 위에서 화형을 기다리고 있었다. 사형을 집행하던 호민관이 그에게 하나님을 부인하면 살려주겠다고 제안했다. 이에 86세의 노인 폴리카르푸스는 한치의 주저함이 없이 말했다. "내가 살아온 지난 86년간 주님은 나를 한 번도 부정한 일이 없는데, 내가 어찌 하나님을 부정하겠소." 이후 폴리카르푸스는 기독교 역사에 등장한 수많은 순교자의 모델이 되었다.

202년 아프리카 북부 카르타고에서는 한 살 먹은 아이를 둔 21살의 젊은 로마의 귀부인 페르페투아Perpetua가 신앙의 절개를 지키다가 로마인들이 세운 원형 경기장에서 암소 등의 동물에게 찢겨 순교했다. 동방과 서방, 이집트에서 파리의 수호성인 디오니시우스Dionysius까지 시대와 장소를 불문하고 '하늘의 허다한 구름 같은 증인들'이 기독교의 생명과 바른 복음과 신앙의 절개를 지키기 위해 자신의 목숨을 초개와 같이 던졌다.

'증거자'를 뜻하는 순교자라는 용어는 일반적으로 하나님의 이름을 증언하다가 고난을 겪거나 또는 박해를 받아 죽음에 이르는 자를 일컫는다. 그리고 이들이 보여준 '증거', 혹은 '증인으로 사는 삶'을 순교라 부른다. 순교는 반드시 죽음으로서의 증거만을 뜻하진 않는다. 로마의 박해시대가 끝나자 평안하고 안정된 삶을 버리고 사막으로 들어간 수도사 안토니우스Anthonius는 스스로 고행의 길을 택해 '순교자적인 정신'을 가지고 살아갔다. 보이는 칼보다 보이지 않는 순교적 삶이 더 어렵고 '육체적 죽음'과 같은 가치를 갖는다는 점을 강조한 것이다. 사람들은 직접적인 박해에 의한 순교를 '적색순교'Red-martyrdom, 스스로 고난의 길을 택한 자들을 '백색순교'White-martyrdom라 부른다. 그러나 호사가들이 명칭의 상이성을 두고 벌이는 논쟁과 상관없이 이들 모두는 예수님의 십자가라는 시대의 짐을 지고 순교적 삶을 살아갔던 자들로 교회의 씨앗이 되었던 자들이다.

| 한국교회와 순교, 개항과 일제 그리고 분단 |

폴리카르푸스의 순교정신은 1801년 한국교회 순교의 빗장을 연 정약종의 고백에도 그대로 이어졌다. "하나님은 하늘과 땅의 대군대부大君大父이므로 하나님을 받드는 것을 알지 못하는 사람은 하늘과 땅의 죄인이며, 살아도 죽은 것만 같지 못하다." 한국 가톨릭의 대부 정약종의 가족은 하나님을 믿어 일가가 파멸된 경우를 여실히 보여준다. 아내와 딸 정정혜, 아들 정철상과 정하상이 모두 순교의 잔을 마셨다. 정약종의 동생이요 시대의 천재인 정약용도 기독교 때문에 결정적인 타격을 받았다.

18세기 말 조상들의 제사를 거부하는 데서 시작한 기독교인들에 대한 박해는 19세기 조선의 문호개방과 쇄국정책의 갈등 가운데서 수많은 가톨릭 순교자를 만들어냈다. 양화진에 위치한 잠두봉蠶頭峰은 원래 누에의 머리처럼 생겼다는 것에서 지명이 유래되었지만, 1866년 병인박해 때 수많은 가톨릭 교우들이 순교를 당해서 '머리를 자른 산'을 의미하는 '절두산'切頭山으로 명칭이 바뀌었다.

가톨릭보다 뒤늦게 조선에 전해진 개신교 역시 순교로 역사를 시작했다. 순교로 조선 선교의 빗장을 연 토마스Robert J. Thomas 선교사, 양화진 외국인 선교사 묘원에 처음으로 묻힌 헤론John W. Heron, 그리고 셀 수 없이 많은 기독교인의 순교와 희생의 피 위에 한국개신교는 형성되고 발전되었다. 한국교회의 역사를 순교의 피 없이 논할 수 없는 이유이다.

19세기 구한말 시대를 지나서도 박해와 순교의 역사는 지속되었다. 바로 일제강점기의 잔혹한 지배와 신사참배 강요 때문에 한국교회는 20세기 전반부를 어두운 터널 가운데 보냈다. 일제강점기의 싸움은 대개 십계명의 제1계명과 천황숭배 사이의 싸움이었다. 하나님과 우상숭배 사이의 첨예한 대립은 손양원 목사의 증언에서도 잘 드러난다. "천조대신을 예배하는 것은 우상숭배이다…… 신사참배는 하나님의 율법을 어기는 우상숭배의 죄를 범하는 것이다." 일본의회까지 가서 합법적 투쟁을 했던 박관준 장로 역시 이러한 입장을 반증했다. "한국 그리스도인들에게 신사참배를 강요하는 것은 죄다." 이 때문에 주기철 목사를 비롯한 많은 사람이 옥중에서 순교했고, 남궁억과 이기풍 같은 경우 고문 때문에 옥을 나와서도 고통 가운데 신음하다 하나님의 품에 안겼다.

사람들이 흔히 묻는 '그들이 어디서 죽었는가', '일차적인 죽음의 원인이 무엇인가'라는 질문은 잔혹한 고문과 억압에 처했던 그들에게는 사치스러운 질문처럼 보일 수 있다. 고문과 박해로 감옥이나 현장에서 죽은 자들만 순교자로 간주하는 것은 너무 엄격한 잣대일 수 있다. 모진 고문 속에서도 살아남아야 했던 자들의 아픔과 고통은 순교 이상의 것이었기 때문이다.

20세기 전반을 일본의 강압적인 지배하에서 보낸 한국교회는 해방의 기쁨을 누리거나 자신을 정리해 볼 시간을 갖지 못했고, 사회에서는 점차 좌익과 우익의 분열이 심화되어 갔다. 일본에 협력하여 교회를 팔아먹고 남의 자식들을 전쟁터로 몰아낸 기독교 지도자들과 일반 부일 협력자들을 정리하거나 청산할 겨를도 없이 좌익과 우익, 반공과 반미로 나뉘어 분열과 소요가 전국적으로 일어났다. 신의주에서 여수-순천, 제주에 이르기까지 수많은 사람이 시대의 희생양이 되었다. 손양원 목사의 두 아들의 순교이야기에서 보듯이, 이 시기 기독교인들의 희생 역시 결코 적지 않았다.

이러한 내부적인 갈등과 분열은 결국 1950년 전쟁으로 이어졌다. 수많은 시민이 학살되고, 수백만 명의 사상자를 낸 한국전쟁은 한국교회에도 치명적인 상처를 입혔다. 특히 전쟁 초기부터 1950년 9월 28일 서울 수복기간에 한국교회는 엄청난 희생자를 냈다. 전쟁이 시작된 지 한달 반도 안되어 물밀듯이 소록도까지 쳐들어온 공산군들은 유엔군의 개입으로 갑작스럽게 퇴각하면서 수많은 기독교인을 죽였다. 야월교회와 염산교회의 경우에는 기독교인들을 바닷가 수문으로 데리고 가서 수장시켰고, 우물에 빠트리거나 땅을 파고 집단으로 매장하기도 했다. 공산군들의 기독교인 박해는 상상을 초월했고, 일제강점기 36년간 순교한 사람들보다 훨씬 많은 숫자가 불과 4개월 이내에 죽임을 당했다.

같은 동족인 공산군들의 기독교인들에 대한 박해는 전쟁이 끝난 후에도 깊은 상처를 남겼다. 전쟁 후 한국교회에 진보적 신학사상이 유입되면서 교단은 분열을 거듭했다. 가족과 교인들의 잔혹한 죽음을 눈앞에서 지켜본 이들 속에 각인된 반공 개념은 정부의 반공 이데올로기보다 더 강한 '반공 신앙'을 만들어 내었다. 배고픈 북한 주민들에 대한 연민과 강력한 '반공 신앙'이라는 역설적 조합은 한국전쟁이 만들어낸 괴물 중의 하나이다.

또한, 배고픔을 극복하는 과정에서 강력하게 등장한 한국교회 성장 신화는 다른 모든 신학적 담론을 빨아들이는 블랙홀로 등장했다. 이 성장 신화가 한국경제의 근대화 과정과 밀착되면서 시대의 정의와 공정한 한국역사에 대한 평가를 역사의 뒷전으로 몰아낸 것은 어쩌면 이해할만한 상황이었는지 모른다. 한국전쟁의 상처가 얼마나 깊었으면, 거의 반세기에 걸친 일제의 잔혹하고 잔인한 지배도 한국교회에 그리 커 보이지 않았을까? 브레이크 없는 교회의 성장 신화와 반공 이데올로기에 기초한 신앙은 한국사회가 민주화되고 한국교회 성장에 구름이 끼는 1980년대 말까지 계속되었다.

| 버림과 초월, 이 시대 다시 찾는 순교 영성 |

위에서 언급했듯이 가톨릭과 개신교를 막론하고 한국교회는 신앙 선배들의 피로 대신한 순교와 희생의 삶을 기초로 발전해 왔다. 오랜 역사 가운데 1천 번에 달하는 크고 작은 외세의 침략을 당해오면서도 역사를 유지해 온 민족의 후손답게,

임진왜란 이후 가톨릭교회와 19세기 중반 이후 한국개신교는 비록 짧은 시간이지만 엄청나게 많은 신앙의 유산을 남겼다.

한국교회는 자랑스러운 신앙의 유산이 많음에도 불구하고, 한국사회의 민주화와 함께 20세기 후반부터 안팎으로 수많은 도전을 받고 있다. 한국근대화와 경제발전의 가장 큰 공헌과 수혜를 받은 자가 한국교회라고 할 정도로 한국교회는 부자가 되었다. 물론 70%에 달하는 미자립 교회들이 있지만, 눈에 도드라지는 교회들은 모두 대형교회의 부자교회들이다. 많은 사람이 이들을 보고 가난의 정신과 신앙의 본질을 잃어버렸고, 역사의식이 결여되었다고 질타한다.

한국전쟁의 종료와 함께 한국교회는 미국과 서구지향 일변도로 교회를 이끌어 왔다. 문화와 삶이 다른 미국의 서구신학과 교회의 모습이 여과 없이 수용되었다. '서구는 좋은 것, 동양은 열등한 것'이라는 19세기 말 제국주의자들이 만들어 낸 도식이 아직도 교회 내에 그대로 들어와서, 우리 것과 우리 선배들이 지켜온 신앙의 유산과 정신은 교회나 신학교에서도 거의 거들떠보지 않았다. 거듭된 교단분열은 같은 시대를 살아가는 사람들이 가진 다양한 가치를 존중하기보다 우리의 것을 무시하고 '밖에 것'에 더 목숨 거는 상황을 만들어내었다.

한국교회의 거침 없는 성장은 '교단분열이 교회를 성장시킨다.'는 웃지 못할 상황을 만들어내었다. 1965년 미래의 교회를 예단한 하버드대학의 하비 콕스Harvey Cox가 지은 명저《세속도시》는 20세기 후반 한국교회에서 한국판 '세속교회'로 가장 잘 구현되었다. 1980년대부터 불기 시작한 세계선교의 바람과 연간 100여 명씩 쏟아져 나오는 신학박사들의 눈에도 한국교회가 직면한 본질적인 질문은 쉽사리 잡히지 않았다.

21세기 처음 10년을 마치면서 한국교회는 이제야 교회가 닥친 문제를 어느 정도 인식하게 되었다. 늦었지만 그래도 다행이다. 이제 한국교회는 어디로 갈 것인가, 20세기 한국민족과 교회의 발전에 많은 이바지를 했으면서도 일부 층에 의해 '개독교'라고 놀림을 받는 이 현실을 어떻게 넘어설 것인가, 후기 자본주의와 후기 근대주의를 넘어서도 엄연히 존재하는 사람들의 깊은 종교적 갈증을 오늘의 기독교는 어떻게 채워 줄 것인가?

이 책은 이러한 문제의식과 질문에 대하여 작은 실마리를 제공해 주려는 몸부림의 하나이다. 교회의 씨앗을 잉태해 온 순교정신과 순교 영성에서 한국교회 치유와 희망, 회복과 부흥의 실마리를 찾으려는 것이다. 다만 한국역사의 순교는 일제와 분단 때문에 피로 얼룩져 왔지만, 이 시대 우리가 추구할 순교는 자신의 부함과 '가짐'having, 명성과 이름을 죽이고, 신앙의 본질과 자신의 '존재'being를 재발견하는 사막의 교부들이 추구한 '백색순교'이다. 자신의 것을 버리거나 아무것도 아닌 것으로 초월하지 않고서는 이 시대 순교정신을 다시금 재현할 수 없다.

| 이 책의 구성과 인물의 선별 기준 |

이 책은 지난 150여 년의 한국개신교 역사에서 한반도의 십자가를 찾아 짊어지고 간 위대한 신앙선배들의 삶과 신앙을 일반성도들을 비롯한 한국교회와 나누기 위한 것이다. 이 책은 다음과 같은 요소를 염두에 두고 구성되었다.

첫째, 이 책은 한국개신교 역사를 다섯 개의 시기나 지역 -초창기, 만주와 시베리아, 독립운동, 일제하, 해방 후 한국전쟁까지-으로 나누어 '순교자적인 삶'을 살았던 대표적인 인물들을 교단과 교파에 상관없이 묶었다. 지금까지 교단이나 지역별로 산발적으로 진행되어 온 순교자에 대한 연구를 통합적으로 분석해 보았다. 한국개신교의 경우 해방 이후부터 한국전쟁 초기 4개월 어간에 가장 많은 순교자와 희생자가 발생하였다. 공산군과 좌익세력에 의한 집단순교지가 가장 많이 등장한 것도 바로 한국전쟁기간이 속해 있는 마지막 부분이고, 그래서 제5부가 보다 두툼하게 구성되었다.

둘째, 지금까지의 한국개신교 순교자들에 대한 연구와 저술에서 가장 문제가 되는 것은 순교자에 대한 정의와 규정문제이었다. 어떤 학자나 교단의 경우 고문이나 박해와 직접 연결해서 현장에서 죽은 경우를 순교자로 규정하고, 고문의 후유증이나 업무와 관련해서는 순직으로 표현하고 있다. 고문 후유증으로 요양하거나 사역하다 죽은 경우 아예 순교자라는 칭호를 주지 않는 경우도 있었다. 일제의 고문으로 집으로 돌아온 지 일주일 만에 죽은 이기풍 목사의 경우 순교자의 칭호를 받는데 오랜 세월이 걸렸다. 이에 이 책에서 우리는 이러한 구분에 동의하지 않고, 2천년 기독교 역사가 일반적으로 규정해 온 고난이나 박해를 받아 죽은 경우, 사역의 과정에서 순교적 삶을 살았던 경우, 고문이나 총살 등의 일차적인 이유로 현장에서 숨을 거둔 경우 등으로 순교의 개념을 광범위하게 규정하여 이에 맞는 인물을 선정했다. 살아남은 자들에게 순교를 면밀히 규명해 주는 것도 중요하지만, 우리가 마주 대하고 있는 인물이 순교적 삶을 살거나 순교적 죽음을 어떻게 맞이했는가를 보여주는 것이 더 중요하다고 보았기 때문이다. 그래서 이 책에서는 사역의 현장에서 순교적 삶을 살면서 한반도의 십자가를 찾기 위해 애쓰다 죽은 대표적인 사람들을 선정해서 담았다.

셋째, 지난 100여 년 한국사회와 교회가 짊어진 일제와 분단이라는 짐은 50명의 대표적인 인물을 선정하는 데에 어려움을 주었다. 한국교회와 사회에 적지 않은 공헌을 했음에도 불구하고 과도한 친일적 행적으로 여기에 담을 수 없는 사람들이 많았기 때문이다. 이런 분들에 대하여는 좀 더 객관적인 연구를 통해 다음 기회에 그 공과가 객관적으로 담기길 바랄 뿐이다.

넷째, 이 책은 학문적으로 도서관이나 연구실에서 엄밀하게 조사 연구한 학술서적이나 연구보고서가 아니다. 방대한 자료를 객관적으로 분석했지만, 우리의 일차적 목적은 순교적 삶을 살았던 분들을 한국의 일반성도들과 독자들에게 알기 쉽게 전달해 주는 것이다. 동시에 전국의 현장을 돌아다니면서 순교지와 사역지 현장의 숨소리를 최대한 담고자 노력했다.

| 기대와 과제 |

우리는 소록도와 증도, 애양원 등 순교의 현장에서 많은 사람이 새롭게 도전을

받거나, 예수를 새로 받아들이는 경우를 수없이 보았다. 한편의 아름다운 설교를 듣고 변하는 것보다 더욱 극적인 도전과 변화를 순교자적 삶을 살다 간 이들의 현장에서 보았다.

우리는 한국교회 희망을 꿈꾸는 사람들이 이 책 한 권을 들고 밖으로, 현장으로, 한반도의 십자가를 찾아 길을 떠날 것을 기대한다. 도심이나 북적거리는 교회, '세련된' 현장을 잠시 떠나 내 땅 한반도에 부어주신 하나님의 은혜를 찾아 나설 것을 권유한다. 백두에서 한라까지 땅의 호흡과 한반도의 바람을 성령의 바람으로 들으며, 신앙선배들의 절개와 신앙적 굴기, 현장의 눈물과 감격을 느낄 것을 희망해 본다.

한반도를 사랑하는 고산자 김정호가 3천 리 금수강산을 돌면서 대동여지도를 완성했다. 기존 연구의 편집과 현장 연구를 통합한 김정호의 대동여지도는 조선 사람들이 어디에 서 있으며, 어디로 가야 할지, 내가 서 있는 자리가 얼마나 가치 있는 곳인지를 알려주었다.

우리는 빛도 없이 이름도 없이 하나님의 교회를 섬긴 사람들의 목소리를 다양한 방법으로 이 시대에 새롭게 읽어내는 작업을 지속해야 할 것이다. 한국기독교의 신앙유산을 집대성하고, 현장 곳곳에 새겨져 있는 영성과 순교의 현장들을 정리하고, 시대의 무게 때문에 들리지 않았던 그들의 음성을 이 시대에 풀어주는 것이 우리들의 몫일 것이다. 동시에 논문이나 책을 넘어서서 영상, 만화, 대중 매체 등 다양한 방법을 통해 과거를 새롭게 재해석하는 작업을 이제 본격적으로 시작할 때이다.

마지막으로 이 작업을 통해 이 땅에 십자가를 지고 가신 분들의 후손들이 소통되기를 소망한다. 선조들이 한국교회에 보배로운 삶을 살다 갔지만, 그 후손들은 적지 않은 어려움을 겪었고 많은 경우 숨을 죽이고 살아왔다. 이제는 후손들이 당당하게 나서서 선조들의 신앙을 증거하고 나누고, 더 늦기 전에 좀 더 객관적으로 정리해서 도전 받는 한국교회에 새로운 부흥과 회복의 전기를 마련해 줄 것을 기대해본다. 우리도 지금까지 후손들에게 보여주지 못한 존경과 관심을 조금이라도 드리는 기회가 될 것이라는 믿음도 드리고 싶다.

목 차

서문
50인 연표
순교현장 지도
순교 유적지 및 기념관 위치
활용 Tip
인사말

제1장 복음심기, 개신교 초창기 사람들 … 21

토마스 / 백홍준 / 아펜젤러
헤론 / 윌리암 홀 / 데이비스
오웬 / 맥켄지

◆ 대표유적지 … 62

제2장 나라 잃은 민족, 핍박의 땅을 피해 영혼의 황무지로,
만주 · 시베리아 지역 … 73

김영학 / 한경희 / 김영진 / 브루스 헌트

제3장 나라와 민족을 외치며 독립운동의 최전선에 선 사람들,
독립운동기 … 95

구연영 / 이재명 / 전덕기
김마리아 / 신석구 / 유관순
조종대 / 손정도 / 남궁억

◆ 대표유적지 … 138

제4장 결단의 골짜기에 선 신사참배 반대자들 … 153

박관준 / 이기선 / 주기철 / 최봉석 / 안이숙 / 박봉진
최인규 / 권원호 / 전치규 / 양용근 / 이기풍 / 한상동
조수옥 / 허성도 / 김윤섭 / 박의흠

제5장 분단의 아픔을 예수의 심장으로 안고 살아간 사람들,
해방과 한국전쟁 기간 … 233

조만식 / 백인숙 / 김순호 / 김익두 / 이도종
손양원 / 김정복 / 문준경 / 김방호
조상학 / 유재헌 / 김응락 / 남궁혁

◆ 대표유적지 … 297

참고문헌

한국교회의 위대한 믿음의 사람들, 50인 연표

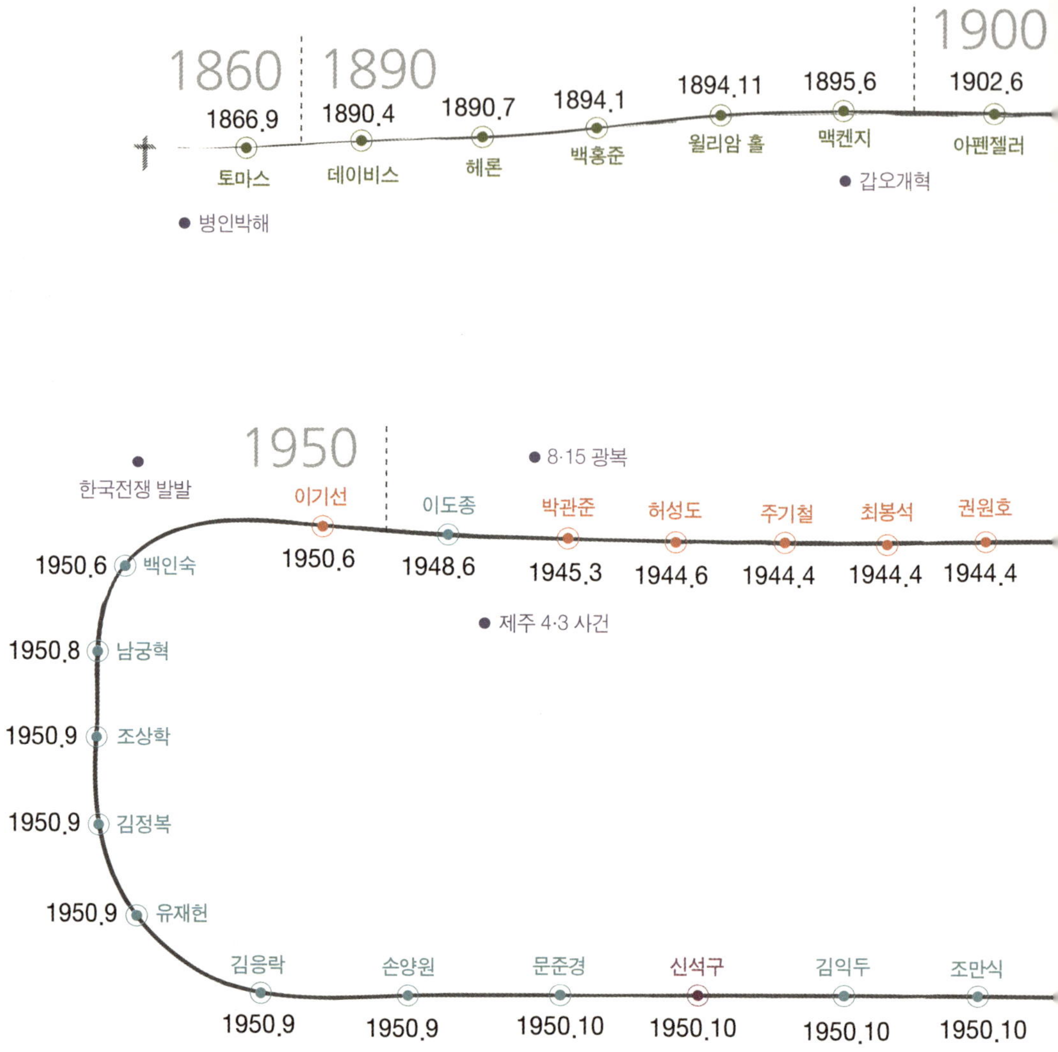

1860
- 1866.9 토마스
- 병인박해

1890
- 1890.4 데이비스
- 1890.7 헤론
- 1894.1 백홍준
- 1894.11 윌리엄 홀
- 1895.6 맥켄지
- 갑오개혁

1900
- 1902.6 아펜젤러

1950
- 한국전쟁 발발
- 1950.6 백인숙
- 1950.8 남궁혁
- 1950.9 조상학
- 1950.9 김정복
- 1950.9 유재헌
- 1950.6 이기선
- 1948.6 이도종
- 8·15 광복
- 1945.3 박관준
- 1944.6 허성도
- 1944.4 주기철
- 1944.4 최봉석
- 1944.4 권원호
- 제주 4·3 사건
- 1950.9 김응락
- 1950.9 손양원
- 1950.10 문준경
- 1950.10 신석구
- 1950.10 김익두
- 1950.10 조만식

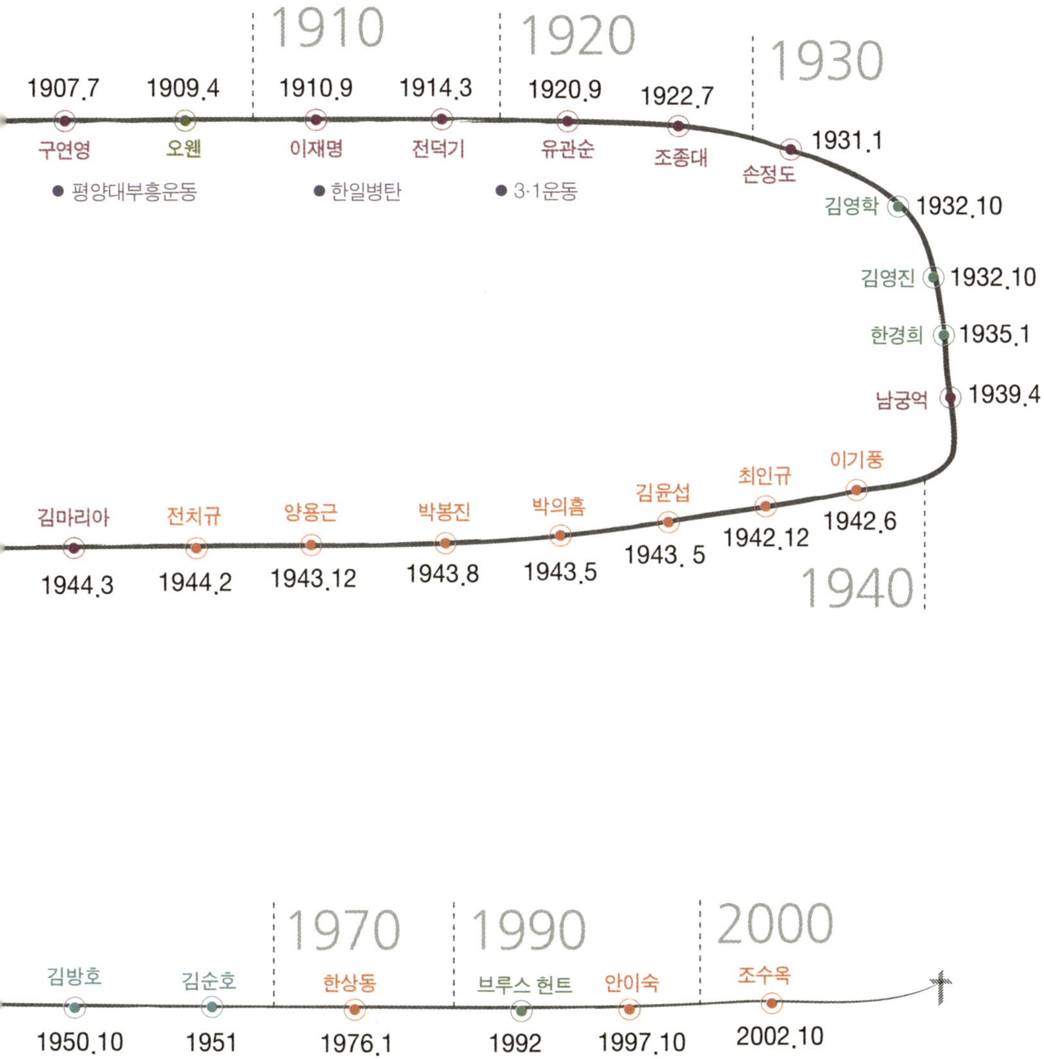

1910

1907.7 구연영
● 평양대부흥운동

1909.4 오웬

1910.9 이재명
● 한일병탄

1914.3 전덕기

1920

1920.9 유관순
● 3·1운동

1922.7 조종대

1930

1931.1 손정도

1932.10 김영학

1932.10 김영진

1935.1 한경희

1939.4 남궁억

1940

1942.6 이기풍

1942.12 최인규

1943.5 김윤섭

1943.5 박의흠

1943.8 박봉진

1943.12 양용근

1944.2 전치규

1944.3 김마리아

1970

1950.10 김방호

1951 김순호

1976.1 한상동

1990

1992 브루스 헌트

1997.10 안이숙

2000

2002.10 조수옥

한국의 대표적인 순교현장 지도

순교 유적지 및 기념관 위치

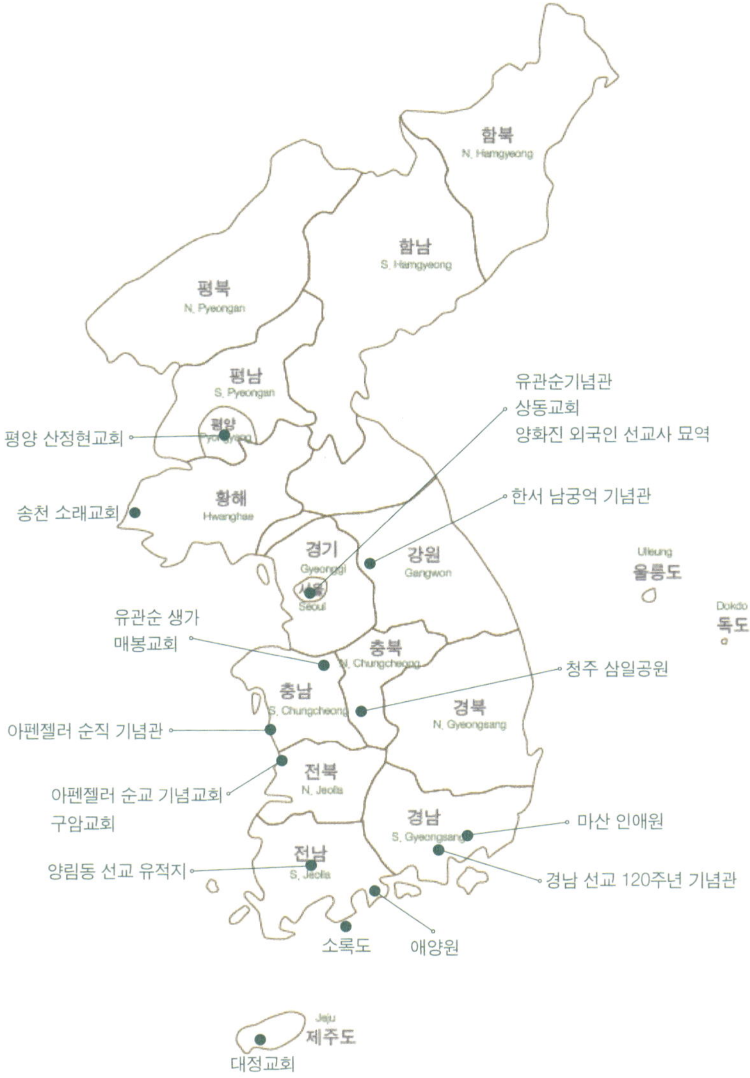

- 유관순기념관
- 상동교회
- 양화진 외국인 선교사 묘역
- 평양 산정현교회
- 송천 소래교회
- 한서 남궁억 기념관
- 유관순 생가
- 매봉교회
- 청주 삼일공원
- 아펜젤러 순직 기념관
- 아펜젤러 순교 기념교회
- 구암교회
- 마산 인애원
- 양림동 선교 유적지
- 경남 선교 120주년 기념관
- 소록도
- 애양원
- 대정교회

■■■ 활용Tip

✝ 십자가 묵상, 순교 묵상

오늘의 한국교회는 수많은 신앙 선배의 헌신과 순교의 터 위에 세워져 있습니다. 일제와 분단이란 시대의 비극 속에서도 자기에게 지워진 십자가를 묵묵히 지고 주님을 따랐던 순교자들의 삶은 하나님에 대한 충절, 이웃과 민족에 대한 사랑 그 자체였습니다. 이 책을 읽으며 그들이 따라간 십자가의 길을 묵상해 봅시다. 그리고 부유하고 안락한 이 시대에 우리의 나갈 길을 묻는 시간을 가져봅시다.

✝ 한국기독교의 재발견

한국기독교는 세계교회 역사상 유례를 찾기 힘든 순교의 피를 흘렸습니다. 신앙선배들의 순교의 피는 짧은 한국기독교 역사 가운데 경이로운 신앙을 일구어 왔습니다. 범람하는 해외성지여행이나 해외선교지여행에 앞서 이 땅 위에 뿌려진 순교 영성의 현장을 찾아가 봅시다.

✝ 순례여행 길라잡이

순교의 피를 흘릴 수밖에 없었던 비극의 장소, 그러나 한국교회의 영적 에너지원이 되는 거룩한 곳, 이 책 한 권 손에 쥐고 순교의 현장을 따라가 봅시다. 그리고 그곳에서 들리는 하나님과 민족을 향한 기도의 숨소리에 귀를 기울여 봅시다.

✝ 설교준비와 예화 자료

출처가 불분명한 외국인의 예화나 자료 대신 우리 민족의 생생한 신앙적 사례를 성도들에게 들려줍시다. 성도들의 영혼을 울릴 순교자들의 삶과 신앙을 서로 나누며 한국교회의 부흥과 회복을 새롭게 꿈꾸어 봅시다.

[일러두기]
1. 인용된 성경은 개역개정을 사용하였다.
2. 지명은 외래어 표기법을 따랐으나 일부는 독자의 이해를 돕기 위해 익숙한 한자독음을 사용하였다.

인사말, 십자가의 길을 발행하면서: 손훈, 김재현

    2012년 10월 초 추석 연휴를 이용해 우리는 영화교회 가족들 40여 명과 함께 서울에서 소록도에 이르는 한국기독교 성지순례를 3일간 진행했습니다. 수원 제암리, 이상재 생가, 중도, 광주 양림동 선교 유적지, 애양원, 소록도, 남원 동광원 등 한국기독교의 성지들을 찾았습니다. 찬양과 기도, 설렘과 기대, 남도의 맛있는 밥상과 함께 어우러진 3일간의 순례학습여행은 한반도의 십자가의 길을 찾아 나선 순례여행이었습니다.

    72시간이 채 안 되는 순례여행이었지만 우리에게 진한 여운과 영적인 도전을 남겼습니다. 제암리 순교지에서 우리는 힘없는 민족이 당한 슬픔을, 그러나 그 가운데 함께 하신 하나님을 보았습니다. 조국의 광복을 보지 못하고 눈을 감은 기독교 민족지도자 이상재는 현재를 사는 우리의 신앙을 도전했습니다. 한 많은 문준경이란 가냘픈 여인은 예수의 십자가를 지고 어떻게 천사의 섬을 만들어갔는지를 보여주었습니다. 애양원의 손양원 목사는 혼자 지기에는 너무나 무거운 시대의 십자가를 지고 있었고, 소록도는 100여 년 동안 비탄과 절망의 삶의 언저리에서 희망의 십자가를 지고 살아온 것이 감격스러웠습니다. 여행을 마치면서 우리는 물었습니다.

    "그러면 내가 질 십자가는 무엇이더냐?"

    이 책은 이 질문에 답하기 위한 기도와 노력의 결과물입니다. 우리는 이 책에서 1866년 토마스 선교사의 희생 이래 150여 년간 한반도에서 시대와 민족과 교회의 십자가를 지고 간 신앙선배들의 삶과 신앙, 기도와 순교적인 삶을 정리해 보고자 했습니다.

    과거는 현재 우리의 모습을 제대로 바라보게 해 주고, 미래를 내실 있게 설계하도록 도와줍니다. 역사를 망각한 민족과 교회는 시대정신에 답할 수 없습니다.

    이 작은 책이 시대의 방향과 신앙의 본질을 상실하고 헤매는 지금의 한국교회와 기독교인들에게 작은 울림이 되기를 소망합니다. 이 책을 묵상하면서 신앙의 원판과 원형질이 무엇인지, 십자가의 의미가 무엇인지, 신앙과 교회의 본질이 무엇인지를 묻게 되기를 소망합니다. 한 개인이 변하면 교회가 변하고, 교회가 십자가로 변하면 민족이 변합니다.

    한글과 영어로 출간된 이 책을 통해 한국신앙의 진수를 세계기독교인들과 함께 나누기를 희망합니다.

                      2013년 9월 영화교회 담임목사 손훈, 한국고등신학연구원 원장 김재현

토마스 *Thomas*
백홍준
아펜젤러 *Appenzeller*
헤론 *Heron*
윌리암 홀 *Hall*
데이비스 *Davies*
오웬 *Owen*
맥켄지 *Mckenzie*

제1장

복음심기

개신교 초창기 사람들

복음심기, 개신교 초창기 사람들

때가 차매

조선 땅에 생명을 담은 기독교 복음은 가톨릭과 개신교를 막론하고 중국과 일본에 비해 늦게 들어왔다. 중국과 일본 사이에 끼여 있는 정치·지리적 이유뿐만 아니라, 쇄국정책으로 대변되는 조선사회의 폐쇄성 때문이기도 했다. 19세기 미국을 중심으로 한 개신교의 새로운 부흥운동과 선교 열정이 극동의 작은 땅 한반도에 도착하기까지는 적지 않은 시간과 노력이 필요했다. 로버트 모리슨Robert Morrison이 중국선교의 문을 연 지 80년이 더 넘어 조선 땅에 공식적인 선교사가 들어왔다.

아펜젤러의 고백처럼 때가 차매 하나님은 조선사회의 '사망의 철책'을 부수고, '알려지지 않은 미지의 땅' 조선에 복음을 심으셨다. 알렌Horace N. Allen에 이어 본격적인 선교의 장을 연 언더우드Horace G. Underwood와 아펜젤러Henry G. Appenzeller 이래 수많은 선교사가 교육 및 의료사업을 통해 복음을 심었고, 조선사회의 계몽과 독립에 이바지했다. 조선에 복음이 전해진 것은 해외 선교사들의 헌신과 함께 조선인들 자체의 노력 역시 중요했다. 서상륜과 백홍준의 경우에서 보듯이 조선인들의 선구적인 성서번역과 성경보급, 전도와 권면은 선교사들의 노력과 합해져 한반도 복음화에 큰 영향을 끼쳤다.

선교사들의 죽음, 조선 초기 지도자들의 고통

'은둔의 나라, 미지의 땅' 조선에 복음을 심는 과정은 쉽지 않았다. 조선인들의 삶의 여건은 열악했고, 가톨릭에 대한 박해가 19세기 내내 지속되었으며, 흥선대원군의 쇄국정책은 조선사회를 더욱 굳게 잠가버렸다. 하지만 굴곡진 개화의 과정에서 조선의 문은 열렸고, 조선사회에 뛰어든 선교사들과 복음을 먼저 받아들인 조선기독교 지도자들은 생명을 다해 복음을 전했다. 토마스는 27세의 나이에 희생의 피로 조선사회에 복음을 심었고, 괴나리봇짐으로 복음을 들여온 백홍준은 평양감옥에서 옥고를 치른 후 후유증으로 하나님의 부름을 받

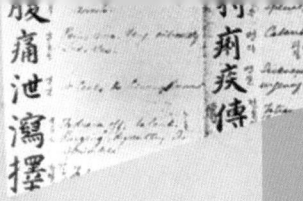

았다. 한석진은 게일James S. Gale 내신 평양에서 옥고를 치르고 모진 매를 맞았다. 아펜젤러는 조선인을 살리다 순직했고, 헤론John W. Heron과 윌리암 홀William J. Hall은 전염병과 전쟁의 한 가운데서 이웃사랑의 복음을 실천하다 순직했다. 데이비스Joseph H. Davies는 순직으로 경상남도 선교의 문을 열었고, 오웬Clement C. Owen은 애양원의 터를 놓았다. 그리고 죽도록 조선을 사랑한 맥켄지William J. McKenzie는 캐나다인의 조선 선교의 문을 열었다.

순교, 복음전파의 씨앗

양화진 외국인 선교사 묘원에는 145명의 선교사와 그 가족들의 묘가 있다. 광주 양림동과 창원 공원묘원에도 목숨을 바쳐 예수의 이름으로 한국사회를 섬기다가 순직한 많은 선교사의 안식처가 있다. 선교사들과 초기 한국기독교 지도자들은 과로, 풍토병과 전염병, 식생활 등의 문화적인 차이, 복음에 대한 열정, 조선사회의 박해 등의 이유로 자신들의 선교사역을 제대로 꽃피우지 못한 채 순교자적인 길을 걸었다.

이들의 죽음이 순직인가, 순교인가 하는 논란이 존재하지만, 그것이 이들의 순교적인 삶이 갖는 의미를 반감시킬 수는 없다. 이들의 짧지만 강렬하고 헌신적인 삶은 이후 한국기독교 형성과 발전에 절대적인 영향을 미쳤다. 그리고 순교자 영성의 모델을 만들었다. 오늘의 한국교회의 발전과 2만 명에 이르는 선교사를 파송한 선교열정은 초창기 지도자들의 헌신과 열정이 번성하여 열매를 맺은 결과이다. 이 장에서 다룬 8명의 대표적인 사람들이 증언하듯이, 이들의 죽음은 엄청나게 큰 복음이라는 나무의 씨앗이 되었다.

한국교회 최초의 순교자, 로버트 토마스

Robert Jermain Thomas : 최난헌
1840-1866

- **1840.** 영국 웨일스 Wales에서 회중교회 목사의 아들로 출생
- **1863. 12.** 런던선교회 London Missionary Society 소속으로 상해에 도착
- **1864.** 아내의 죽음과 선교의 난관으로 선교사직 사표 제출, 청나라 왕립해상세관에 취직
- **1865.** 스코틀랜드 성서공회 권고로 다시 선교활동, 지푸에서 한국인 가톨릭 신자를 만나 한국 선교를 결심
- **1865. 9-12** 황해도에 도착하여 조선말을 배우며 전도활동
- **1866. 8-9** 제너럴셔먼호를 타고 평양으로 이동 한국인들의 공격으로 희생당함

1866. 8-9
대동강 일대에서 성경 반포
한국인에게 희생당함

하얼빈
길림
베이징
천진
평양
서울
부산

지푸, 1865.
한국인 가톨릭 신자와의 만남

1865. 9-12
황해도 자라리 거주

상하이

무릎을 꿇고 크게 불러 가로되 주여 이 죄를 저들에게 돌리지 마옵소서
이 말을 하고 자니라 행 7:60

| 한국교회의 빗장을 연 사람들 |

1794년 조선 땅에 처음 들어온 중국인 주문모周文謨 신부는 1801년 5월 31일 한강 새남터에서 순교를 당했다. 북경교구 신학교 제1회 졸업생으로 자기 나라 중국을 떠나 조선에서 그가 보낸 시간은 길지 않았지만, 주문모의 죽음은 한국 가톨릭 발전의 문을 열었다. 그리고 1865년 중국에서 활동하고 있던 웨일스Wales 출신의 개신교 선교사 로버트 토마스가 조선 땅에 발을 내디뎠다. 토마스가 조선 땅에 머문 기간은 주문모 신부보다 훨씬 더 짧았다. 토마스는 두 번의 방문에 채 몇 개월도 조선에 머물지 못하고, 그의 삶을 마감했다.

토마스 선교사

토마스는 1840년 영국 웨일스에서 회중교회 목사의 아들로 태어났다. 그는 1863년 목사 안수를 받고 런던선교회 소속으로 아내 캐럴라인Caroline Godfery과 함께 상해에 도착했지만, 4개월여 만에 그의 아내가 숨졌다. 아내의 죽음으로 인한 방황과 선교 사역의 난관 때문에 토마스는 선교사직을 사임하고 잠시 세관에서 일하기도 했다. 그의 중국식 이름은 탁마사托馬斯, 혹은 최난헌崔蘭軒이었다. 그 후 스코틀랜드 성서공회에 소속되어 일하던 중 산동성 지푸芝罘에서 두 명의 조선 가톨릭 신자들을 만나면서 조선선교에 관심을 갖게 되었다.

| 죽음으로 끝난 토마스의 조선 여행 |

토마스는 두 번에 걸쳐 조선에 들렀다. 1865년 9월 13일부터 12월까지 황해도 일대에 들른 것이 첫 번째 조선 방문이었다. 황해도 장연군 자라리(백령도로 추정)에 도착한 그는 소래에서 3개월간 어학훈련을 하면서 조선과 조선 사람을 처음으로 직접 대면한 것으로 알려졌다. 조선어를 익힌 토마스는 수도권 선교를 꿈꾸다가 자신이 타고 가던 배가 파선하는 바람에 간신히 목숨을 건져 만주를 거쳐 북경으로 돌아갔다.

1866년 병인년 박해의 소문 속에서도 토마스는 조선에 대한 선교의 열정을 여전히 간직하고 있었다. 하지만 그의 두 번째 조선 방문은 결국 자신의 죽음으로 끝이 났다. 배는 8월 16일 평안남도 용강의 주영포에 도달했다. 그러나 적지 않은 무장을 한 미국 상선의 교역 요구에 평양감사 박규수는 응할 수 없었다. 흥선대원군의 서슬 퍼런

제너럴셔먼호

쇄국정책의 엄포와 함께 얼마 전에 있었던 병인년의 가톨릭 박해 때문이었다. 미국 상선의 무력시위와 난폭해진 주민들 사이에서 제너럴셔먼호는 결국 주민들의 공격을 받았다. 1866년 8월 미국 상선 제너럴셔먼호를 타고 백령도에 도착한 토마스는 주민들에게 한문성경을 보급하고, 강서 보산 강변 양각도라는 작은 섬에서 몇몇 한국인에 의해 살해당했다. 그때 그의 나이 27세였다.

| 한국교회의 씨앗이 된 토마스의 죽음 |

토마스를 죽인 병사 가운데 한 사람이었던 박춘권은 평양 장대현교회의 처음 신자 중 한 명이 되었고, 그의 가족들은 평양지역에서 신앙 명문가를 이루었다. 그의 조카 이영태는 평양숭실전문학교를 졸업하고, 이후 한국어 성서번역

토마스 목사 기념 예배당

의 주역인 레이놀즈William D. Reynolds, 이눌서를 도와 성서번역작업에 참여하기도 했다.

한편 제너럴셔먼호가 파괴된 현장의 목격자 중에는 12세 소년 최치량이 있었다. 그는 토마스가 주었던 성경 세 권을 가져왔으나 그 책을 지닌 것을 두려워하여 그것을 박영식에게 주었다. 박영식은 성경의 낱장들을 떼어 그의 방에 발랐는데, 최치량은 기독교인이 된 후 그 집에 가서 벽에 붙은 성경을 보았다고 한다. 그리고 후에 박영식의 집터에 평양 최초의 교회인 널다리골 예배당이 서게 되었다. 비록 토마스는 조선인에게 죽임을 당했지만, 그가 남긴 성경은 조선인을 살리는 생명이 되었고, 한국교회의 초석이 되었다.

이후 한국교회는 비교적 이른 시기부터 토마스를 기념하는 일들을 해 왔다. 그리고 토마스 목사 기념 예배당이 있던 자리에 2009년 남북화해와 화합의 상징인 평양과학기술대학이 건립되었다.

성서번역과 보급의 개척자, 백홍준 1848-1894

- **1848.** 의주에서 출생
- **1874. 4.** 아버지가 고려문에서 로스 John Ross 선교사를 만나 신약성경과 《훈아진언》을 얻어 옴
- **1879.** 만주 우장에서 매킨타이어 John McIntyre 목사에게 세례를 받음, 조선어 교사로 성경번역에 참여
- **1882.** 《예수성교 누가복음젼서》,《예수성교 요안내복음젼서》 간행, 권서로 국내 파송, 의주를 중심으로 매서와 전도 활동
- **1889. 4. 27.** 언더우드 부부가 신혼 여행 차 의주에 왔을 때 33인에게 세례를 주도록 주선
- **1891. 4. 1.** 마펫 Samuel A. Moffett과 게일 James S. Gale 선교사를 안내하여 심양에 가서 로스를 만남
- **1892. 5. 1.** 마펫과 그레이함 리 Graham Lee와 함께 사경회 인도
- **1892. 9.** 평안도 관찰사 민병석에 의해 투옥
- **1894. 1.** 2년 간의 옥고 후 사망

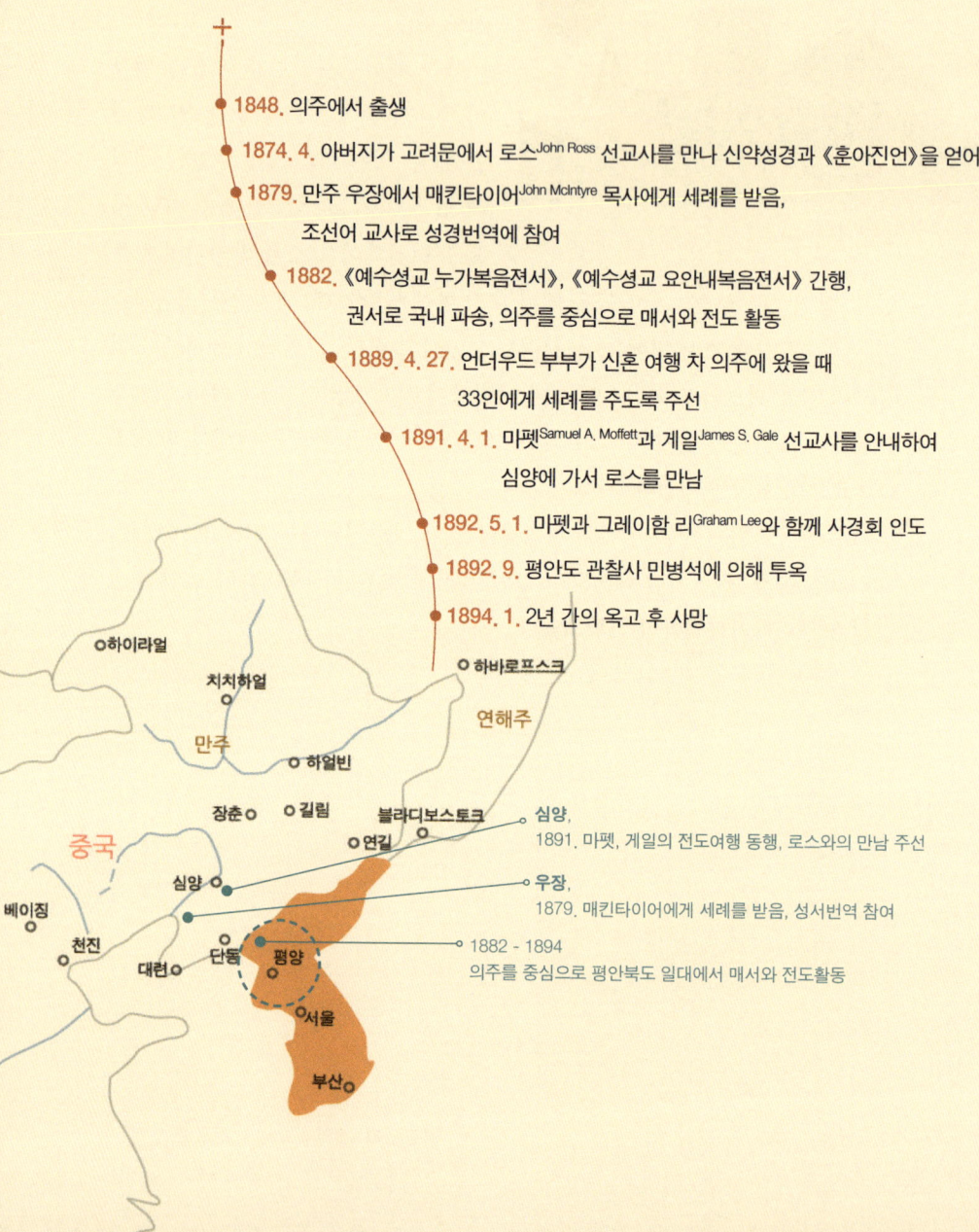

심양,
1891. 마펫, 게일의 전도여행 동행, 로스와의 만남 주선

우장,
1879. 매킨타이어에게 세례를 받음, 성서번역 참여

1882 - 1894
의주를 중심으로 평안북도 일대에서 매서와 전도활동

그런즉 그들이 믿지 아니하는 이를 어찌 부르리요 듣지도 못한 이를 어찌 믿으리요
전파하는 자가 없이 어찌 들으리요 보내심을 받지 아니하였으면 어찌 전파하리요
기록된 바 아름답도다 좋은 소식을 전하는 자들의 발이여 함과 같으니라 롬 10:14-15

| 존 로스 John Ross 와 만주의 고려문을 통해 |

한국개신교는 만주(로스), 일본(이수정), 백령도와 평양(토마스)을 통해 뿌리를 내렸다. 토마스가 순교하며 건네준 한문 성경은 평양에 기독교 공동체가 형성되는 데 큰 역할을 했고, 이수정은 일본에서 한문성서에 한글 토를 달고 이어 마가복음을 한글로 번역해 일반백성이 성서를 쉽게 접하는 길을 열었다. 1885년 언더우드와 아펜젤러가 일본을 들러 한국에 들어올 때 이미 이수정은 한글로 번역한 마가복음을 가지고 있었는데, 선교사 입국 전에 모국어로 번역된 성서를 가진 경우는 세계 선교역사에서 유래를 찾아보기 힘들다. 이는 우리 조상들이 성경을 사랑하고, 성경을 중시했음을 엿볼 수 있는 대목이다. 한편 만주에서도 한국선교의 문이 열리기 전부터 존 로스의 성서번역이 시작되었다.

로스 목사 가족과 《예수셩교젼서》

백홍준

스코틀랜드 장로교교회 선교사 로스는 고려문을 방문하는 등 한국을 위해 기도해 왔는데, 1881년에 심양 문광서원을 설립하여 이성하, 백홍준, 서상륜 등과 함께 기독교 복음을 한글로 번역하였다. 그리고 1887년 영국성서공회의 도움을 받아 신약성서를 번역한 《예수성교전서》가 빛을 보게 되었다.

백홍준의 아버지는 1874년 10월경에 만주 통화현의 고려문을 방문했을 때 로스 선교사를 만났다. 백홍준의 아버지는 로스에게 한국정세와 한국말 발음을 가르쳐주고, 대신 한문으로 된 신약성경과 《훈아진언》訓兒眞言이라는 소책자를 받아왔다. 1848년 평북 의주에서 출생한 북산 백홍준은 아버지가 가져온 책을 2-3년간 공부하면서 기독교를 접하게 되었다. 그리고 나이 서른이 넘은 1879년 기독교 교리를 배울 목적으로 로스 선교사를 찾아 우장에 들렀다. 그런데 이때 로스 선교사는 안식년을 맞아 영국으로 돌아갔고, 대신 같은 선교회에 소속되어 있던 매킨타이어John McIntyre를 만나게 되었다. 백홍준은 그에게 성경을 배우면서 3-4개월 정도 그곳에 머물렀다. 그리고 자신의 친구 이응찬, 이성하, 김진기 등과 함께 세례를 받게 되었다. 이 네 사람은 시차를 두고 세례를 받았는데, 백홍준은 이 중 두 번째로 세례를 받았다. 한국에 선교사가 들어오기 전에 만주에서 이미 세례식이 베풀어진 것이다.

중국 땅에서 백홍준 가족이 로스와 매킨타이어를 만난 것은 자신들뿐 아니라 한국기독교 역사에 매우 중요하다. 백홍준은 그곳에서 그들에게 한국어와 한국역사를 가르쳐주고, 과학을 배웠다. 이후 다시 우장으로 돌아온 백홍준은 3-4달 동안 성경을 번역하는 일을 같이하기도 했다. 1880년경 매킨타이어는 의주에 있던 10여 명의 구도자들의 요청으로 백홍준을 통해 성경과 소책자 한 상자를 보냈다. 그런데 국경의 여관에서 백홍준 일행을 수상히 여긴 사람의 신고로 성경과 같이 있던 편지를 빼앗기고, 약 3개월간 투옥되었다. 후에 풀려 나오기는 했지만, 그때는 자신이 가지고 있던 재산 대부분을 빼앗긴 뒤였다. 그러나 백홍준은 여기서 멈추지 않았다.

| 성경으로 괴나리봇짐을 만들어 |

백홍준과 함께 세례를 받은 이성하는 번역한 성경을 국내에 들여오려고 했지만, 위험이 초래될까봐 성경을 가져 가지 못하고 만주인 여관에 머물러 있었다. 그런데 여관 주인이 성경 일부를 압록강에 버리고 나머지는 불살라 버렸다. 이 소식을 전해 들은 로스 목사는 "성서들이 던져진 강물은 한국인들에게 '생명의 물'이 될 것이고 그 재는 한국교회를 크게 성장시킬 거름이 될 것이다."라고 말했다고 한다. 이성하는 여러 차례 성경책을 가지고 국내에 잠입했지만, 건강이 악화되자 자신의 역할을 백홍준에게 맡기게 되었다.

백홍준은 어떻게 하면 성경을 국내로 가지고 들어올 수 있을까 고민하기 시작하였다. 그러다 생각해 낸 것이 성경을 한 장씩 뜯어내 돌돌 말아서 종이 새끼를 만든 다음 시장에서 사온 중고 책들과 함께 묶어 괴나리봇짐으로 만든 후, 짊어지고 국내로 들어오는 방법이었다. 그러고 나서 헌책은 모두 버리고 성경책으로 만들었던 종이 끈은 다시 풀어 성경을 만들었다. 고려 말 공민왕 때 중국에서 붓을 담는 통에 목화씨를 비밀리에 가져온 문익점의 활약과 비견할 만한 일이었다. 그렇게 들여온 성경책으로 백홍준은 복음을 전했고, 한국교회의 기틀을 마련해 갔다. 이렇게 성경반입에 성공한 백홍준은 고향 의주를 중심으로 강계, 부성, 삭주 등

백홍준이 국내로 반입한 성경

지에서 복음을 전했다.

　1885년 마침내 약 18명의 신자가 예수를 믿고 백홍준의 집에 모여서 예배를 드렸다. 그 당시 백홍준은 언더우드의 공식적인 조사가 되어 의주 지역의 복음 확장에 박차를 가하고 있었다. 1889년 언더우드는 백홍준이 전도한 의주 사람 김이련과 그의 아들 김권근 등 33인을 압록강 건너편으로 데리고 가서 세례를 주었고, 의주교회를 공식적으로 창립했다.

　하지만 백홍준은 평양감사 민병석의 지시로 로스 등 외국인과 내통했다는 죄목으로 검속되어 2년여간 감옥에서 옥고를 치렀다. 그는 감옥에서 나온 후, 옥고의 후유증으로 하나님의 부름을 받았다. 백홍준은 자신의 삶을 통해 복음의 씨를 뿌렸고, 한국교회는 그의 피를 통해 믿음의 싹이 트게 되었다.

최초의 한국감리교 선교사, 아펜젤러

Henry Gerhard Appenzeller : 아펜셜라
1858-1902

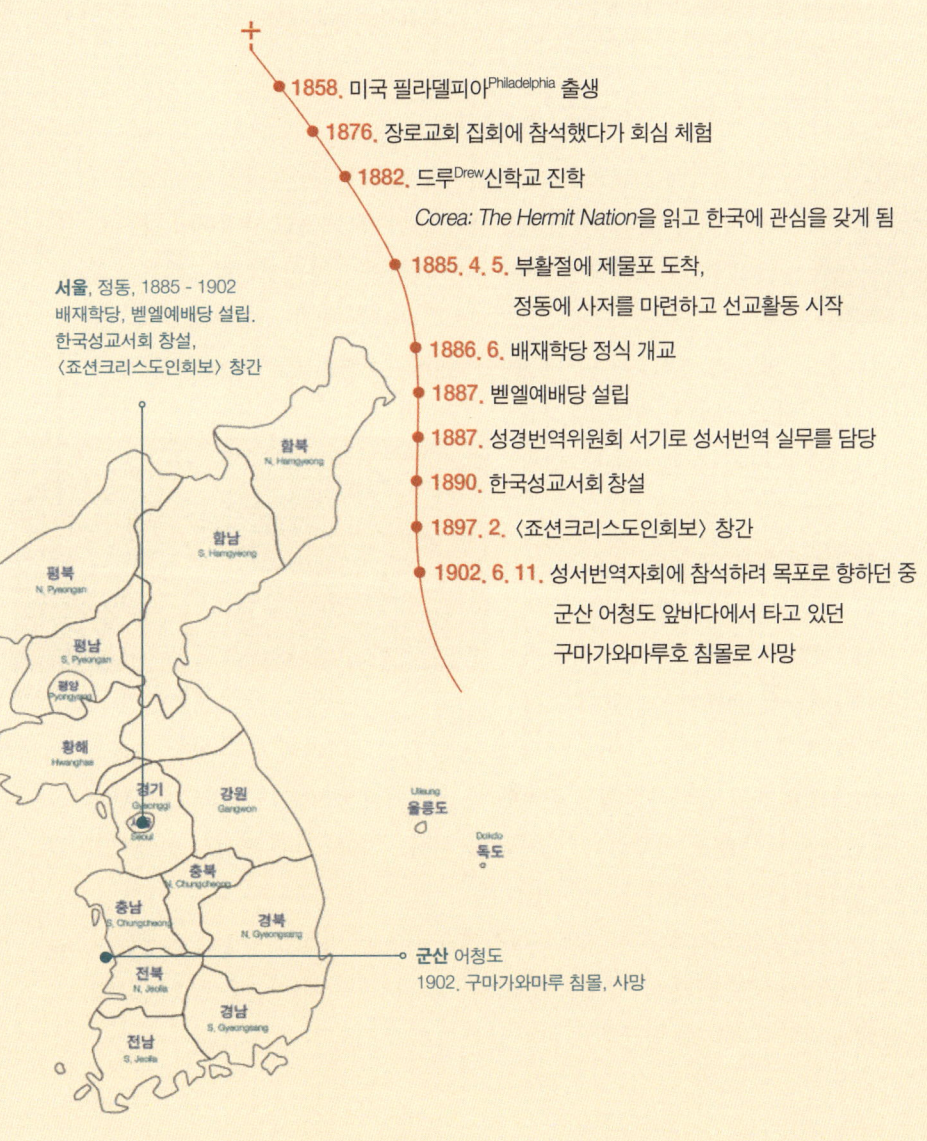

- **1858.** 미국 필라델피아 Philadelphia 출생
- **1876.** 장로교회 집회에 참석했다가 회심 체험
- **1882.** 드루 Drew 신학교 진학
  *Corea: The Hermit Nation*을 읽고 한국에 관심을 갖게 됨
- **1885. 4. 5.** 부활절에 제물포 도착,
  정동에 사저를 마련하고 선교활동 시작
- **1886. 6.** 배재학당 정식 개교
- **1887.** 벧엘예배당 설립
- **1887.** 성경번역위원회 서기로 성서번역 실무를 담당
- **1890.** 한국성교서회 창설
- **1897. 2.** 〈죠션크리스도인회보〉 창간
- **1902. 6. 11.** 성서번역자회에 참석하려 목포로 향하던 중
  군산 어청도 앞바다에서 타고 있던
  구마가와마루호 침몰로 사망

서울, 정동, 1885 - 1902
배재학당, 벧엘예배당 설립.
한국성교서회 창설,
〈죠션크리스도인회보〉 창간

군산 어청도
1902. 구마가와마루 침몰, 사망

무릇 자기 목숨을 보전하고자 하는 자는 잃을 것이요 잃은 자는 살리리라 눅 17:33

하나님을 사랑하여 목숨을 버리는 것이 곧 찾는 것이라 하신 말씀을 생각하여야 참으로 사는 것입니다. (아펜젤러의 설교문 "인생의 목적" 중에서)

| 은둔의 나라 조선으로 |

아펜젤러

아펜젤러는 1858년 2월 6일 미국 필라델피아 인근의 농촌에서 태어났다. 독실한 독일계 메노나이트Menonite 기독교 가정에서 자란 이후 프랭클린마샬Franklin and Marshall 대학과 드루Drew 신학교에서 공부했다. 드루 신학교에서 그리피스William E. Griffis가 1882년에 쓴 《은둔의 나라 조선》Corea: The Hermit Nation이라는 책을 읽은 아펜젤러는 한국 선교사로 나갈 결심을 했다. 그리고 한국으로 떠나기 전인 1884년 12월 엘라Ella Dodge와 결혼했다.

아펜젤러의 한국행은 머나먼 고난의 여정이었다. 아펜젤러는 스크랜튼William B. Scranton 박사 가족들과 함께 2월 3일 샌프란시스코에서 아

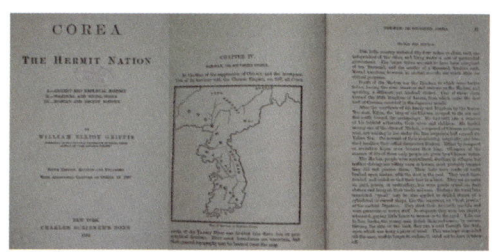
《은둔의 나라 조선》Corea: The Hermit Nation

라빅호를 타고 출발하여 1885년 2월 27일 일본 요코하마에 도착했다. 그리고 1885년 3월 29일 나가사키에서 출발해 부산을 거쳐서 1885년 4월 5일 부활절에 인천에 도착했다. 아편설라亞扁薛羅라는 한국 이름을 가진 선교사 아펜젤러는 다음과 같이 기도하였다.

"우리는 부활절 아침에 여기에 도착하였습니다. 이 아침에 사망의 철책을 부수고 일어나신 주님께서 이 나라 백성들이 얽매여 있는 쇠사슬을 끊으시고 그들에게 하나님 자녀의 영광과 자유를 얻게 하여 주소서."

그러나 당시 그의 아내 엘라는 임신을 하였고, 조선의 상황은 불안하였다. 그래서 아펜젤러는 제물포에 잠시 머물다가 일본으로 되돌아갔다. 일본에서 한국말을 익히던 그는 6월 20일에 다시 서울에 도착했다.

| 죽음을 부른 성서번역의 열정 |

아펜젤러의 삶과 사역에서 가장 깊은 충격을 준 것은 그의 죽음이었다. 그는 원래 1902년 6월 첫 주일에 미국 남장로교 선교사 레이놀즈가 사역하던 목포에서 열릴 성서번역위원회에 참석할 예정이었다. 그런데 6월 1일 시흥에서 그를 러시아 첩자로 오인한 일본 노무자들에 의해 구타를 당하는 불상사가 생겨서 원래 계획보다 늦게 구마가와마루熊川丸호를 타고 목포로 향하게 되었다. 그런데 군산 앞 어청도 인근에서 짙은 안개 때문에 아펜젤러가 타고 가던 배가 일본 국적의 기소가와마루木曾川丸호와 충돌하여 다른 22여 명의 사람과 함께 그는 1902년 6월 11일, 17년의 한국선교사역을 뒤로하고 순직했다.

아펜젤러는 그 누구보다 성서번역에 열정적이었다. 교회가 세워지고 기독교 신자가 늘면서 교인들의 조선어 성서에 대한 요구가 늘어났다. 교인들은 전도와 예배에 사용할 성서를 시급히 요청하였다. 이에 선교사들은 성서번역위원회를 조직하였고, 아펜젤러는 이 기관의 번역 책임자로 언더우드, 스크랜튼, 헤론 등과 함께 활동하였다. 처음에는 이수정과 로스의 성서를 수정했지만, 이후에는 철자 및 문체 등의 이유로 로스역 성서 수정을 중단하고 위원회 중심

성서번역위원회

의 성서번역이 이루어졌다. 아펜젤러는 전도와 교육사업을 감당하면서도 성서 번역사업에 열정적으로 참여해 1900년 어간에는 위원회에서 신약성서 대부분이 번역되었다. 그러나 신약의 나머지 부분을 번역 작업하던 중 군산 앞바다에서 신약성서의 완성을 보지 못한 채 죽음을 맞게 되었다. 캐나다 선교사 게일James S. Gale은 아펜젤러의 죽음을 "순교자의 피는 교회의 씨앗이다. 그는 자기 생명을 성경 번역을 위해서 바쳤다. 이제 우리는 그 일을 위해 온 힘을 다해 매진해야 할 것이다."라고 추도하며 그가 생명과 성경을 바꾸었다고 말하였다.

미국 인디애나로 돌아가던 길목에 배를 같이 타고 있던 운산 광산의 노동자 보울비J. F. Bowlby의 증언과 아펜젤러의 전기를 쓴 그리피스를 통해 아펜젤러가 죽음의 순간까지 얼마나 조선 사람을 사랑했는지 알 수 있다. 배가 침몰하는 상황에서 아펜젤러는 목포를 향해 같이 가던 조선의 여학생 한 명을 구하기 위해 필사적으로 노력했다. 자신은 살아남을 수 있었음에도 불구하고, 마지막 순간까지 조선인들을 살려내기 위해 애쓰다 하늘로 간 것이다. 이때 아펜젤러의 서기와 어학교사로 돕던 조한규도 함께 죽었다.

양화진 아펜젤러 가족묘

| 교회와 학교를 세워 어두운 조선 땅에 희망을 심다 |

조선 땅에 도착한 초기 선교사들은 오늘날 우리가 상상할 수 있는 이상의 일들을 이루어냈다. 비교적 이른 나이에 순직한 아펜젤러도 수많은 선교사역을 감당했지만, 그 중 대표적인 일은 소망 없는 조선 땅에 교회와 학교를 세워 희망의 불을 밝힌 것이다.

아펜젤러는 1885년 11월에 고종으로부터 학교설립 허가를 받고 이듬해 2명의 학생으로 정식 학교를 시작했다. 이것이 한국 근대교육의 효시인 배재학당의 시작이다. 1887년에는 고종으로부터 '배재학당'이라는 교명을 하사받았고 학생 수는 60명에 이르렀다.

한편 같은 해에 정동교회가 시작되었다. 아펜젤러는 정동에 작은 한옥 한 채를 사 '벧엘'이라 하고 10월 9일 첫 공중 예배를 인도했다. 2주 후에는 최씨, 장씨, 강씨, 한씨, 그리고 최씨 부인과 스크랜튼 선교사가 참석한 가운데 성찬식이 이루어졌다.

정동교회

배재학당

"이렇게 생명의 떡을 이 백성에게 떼어주다니 그 얼마나 큰 은혜인가! 감사함으로 우리의 마음이 그 떡을 먹고 살아가게 하옵소서!" 성찬식을 집례한 아펜젤러의 기도이다. 이후 벧엘예배당은 현재의 자리로 옮겨 115평 규모의 고딕 건물로 새롭게 지어져 당시 많은 사람의 관심을 불러일으켰다. 이후 배재학당과 정동교회는 엡윗청년회 운동을 전개하는 등 한국의 개화와 독립운동의 산실이 되었다.

조선에 묻힌 최초의 의료 선교사, 헤론 John William Heron: 헤론
1856-1890

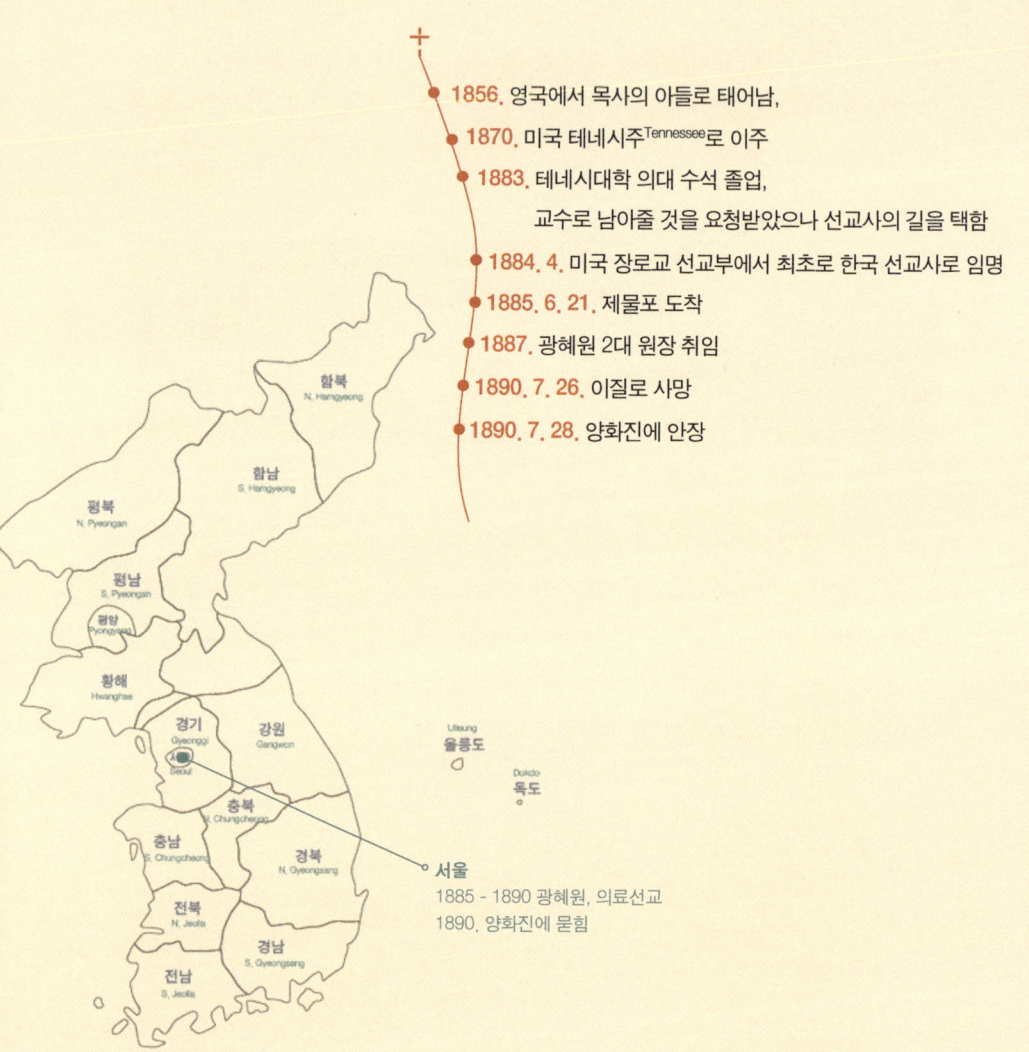

- **1856.** 영국에서 목사의 아들로 태어남.
- **1870.** 미국 테네시주Tennessee로 이주
- **1883.** 테네시대학 의대 수석 졸업, 교수로 남아줄 것을 요청받았으나 선교사의 길을 택함
- **1884. 4.** 미국 장로교 선교부에서 최초로 한국 선교사로 임명
- **1885. 6. 21.** 제물포 도착
- **1887.** 광혜원 2대 원장 취임
- **1890. 7. 26.** 이질로 사망
- **1890. 7. 28.** 양화진에 안장

서울
1885 - 1890 광혜원, 의료선교
1890. 양화진에 묻힘

헤론 박사는 뜨거운 여름에 도시에 머물러 있었을 뿐만 아니라 그 자신이 환자이면서도 시골지역으로 백 리를 가서 '치료를 베풀 것'을 고집했다. 그 결과 선교 현장에서 5년 만에 이질로 죽었다.

| 마음만 먹으면 살 수 있었는데…… |

양화진에 묻힌 최초의 의료선교사 헤론은 이질과 풍토병의 무서움을 누구보다 잘 알고 있었다. 그러나 가냘픈 조선인들을 뒤로하고 자신만 살자고 혹독한 더위와 질병을 피해 선교사들이 여름을 지내던 남한산성으로 갈 수 없었다. 후덥지근한 여름, 서울 시내에서 환자들을 돌보던 헤론은 이질에 걸려 선교 사역을 마감했다. 그의 사역과 순직은 1909년 광주 선교지부를 멀리 떠나 장흥에서 환자들을 돌보다 병에 걸려 순직했던 '오웬 선교사'Clement C. Owen, 오기원의 경우와 흡사했다. 마음만 먹으면 살 수 있었음에도 불구하고 조선 사람들에게 복음과 의술을 베풀다가 헤론은 하늘로 간 것이다.

헤론 선교사

영국 더비셔Derbyshire에서 목사의 아들로 태어난 헤론은 14살에 미국 테네시주Tennessee로 이주했다. 1883년 테네시대학 의대를 수석으로 졸업하고, 선교사의 길을 선택했다. 헤론은 1884년 4월 미국장로교 선교부에서 최초의 한국선교사로 임명되었고 해리엇Harriet Gibson과 결혼했다. 1885년 6월 21일 한국에 도착해서 알렌Horace N. Allen의 뒤를 이어 2대 광혜원 원장에 취임해 열정적으로 사역을 감당하다 1890년 7월 26일 그가 택한 한국 땅에서 죽음을 맞이했다.

| 성령과 이수정의 외침 |

의대를 수석으로 졸업할 정도로 두각을 나타낸 헤론은 어느 날 부흥회에 참석했을 때 성령의 음성을 들었다. "이제 준비가 끝났으니 땅끝으로 가라!" 헤론에게 '땅끝'은 서구인들에게 이미 잘 알려진 일본이나 중국이 아닌, 미지의 세계 조선이었다. 이때는 헤론이 한국에 선교사를 초빙하려는 이수정의 호소를 담은 글을 The Missionary Review of the World에서 읽었던 무렵이었다. 갑신정변의 여파로 일본에 머물러 있던 이수정은 문맹과 어둠 속에서 헤매는 한국 사람들을 위해 미국인들이 선교사를 보내줄 것을 간구하고 있었다.

| 열악한 의료 여건과 창궐하는 전염병 |

고종의 주치의가 된 알렌을 이어 광혜원(이후 제중원) 2대 원장이 된 헤론은 광혜원의 환자들을 돌보는 일뿐만 아니라 백 리 이상 떨어진 시골의 촌부들에게까지 진료가방을 메고 찾아가 치료하는 일을 시작했다. 궁중의 귀인으로부터 시작하여 걸인, 나병환자, 말라리아, 각종 피부병과 성병 등이 알렌과 헤론이 빈번하게 접한 병들이다.

사역이 빠르게 확장되면서 먼 지방에서 올라와 진료받는 환자들도 늘어났다. 하루 평균 60여 명의 환자를 진료했고, 때로는

알렌 선교사와 광혜원 전경

90명이나 되는 사람을 진료하기도 했다. 그는 의사로서 환자를 치료하는 것 뿐 아니라 복음전파의 사명을 잊지 않았다. '우리를 위해 돌아가신 신실한 구세주를 전파하는 것'이 자신의 사명이라는 헤론의 고백을 통해 그가 복음전파에 관

해 어떻게 생각하고 있었는지 알 수 있다.

당시 정부에서는 기독교를 법으로 금지하고 있어서 공공연하게 복음을 전할 수는 없었지만, 그는 복음이 조선에 서서히 퍼져가고 있다고 확신했다. 많은 사람이 헤론을 찾아와 예수 그리스도에 관해 알기를 원했으며, 정부에서는 선교사들이 가르치는 학교와 병원을 승인하고 호의적으로 협조하고 있었다.

하지만 이런 상황에서 매년 연례행사처럼 들이닥친 전염병은 가히 위협적이었다. 그리고 그 전염병에 헤론 역시 희생자가 되고 말았다. 1890년 7월 26일, 꽃다운 청년은 예수와 조선인에 대한 사랑 때문에 죽음을 맞이했다. 조선 사람들을 위해 애쓰다 죽은 헤론이었지만, 죽어서 편히 쉴 공간을 찾기는 쉽지 않았다. 그러나 선교사들의 노력과 고종의 허락으로 양화진에 외국인 묘지가 마련되었고, 1890년 7월 28일 현재의 마포 양화진에 처음으로 묻히게 되었다.

'하나님의 아들이 나를 사랑하시고, 나를 위하여 자신을 주셨다.'

그의 묘지에 쓰인 구절이다. 하나님이 아들을 주셨기 때문에, 헤론도 자신을 조선인들을 위해 주었다는 마음을 담고 있는 듯하다. 1887년 조직된 성서번역위원회의 상임위원에 속할 정도로 성서번역에도 열심을 나타낸 헤론은 조선인과 지금의 한국성도들의 마음에 깊이 남아있다.

양화진의 헤론 선교사 묘지

2대에 걸친 한국사랑, 감리교회 첫 순교자, 윌리암 홀 William James Hall: 하락
1860-1894

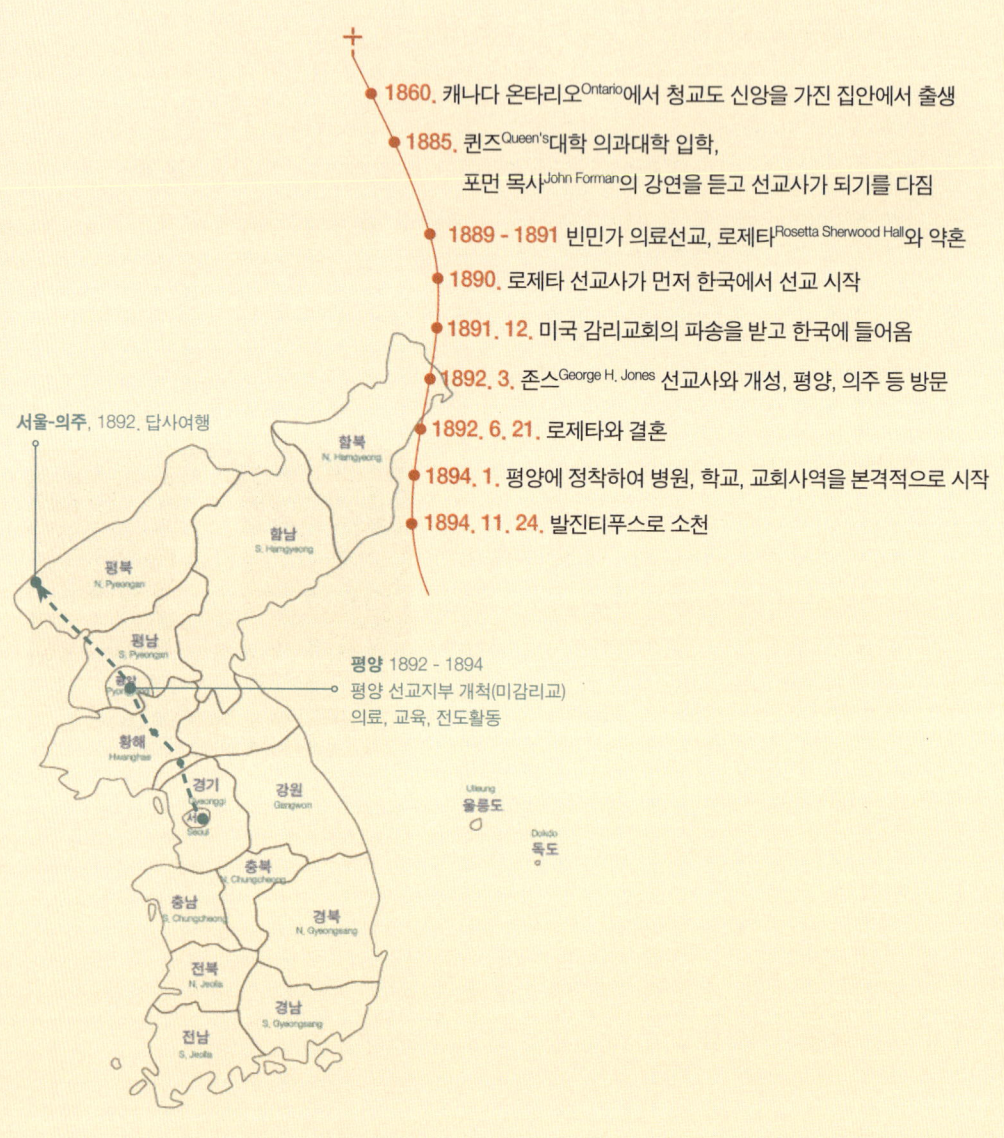

- **1860.** 캐나다 온타리오Ontario에서 청교도 신앙을 가진 집안에서 출생
- **1885.** 퀸즈Queen's대학 의과대학 입학, 포먼 목사John Forman의 강연을 듣고 선교사가 되기를 다짐
- **1889 - 1891** 빈민가 의료선교, 로제타Rosetta Sherwood Hall와 약혼
- **1890.** 로제타 선교사가 먼저 한국에서 선교 시작
- **1891. 12.** 미국 감리교회의 파송을 받고 한국에 들어옴
- **1892. 3.** 존스George H. Jones 선교사와 개성, 평양, 의주 등 방문
- **1892. 6. 21.** 로제타와 결혼
- **1894. 1.** 평양에 정착하여 병원, 학교, 교회사역을 본격적으로 시작
- **1894. 11. 24.** 발진티푸스로 소천

서울-의주, 1892. 답사여행

평양 1892 - 1894
평양 선교지부 개척(미감리교)
의료, 교육, 전도활동

만일 하나님이 한 사람을 희생시켜서
이 도시의 문을 여실 생각이라면
나는 그 희생자가 되기를 피하지 않겠소.

윌리암 홀과 아내 로제타

| 홀과 로제타 |

2대에 걸쳐 한국사랑을 몸소 보여준 윌리암 홀은 1860년 1월 16일 온타리오Ontario의 청교도적 신앙을 가진 집안에서 태어났다. 1885년에 퀸즈대학 의과대학에 입학해 공부하다가 '해외선교자원학생운동'의 인도 책임자인 포먼John Forman 목사의 강연을 통해 선교사가 될 것을 다짐했다. 이후 매사추세츠주Massachusetts에서 개최된 무디 여름수양회에 참석한 국제의료선교협의회의 이사 도우놋Dowknott의 권면으로 미국 뉴욕의 벨레뷰Bellevue대학으로 옮겨 1889년 의학 박사학위를 받았다. 그는 1891년 12월 한국에 선교사로 오기 전까지 미국 감리교 소속으로 빈민가 의료선교를 하기도 했으며, 이후 아내가 될 로제타Rosetta Sherwood Hall, 허을를 만나 약혼을 했다.

한국에 먼저 도착한 것은 로제타였다. 그녀는 미감리교 여성 해외선교부 소속으로 1890년 서울에 도착했다. 그러나 이때까지만 해도 홀은 선교지가 확정되지 않은 상태였다. 처음에는 캐나다 감리회 소속으로 중국에 가려 했으나, 선교위원회의 자금부족으로 뜻을 이루지 못하였고, 조선으로 파견되기까지도 여러 번의 우여곡절을 겪어야 했다. 그는 이 기쁨을 편지에 담아 로제타에게 보냈다. '로제타, 난 방금 조선으로 임명을 받았소. 어제 캐나다 선교위원회에서 미국 선교위원회 소속으로 조선에 가도록 허락했소. 하나님이 길을 열어주시니 기쁘오. 우리가 곧 만나게 된다고 생각하니 얼마나 기쁜지 모르겠소. 하나님이 존재하시고 역사하신다는 점을 지금보다 더 깊게 느껴본 적이 없소.'
마침내 홀은 1891년, 미국 감리교회의 파송을 받아 한국에 들어왔다. 그리고 홀과 로제타는 1892년 6월 서울에서 벙커Dalziel A. Bunker, 방거 선교사의 주례로 결혼하였다.

| 평양의 개척 선교사 |

윌리엄 홀이 의료선교의 문을 연 1890년대 평양 대동강의 대동문 주변

선교사로 한국에 발을 디딘 후 채 3년이 되지 못해 발진티푸스로 순직한 홀의 선교사역은 비교적 간단하게 정리할 수 있다. 평양 사역에 관심이 많던 홀은 일찍부터 마펫Samuel A. Moffett, 마포삼열과 함께 평양에서 개척 책임자로 지내고, 아내 로제타는 서울에서 일했다. 1892년 3월 결혼 직전에도 존스George H. Jones, 조원시 선교사와 함께 개성, 평양, 의주 등을 방문하였고, 이후 평양 선교기지 개척 담당자로 임명받아 평양을 빈번히 왕래했다. 초기 선교사들의 단골 코스인 평양 순회여행은 서울에서 평양까지 약 300km의 지역을 포함한다. 홀은 작은 조랑말 위에 약과 책자들을 싣고 개울과 산을 넘고 거친 도로를 지나는 힘든 여행을 했다. 여행 중에 짐말들이 넘어져 땅바닥에 내동댕이쳐지기도 했고, 방이 비좁아 발을 문밖으로 뻗고 잠을 자기도 했다. 해충의 괴롭힘과 배고픔, 그리고 환자들을 돌보며 천연두, 이질 등에 늘 노출되어 있었지만, 병에 고통받는 시골 사람들을 치료해 준다는 그 자체가 대단한 기쁨이었고 이러한 내지 사역자의 특권을 자랑스럽게 여겼다.

"나는 내지의 전문사역자로 임명된 첫 번째 선교사의 특권을 갖습니다. 나는 이전에 결코 복음을 들어보지 못한 사람들에게 복음을 전하는 특권 때문에 하나님을 찬양합니다."

홀에게 모든 고통과 어려움도 구원의 복된 소식을 전하는 즐거움에 비교할 수 없었다.

보수적이고 외세에 대하여 강한 거부감을 가진 평양은 쉽게 마음을 열지 않았다. 이곳은 불과 얼마 전인 1866년 토마스 선교사의 순직사건이 아직 기억에서 생생하던 곳이다. 평양감사는 외국선교사를 직접 박해하거나 가둘 수는 없었다. 그러나 홀의 조사 김창식과 그가 처음 얻은 교인 오석형, 그리고 마펫의 조사 한석진 등이 체포를 당해 고문을 당하고 사형의 위협을 받기도 했다. 로제타는 조선인들의 적개심이 어떻게 터져 나올지 예측할 수 없는 상황에서 홀에게 이 상황의 전망에 대해 물어보았다. 그는 "만일 하나님이 한 사람을 희생시켜서 이 도시의 문을 여실 생각이라면 나는 그 희생자가 되기를 피하지 않겠소."라고 대답했다. 결국, 홀은 외교채널을 통해서 가까스로 이들을 석방할 수 있었다.

닥터 홀 부부가 평양에서 의료선교를 했던 집

1894년 홀은 평양에 가정을 꾸리고 병원과 학교, 교회사역을 본격적으로 시작했다. 이 짧은 기간을 통해 북한 최초의 교회와 남산현교회, 평양기독병원, 광성학교(현 서울 광성고등학교)가 시작되었다.

| 청일전쟁의 한 가운데서······ |

1894년, 평양을 중심으로 홀의 인생을 바꾼 청일전쟁이 벌어졌다. 전쟁 중

에 청나라 군인들이 옮겨 온 환자들을 돌보다가 홀 자신마저도 발진티푸스에 걸렸다. 김창식과 함께 몸을 아끼지 않고 평양주민들을 돌보면서 생긴 과로는 그의 질병을 부채질했다. 전쟁이 얼마나 치열했는지 평양에서 죽은 청나라 군인만 2천 명이 넘었다.

질병에 걸린 홀은 서울로 이송되어 에비슨Oliver R. Avison, 어비신의 치료를 받았지만, 1894년 11월 24일 토요일 저녁 홀은 34세의 나이로 하늘로 떠났다. 홀은 아내 로제타에게 마지막 말을 남겼다. "내가 평양으로 간 것을 후회하지 마시오. 나는 그리스도를 위해 그 일을 했고 하나님이 내게 갚으실 것이오." 나중에 아내 로제타가 평양에 돌아와 사역하는 동안 홀의 딸 에디스도 풍토병에 걸려 죽었다. 로제타는 평양에서 양화진까지 걸어와 에디스를 남편 곁에 묻었다.

평양에서 벌어진 전투를 가장 가까이서 목격했던 평양선교의 아버지 마펫은 다음과 같이 홀을 추억했다.

"홀은 주님 명령을 따라 살다가 죽었다. 주님이 명령하여 한국에 기꺼이 왔고, 다시 명령하사 세상을 떠나 하늘나라에 갔다. 그는 위대한 신앙, 위대한 사랑, 위대한 자비의 사람이다."

| 아내와 아들을 통해 전해진 홀의 조선 사랑 |

홀은 비록 짧은 생애를 보냈지만, 그의 선교사역은 아내와 아들에 의해 계속되었다. 홀의 순직 이후 임신 7개월째이던 아내 로제타는 잠시 고국으로 돌아갔다가 1897년 조선 땅에 다시 돌아와 남편이 기초를 놓은 평양기독병원을 더욱 발전시켰다. 그리고 한국 최초의 맹인학교와 서울에 여자의학교(경성여자 의학 전문학교-고려대학 의과대학의 전신)를 세우기도 했다. 로제타는 김점동(박에스더)이라는 여자를 유학시켜 한국 최초의 여자 의사를 만드는데 결정적인 역할을 했으며, 이화여대부속병원, 인천간호대학, 인천기독병원을 세웠다. 로제타의 헌신

은 미국인들에게도 영향을 미쳐서 미국이 뽑은 200대 여성 중의 한 명으로 선정되기도 했다.

어머니 로제타의 헌신과 열정은 아들 셔우드 홀Sherwood Hall에게 그대로 전수되었다. 특히 한국 최초의 여자 의사요 자신과 너무나 친했던 박에스더가 1910년 결핵으로 죽은 것에 충격을 받고 의사가 될 각오를 했다. 미국으로 건너가 의사가 된 셔우드 홀은 아내 메리안Marian B. Hall과 함께 다시 한국을 찾아 결핵협회를 창설하고 크리스마스 실을 만들어 보급하는 등 대를 이은 한국사랑을 키워나갔다. 일본에 의해 강제로 쫓겨나갈 때까지 그의 한국사랑은 계속되었다.

91세의 나이로 한국을 다시 찾은 셔우드 홀은 이렇게 한국사랑의 마음을 읊었다.

"저는 여전히 한국을 사랑합니다. 제가 죽거든 저를 절대로 미국이나 캐나다 땅에 묻지 마시고, 내가 태어나서 자랐던 사랑하는 이 나라, 또한 내 사랑하는 어머니와 아버지 그리고 누이동생이 잠들어 있는 한국 땅에 묻어 주시기 바랍니다."

양화진의 홀 가족 묘비

복된 순교지를 찾아 온 호주 최초의 선교사 데이비스 Joseph Henry Davies: 덕배시
1856-1890

- **1856.** 뉴질랜드 왕가레이 Whangarei 출생
- **1876.** 호주 씨엠에스 소속 인도 선교
- **1881.** 멜버른 Melbourne 대학교 문리학과 수석 졸업 콜필드 학교 Caulfield Grammar School를 설립, 1888년까지 교장으로 활동
- **1888. 10. 2.** 호주 빅토리아 장로교회 파송, 누이 메리 Mary T. Davies와 함께 부산에 도착, 서울로 이동해 조선어를 익힘
- **1890. 3. 14.** 서울을 떠나 약 20일 간 답사 여행
- **1890. 4. 5.** 천연두와 급성 폐렴으로 사망

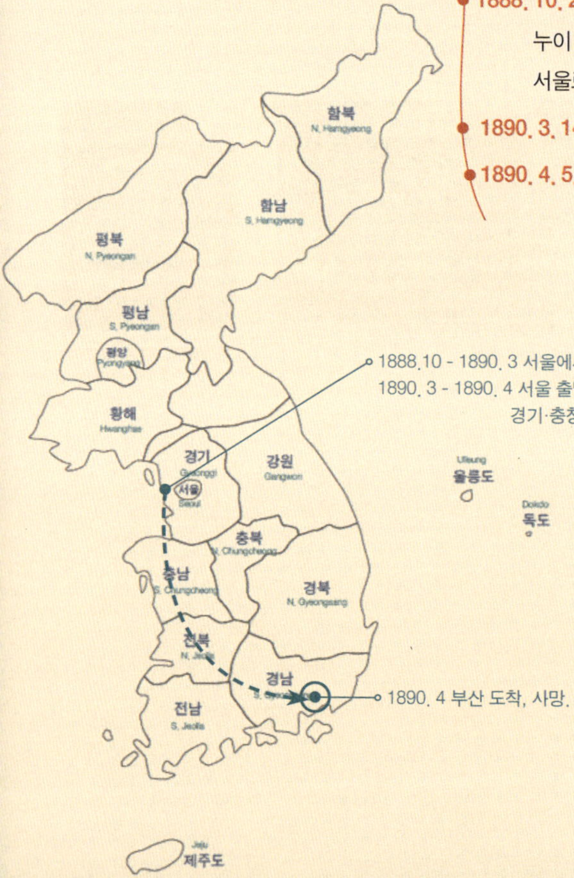

1888. 10 - 1890. 3 서울에서 조선어 공부
1890. 3 - 1890. 4 서울 출발, 경기·충청·경상도를 따라 답사 여행

1890. 4 부산 도착, 사망.

주님 내가 만약 잘못된 길을 걷고 있다면 진리 가운데로 나를 이끄소서
주여 나를 불쌍히 여겨 나를 도와주소서
믿사오니 당신은 나의 믿음이 독실치 못함을 도와주소서
(1889년 12월 31일 일기 중에서)

헨리 데이비스와 콜필드학교 교사들

덕배시德倍時라는 한국이름을 가진 데이비스는 원래 뉴질랜드에서 태어났으나 어린 시절 호주로 건너왔다. 변호사인 아버지를 포함한 가족은 독실한 플리머스 형제단에 속해 있었는데, 데이비스가 12세 때 아버지가 돌아가시자 그는 13남매의 가장이 되었다.

데이비스의 선교사역에 대한 열정은 일찍부터 일어났다. 20세 때는 누나 사라Sarah가 사역하던 남인도 엘로르Ellore에서 1년 어간 선교사역을 돕기도 했지만, 말라리아에 걸리는 등 여러 어려움 때문에 호주로 돌아가야 했다. 집으로 돌아온 후에도 복음에 대한 열정은 다양한 설교사역 등을 통해 자신이 조선으로 다시 선교의 길을 나갈 때까지 지속되었다.

호주에서 대학을 졸업한 그는 많은 형제를 부양할 부담을 느끼고 있던 터에 콜필드학교Caulfield Grammar School를 세워 1888년 4월까지 7년 어간을 교장으로 일했다. '학교 교육을 통해 어린 학생들을 그리스도에게 인도할 수 있다.'는 확신을 가지고 있던 데이비스에게 학교운영은 생계와 교육적 이상을 동시에 만족시키는 멋진 방안이었다.

| 월프의 선교편지에서 시작한 40일간의 항해 |

데이비스의 한국선교에 결정적인 영향을 미친 사람은 중국주재 성공회선교부 총무 월프John R. Wolfe 목사였다. 1884년부터 조선을 오가던 월프는 1887년 조

선선교, 특별히 부산지역 선교의 시급성과 간절함을 담은 감동적인 편지를 호주에 보냈다. 이 편지는 콜필드교회의 메카트니 목사가 발행하는 *The Missionary at Home and Abroad*에 실렸고, 이 글을 읽은 데이비스는 인도로 되돌아가려던 마음을 돌려 조선으로 가기로 했다. 신학연구 등 준비를 거쳐 1889년 8월 17일 멜버른 스카

메리와 헨리 데이비스   데이비스 파송을 지원한 투락교회

츠교회Scot's Church에서 파송예배를 드리고, 누이 마리아Mary T. Davies와 함께 8월 21일 멜버른을 떠나 40여 일간의 항해를 거쳐 10월 2일 부산에 도착했다. 고되고 지친 여정이었지만 주일마다 배에서 예배를 인도하는 등 마음만큼은 너무나 기뻤다.

| 복된 매장지를 찾아 나선 20일간의 조선 도보여행 |

조선에 도착한 후 5개월 어간의 한국어 공부와 적응교육을 마친 데이비스는 적합한 선교지 물색을 위해 1890년 3월 14일 서울에서 시작하여 부산까지 약 500Km에 이르는 도보답사여행을 20여 일에 걸쳐 진행했다. 서울에서 과천-수원-공주-남원-하동-사천-부산에 이르는 여정은 이역만리에 온 그에게 쉽지 않은 여정이었다. 안타깝게도 여행 후반부에 천연두에 걸린 그는 4월 4일 부산에 도착하여 4월 5일 부활주일 하루 전인 토요일 오후 한 시경에 하나님의 부름을 받았다. 어쩌면 죽을 장소를 찾아 나선 기나긴 고난의 여정처럼 보였다.

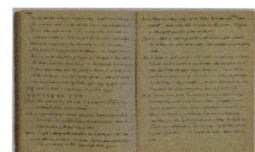 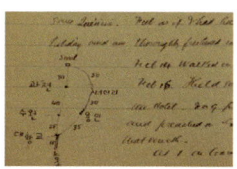

데이비스의 일기

부산 현지에서 데이비스의 죽음을 마지막까지 지켜본 캐나다 선교사 게일은 데이비스의 누이 마리아에게 보낸 편지에서 당시 안타까운 상황을 자세하게 기록해 주었다.

"데이비스 선교사는 아직 의식이 있고 저에게 말도 하고 있는데 의사는 그의 시간이 얼마 남지 않았다고 말했습니다. 결국 한 시경 데이비스 선교사는 예수님에 관하여 무엇인가를 이야기하는 듯 하면서 편안하게 잠들었습니다……."

평생 마음에 새긴 선교의 꿈을 펼쳐보지도 못하고 죽음으로서 선교지에 씨앗 하나 덩그러니 심고 떠난 그의 묘지에는 다음과 같은 글귀가 쓰여 있다.

'사는 것이 그리스도니 죽는 것도 유익함이라(To Live, Christ; To Die, Gain, 빌1:21).'

데이비스의 못다 핀 삶을 지켜본 언더우드는 "열정적이고 뛰어난 재능이 있는 하나님의 거룩한 사람이었으며, 한국에 온 훌륭한 선교사들 가운데 한 사람이었다."고 그를 추억했다.

경남선교의 시작과 호주선교의 출발점을 제공한 데이비스의 죽음은 헛되지 않았다. 그의 죽음에 도전받은 여성들은 1890년 8월 25일 여전도연합회 Presbyterian Women's Missionary Union, PWMU를 조직하여 한국에 선교사들을 전폭적으로 지원했는데, 해방 이전 한국에 온 78명의 선교사 중에서 35명을 이 기관이 파송했다. 이 연합회가 조직되고 활동하는데 데이비스의 누이와 가족들이 깊이 연계되어 있음은 말할 필요도 없다. 데이비스의 조카 마가렛Margaret S. Davies과 엘리스Elice J. Davies도 한국에서 추방당할 때까지 데이비스의 뜻과 열정을 이었다.

인도와 한국에 대한 선교의 열정을 크게 품은 사람, 도보 전도여행을 그렇게 좋아했던 사람, 교육을 통한 하나님 나라의 확장에 깊이 관심을 기울였던 데이비스가 좀 더 살아남아 주었다면 어떠했을까? 하는 안타까움이 남는다. 2009년 경남 성시화운동본부는 호주선교 120주년 기념관을 창원에 건립하여 그들의 수고를 기리고 있다.

> 내가 진실로 진실로 너희에게 이르노니
> 한 알의 밀이 땅에 떨어져 죽지 아니하면 한 알 그대로 있고
> 죽으면 많은 열매를 맺느니라 요 12:24

| 목포의 신의神醫, 의료사업과 복음전파 |

1867년 미국 버지니아에서 태어난 오웬은 4살 때 아버지가 죽자 할아버지 William Lee Owen의 손에서 자랐다. 1886년 대학을 졸업한 후 유니온Union 신학대학과 스코틀랜드 에든버러Edinburgh 신학대학에서 공부했다. 이후 1897년 버지니아Virginia 대학에서 의학 공부를 마치고, 미국 남장로교 해외 선교부를 통해 한국선교를 지원해 다음 해인 1898년 11월 6일에 목포 선교지부에 도착하여 본격적인 선교사 사역을 시작했다.

1898년 11월 목포에 도착해서 1909년 4월 광주에서 죽음을 맞을 때까지의 10년 반 동안의 오웬의 사역은 크게 두 단계로 나눌 수 있다. 첫째로는 1898년 목포 시절부터 1903년 10월 안식년을 마친 시기다. 목포에 도착한 오웬은 목포에 최초의 서양식 진료소를 설립해서 운영했다. 당시 선교사들은 치료의 대가를 바라지 않았기 때문에 가난한 자들이 몰려들었다. 그는 진료소에 기독교 서적을 배치해 병 때문에 이곳을 찾은 사람들이 기독교에 관심을 갖게 했고, 약봉지에는 한글로 성경 구절을 써서 나누어 주었다. 의료사업은 선교사들이 달리 접촉할 수 없는 많은 사람의 호의를 얻고 그들에게 기독교 서적을 팔 기회를 주었다. 또한, 고침을 받은 자와 가족들은 더욱 쉽게 복음을 받아들였다. 온갖 종류의 질병을 치료하던 오웬은 목포지역에서 신의神醫라 불릴 정도로 명성이 높았다. 긴밀하게 연결된 의료선교와 복음전도는 큰 효과를 내고 있었다. 1900년 가을에 오웬에게 세례를 받은 김윤수는 목포부 경찰업무를 총괄하는 지위와 자신이 경영하는 주조장을 포기하고 기독교로 개종하여 목포지역을 들썩

이게 했다. 이 사이 오웬은 1900년 서울의 언더우드 집에서 의사 선교사 휘팅 Georgiana Whitting양과 결혼했고, 1903년에는 건강상의 이유로 1년간 미국에서 안식년을 갖기도 했다.

| 전남 일대에 복음의 씨앗을 뿌리며 |

오웬 선교사

오웬의 둘째 사역기는 1904년 12월 유진 벨Eugene Bell, 배유지과 함께 광주로 이사한 후 1909년 4월 과로와 병으로 죽음을 맞이한 시기이다. 광주로 온 오웬은 의료사역을 접고 복음 전도 사역에 매진했는데, 주로 강진에서 여수와 구례에 이르는 전남 동부지역에 복음전파를 위해 애를 썼다. 다른 남장로교회 선교사들처럼 자신을 거의 돌보지 않았던 오웬의 선교사역도 헌신적이었다. 그런데 1909년 4월 3일 장흥에서 순회전도를 하던 중에 급성폐렴에 걸려 광주에 오게 되었다. 1909년 3월 22일 오웬은 배경수 조사와 함께 순회구역을 돌아보기 위해 광주를 출발해서, 화순과 남평, 능주를 거쳐 1주일 만에 장흥에 도착했다. 이때 오한과 열에 시달리기 시작한 오웬을 성도들은 가마에 매고 광주로 옮기기 시작했다. 밤낮을 달려 수요일 새벽에 광주에 도착한 오웬을 윌슨Robert M. Wilson, 우월손이 이틀 동안 치료했음에도 불구하고 토요일 밤 10시 45분에 하늘의 부름을 받았다. 오웬의 장례식은 4월 6일 화요일에 프레스톤John Preston, 변요한의 집례 아래 치러졌으며, 그의 시신은 광주 선교지부 묘지에 처음으로 묻히게 되었다.

오웬 선교사의 묘

한 알의 밀알이 땅에 떨어지며 시작된 애양원

포사이드 선교사와 애양원

광주 선교지부 묘지에 처음으로 자리 잡은 오 목사 오.웬은 갔지만, 그는 호남 선교에 거룩한 씨앗을 남겼다. 첫째, 오웬은 네 명의 딸을 남겼는데 넷째 딸은 유복자로 태어났다. 둘째, 그를 기념하는 기념관이 1912년 5월에 완공되었다. 자신을 길러준 할아버지를 기념할 사업을 위해 그가 차곡차곡 모아둔 3천 불과 그의 죽음 이후 기부금 1천 불을 토대로 하여 스와인하트Martin L. Swinehart 선교사가 감독을 맡아 기념각Owen Memorial Hall을 지었다. 이곳은 성경공부와 부흥회, 각종 연주회 등의 장소로 사용되어 오다가 지금은 광주기독병원 간호전문대학 강당으로 사용되고 있다.

셋째, 오웬의 병과 죽음을 계기로 한국 기독교사에 유명한 애양원이 출발하게 되었다는 점을 주목할 필요가 있다. 열병에 걸린 오웬의 상태가 심각하다는 것을 안 당시 광주진료소 소장 윌슨은 목포 선교병원에서 일하고 있던 포사이드Wiley H. Forsythe, 보위렴의사에게 급히 광주로 오라고 전보를 쳤다. 배를 타고 말을 달려 급히 광주로 오던 포사이드는 광주 진월동 근처에서 길가에 쓰러져 있던 나병환자를 보고 멈출 수 밖에 없었다. 그리고 그녀를 말 위에 태우고 자신은 걸어서 광주진료소로 왔다. 포사이드가 광주에 도착했을 때 친구의사 오웬은 이미 이 세상 사람이 아니었다. 정성을 다해 치료한 나병에 걸린 그 여인도 세상을 떠났다.

모두가 죽고 실패한 것 같았지만, 이 모습을 보면서 나병 환자까지 돌보는 선교사들의 삶과 사역에 강한 충격을 받은 최흥종 목사와 선교사들의 노력을 통해 지금의 애양원이 시작되었다. 윌슨 선교사의 어학 선생이었고 포사이드를 동생처럼 여기던 최흥종 목사는 나병에 걸린 여자가 떨어뜨린 고름에 찌든 지팡이를 집어달라는 포사이드의 간청에 오랫동안 주저했던 당시를 생각하며 후일 이런 글을 남겼다.

"예수님의 박애 정신은 고사하고 동포애조차 결여한 인간으로서 무슨 신앙이냐는 자책이 나를 사로잡게 된 것입니다. 그러나 그 다음 순간 뜨거운 감동이 내 마음을 뒤흔들어 땅에 떨어진 그 지팡이를 주어서 환자에게 쥐어줬던 것입니다. 그 당시 교회 집사직으로 있으면서 제법 믿는다고 하던 나였는데 사랑이라는 진미眞美를 못 깨닫고 포사이드 의사의 그와 같은 사랑의 행동을 보고서야 비로소 깨달은 것입니다……."

광주 양림동에 있는 오웬기념각

소래교회의 아버지, 캐나다 조선선교의 선구자, 맥켄지 William John Mckenzie: 매견시
1861-1895

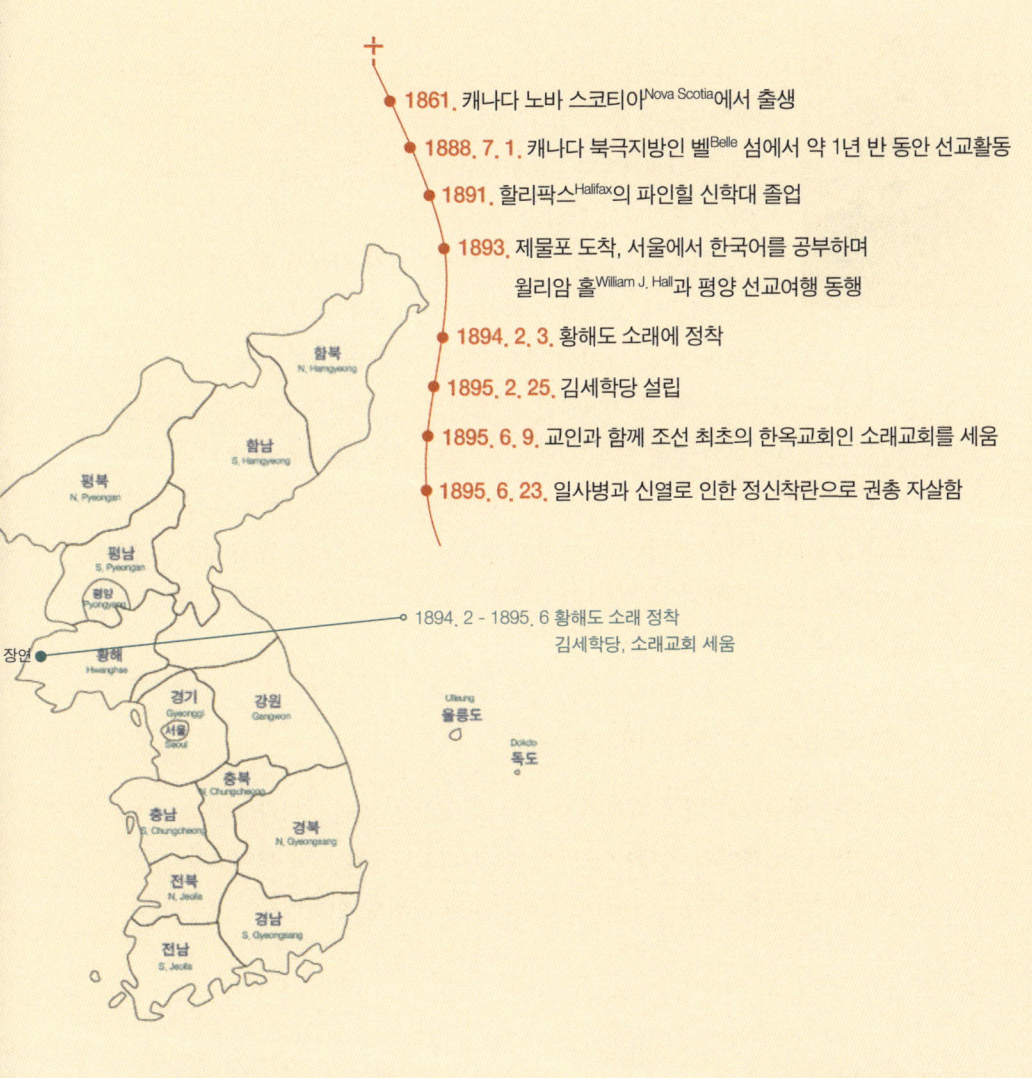

- **1861.** 캐나다 노바 스코티아 Nova Scotia 에서 출생
- **1888. 7. 1.** 캐나다 북극지방인 벨 Belle 섬에서 약 1년 반 동안 선교활동
- **1891.** 할리팍스 Halifax 의 파인힐 신학대 졸업
- **1893.** 제물포 도착, 서울에서 한국어를 공부하며 윌리암 홀 William J. Hall 과 평양 선교여행 동행
- **1894. 2. 3.** 황해도 소래에 정착
- **1895. 2. 25.** 김세학당 설립
- **1895. 6. 9.** 교인과 함께 조선 최초의 한옥교회인 소래교회를 세움
- **1895. 6. 23.** 일사병과 신열로 인한 정신착란으로 권총 자살함

1894. 2 - 1895. 6 황해도 소래 정착
김세학당, 소래교회 세움

그는 죽었으나 지금도 말하고 있다.
(김세학당 졸업생들이 1913년 8월 22일 세운 묘비)

죽도록 조선을 사랑한 사람

맥켄지 선교사

"나의 마음은 더는 기대할 수 없을 정도로 평안하다. 예수님은 나의 유일한 희망이다. 그러나 나의 몸은 고통이 심해서 더 이상 글을 쓸 수가 없다. 그러나 죽음이 아니길 바란다. 그것은 조선을 위해서이다. 많은 사람이 나를 조선 사람들처럼 살아서 그렇게 죽었다고 말하지 않겠는가?"

작게는 소래교회, 크게는 조선교회를 위해서 목숨을 걸고 일했던 맥켄지 선교사가 자신의 일기장에 남긴 마지막 글이다. 격무와 과로, 그리고 기후와 음식이 전혀 맞지 않는 곳에서 젊음과 온몸을 바쳐 한국에 온 지 559일 만에 이 땅에 몸을 묻었다. 정신착란에 의한 것으로 추정되는 권총 자살로 말이다. 그의 죽음 때문에 생긴 적지 않은 논란과 독립선교사 출신이라는 점으로 그는 많은 사람의 관심에서 잊혀 왔다. 그러나 짧은 사역기간에 비해 그가 남긴 흔적은 대단히 크다. 그의 죽음을 순교나 순직으로 정의할 수 있겠느냐는 문제보다 그의 헌신에 주목해야 하는 이유가 여기에 있다.

할리팍스에서 지구를 한 바퀴 돌아

맥켄지는 캐나다와 미국 교회의 발전에 큰 역할을 했던 캐나다 노바 스코티아Nova Scotia주의 케이프 브레튼Cape Breton에서 1861년 7월 15일 태어났다. 달하우지Dalhousie대학을 마치고, 1891년 할리팍스의 파인힐 신학대학을 졸업했다.

그는 선교후원자를 구하면서 선교에 필요한 준비를 하나씩 해 갔다. 심지어 캐나다 동북쪽의 라브라도Labrador 섬에서 인디언들과 함께 선교 경험을 쌓기도 했으며, 할리팍스에서 나름의 목회를 해보기도 하고, 선배 선교사들의 전기를 즐겨 읽으면서 조선선교에 뜻을 갖게 되었다.

공식 선교부의 도움을 확보하지 못한 맥켄지는 독립선교사 자격으로 1893년 12월에 제물포에 도착해서 서울로 왔다. 본인이 캐나다 장로교 선교부에 1백 달러나 선교헌금을 내면서 조선으로 파송해 줄 것을 희망했지만, 재정문제 등으로 어려움을 겪고 있던 캐나다 선교부는 맥켄지에게 기회를 주지 못했다. 결국, 그는 중국 내지선교회의 허드슨 테일러Hudson Taylor와 같이 재정을 비롯한 모든 것을 하나님께 맡기는 '믿음선교'Faith Mission 형태로 조선에 들어왔다. 독립선교사들은 교단의 지원을 받지 못하는 어려움이 있지만, 교단이나 선교회의 규칙에 얽매이지 않고 자유롭게 자신이 믿는 대로 복음을 전하는 장점을 가질 수 있었다.

| 소래교회의 아버지 |

맥켄지는 1894년 2월 2일 금요일 평양의 윌리엄 홀과 사무엘 마펫의 추천으로 황해도 소래송천, 松川에 정착해서 소래교회 초대 목사가 되었다. 그리고 이곳에서 1895년 6월 9일 조선 최초의 한옥교회인 소래교회를 세웠다. 여기서 중요한 것은 소래교회가 외부의 도움 없이 조선 성도들의 노동과 헌금으로 완공되었다는 것이다. 그가 처음 이곳에 왔을 때 교인 수가 15명 안팎이었는데 성전을 완성했을 때에는 거의 100여 명에 육박했다. 그의 죽음 6년 후 이곳을 방문한 번하이젤Charles F. Bernheisel, 편하설은 60여 가구 중 두 집을 제외하고 모두 예수를 믿었다고 증언했다.

소래교회와 십자가 기

맥켄지는 소래교회에서 성 조지 St. George의 십자가 깃발을 세우는 일을 시작했다. 1894년 12월 12일 동학군이 일어나자 이 같은 기를 만들어 매달았는데 이후 교회를 알리는 상징이 되어 조선 전역에 퍼지게 되었다. 이 십자가 기는 작지만 강력한 상징이 되었다. 맥켄지는 동학군에게도 그리스도의 온유와 관용을 보여주었다. 물론 처음에는 생명의 위협을 느낄 정도로 동학군에게 당하기도 했지만, 그는 오히려 동학군의 영수와 무리를 돌봐주었다. 그래서 소래 지역은 인근에서 드물게 동학군의 공격을 받지 않게 되었다.

맥켄지의 또 다른 공헌은 1895년 2월 25일 한국교육사상 최초로 남녀공학 학교인 김세학당을 세운 것이다. 이후 해서제일학교로 발전한 이 학교는 투철한 기독교 정신에 기초해 세워졌다.

독립선교사 맥켄지는 조선인과 동화되는 것이 전도의 가장 효과적인 방법이라 생각했다. 그는 조선 사람들처럼 한복을 입고 조선 음식을 즐겨 먹고, 조선의 초가집에서 살았다. 그러면서 조선 사람들의 입장에서 복음을 열정적으로 전했다.

그런데 소래교회를 완성하고 2주일이 채 못 된 1895년 6월 23일, 맥켄지는 소래 사역 1년여 만에 권총 자살로 자신의 삶과 사역을 마감했다. 그의 죽음에 대한 논란은 이후 적지 않게 전개되어 왔다. 분명 죽음을 선택한 방법은 좋은 것이 아니었으나, 그럴 수 밖에 없었던 맥켄지의 상황 또한 안타깝다. 그의 죽음의 1차적인 요소가 기후와 열, 햇빛에 대한 과도한 노출과 음식물의 결핍 때문이었을 것이라는 데 큰 이견은 없다. 맥켄지의 죽음을 듣고 언더우드와 헌터 웰즈 James H. Wells, 우월시는 즉시 소래로 향했다. 그리고 7월 3일 맥켄지 추모예배와 함께 세례식을 행했다. 이때 세례를 받은 사람 중의 한 명은 세브란스 의전 제1회 졸업생 김필순이었고, 그의 여동생은 한국교회 여성지도자인 김필례다.

그의 죽음은 헛되지 않았다. 맥켄지가 죽은 후 서경조는 12월 26일 소래교회를 대신해서 캐나다 장로교회 해외 선교부에 편지 한 통을 보냈다. 조선어로 된 이 편지를 언더우드가 번역하고 럽Alexander F. Robb이 할리팍스 신학대학 신학지에 기고하여 많은 사람에게 감동을 주었다. 이 편지의 영향으로 캐나다 장로교회는 공식적으로 조선선교를 결정했다. 그리고 1898년 9월 3일 3명의 선교사를 공식적으로 파견했다. 그래서 그리어슨Grierson 부부, 푸트Foote 부부, 맥래McRae 부부 같은 선교사들이 조선선교에 헌신하게 되었다. 이후 184명이 넘는 캐나다 선교사들이 조선을 찾게 되었다. 그 모든 것의 시작에 바로 맥켄지라는 독립선교사가 있었다.

비슷한 심정으로 평생을 선교지에서 보냈던 펜윅 선교사는 맥켄지를 이렇게 추억했다.

"그가 잠들자 주변 사람들이 찾아와 애도했고, 아주 큰 예를 갖추어 장례를 치러 주었다. 고결한 사람! 그는 살아서 자신의 기도가 응답받고, 자기의 헌신이 보상받는 것을 지켜보지 못했으나, 남아있는 우리는 하나님께서 그 희생에 내리신 풍성한 보상을 지켜보고 있다."

김세학당 아이들

그리어슨, 푸트, 맥래 부부

대표 유적지

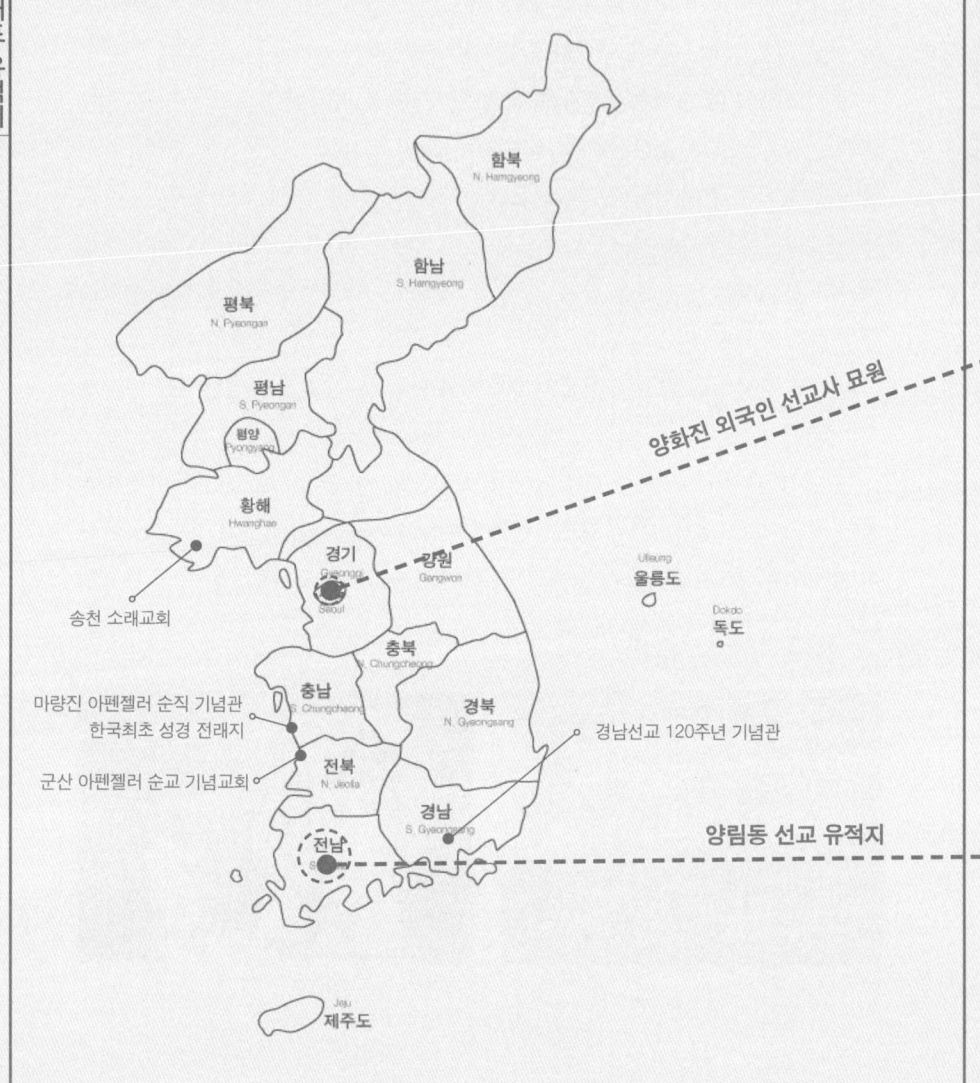

서울

- 양화진 외국인 선교사 묘원
- 절두산 순교 성지
- 광혜원 (현 헌법재판소)
- 서울월드컵 경기장
- 연세대학교
- 서울시청
- 동국대학교
- 서강대학교
- 정동교회, 배재학당 역사 박물관
- 국회의사당
- 국립중앙박물관
- 강변북로
- 올림픽대로

광주

- 사직공원
- 아남프라자 아파트
- 호남신학대학교
- 선교기념비
- 석산고등학교
- 남장로교 선교사 묘역
- 광주시립 사직도서관
- 오웬기념각
- 윌슨 선교사 사택
- 에비슨 기념관
- 양림교회
- 수피아 여학교

1. 양화진 외국인 선교사 묘원

서울시 마포구 합정동 145-8
☎ 02-332-9174
www.yanghwajin.net

도심을 지키는 군사요충지요 조선에 온 중국사신을 축하하는 배를 띄웠던 '버들꽃 나루' 양화진에 한국가톨릭과 개신교를 대표하는 성지가 연이어 있다. 여의도 국회의사당을 마주하고 절벽 위에 위치한 절두산 성지는 수많은 순교자의 죽음 때문에 지역의 원래 이름인 잠두봉蠶頭峰이 절두산切頭山으로 바뀌었다. 절두산 남쪽에 한국 땅에 온 수많은 선교사가 잠들어 있는 양화진 외국인 묘지가 있다. 그리고 바로 이곳에서 조선의 개화를 꿈꾸고 1884년 갑신정변을 일으킨 김옥균이 10년 후 1894년 조선정부에 의해 능지처참을 당한다.

양화진 외국인 선교사 묘원은 미국, 러시아, 영국, 프랑스인 등 417개의 무덤으로 구성되어 있으며, 가족을 포함한 145명의 선교사의 무덤이 있다.

서울에서 전염병과 각종 질병에 걸린 조선인을 치료하다가 1890년 7월 26일 순직한 헤론이 이곳에 묻히면서 외국인 묘지가 시작되었다. 갑작스럽게 목숨을 잃은 헤론을 사대문 안에 묻을 수도, 더운 여름날 인천에 위치한 외국인 묘지에 안장할 수도 없었는데 알렌이 정부와 협의를 해서 이곳에 자리를 잡게 된 것이다. 헤론의 부인 깁슨H. E. Gibson은 남편 사후 선교사 게일과 결혼했으나 6년 만에 하늘의 부름을 받고 양화진의 전남편 곁에 묻혔다.

헤론으로부터 시작된 이곳 양화진 선교사 묘원에 한국에서 사역한 많은 선교사의 무덤이 자리를 잡게 되었다. 목포 성경번역위원 모임을 위해 배를 타고 가다 군산 부근 어청도에서 순직한 아펜젤러의 경우 양화진에서 유일하게 시신이나 유해 없이 비석만 세워져 있다. 언더우드 가족과 윌리엄 홀을 비롯한 몇몇 경우 한 가족, 부부, 혹은 몇 대에 걸쳐 이곳에 안식처를 마련하게 되었는데, 그들은 죽어서까지 한국을 사랑했다. 언론을 통해 한국의 국권회복을 위해 애쓴 헐버트^{Homer B. Hulbert}는 자신의 묘비에 "나는 웨스트민스터사원에 묻히기보다는 한국에 묻히기를 원하노라."라는 기록을 남겨 한국사랑을 표현했다.

한국전쟁 이후 서울 외국인연합교회에서 관리해 오다가, 한국기독교 선교 100주년을 맞이해 기념사업회가 조성되고, 1986년 양화진 선교기념관을 조성했다. 현재는 '한국 기독교 선교 100주년 기념교회'가 관리하고 있다.

새로 지어진 양화진 홀은 평생 한국을 위해 사역한 선교사들의 열정과 헌신, 영성과 소명을 느낄 수 있는 곳이다. 요한복음의 말씀을 중심으로 풀어간 전시공간은 암울했던 구한말 조선의 상황, 이를 극복하기 위한 선교사들의 말씀과 성경번역사업, 그리고 하나님의 손길을 느낄 수 있다.

양화진 홀 내부전경

2. 아펜젤러 순교기념교회

전북 군산시 내초동 109-16
☎ 063-467-0397
http://appenzeller.co.kr

언더우드와 함께 한국기독교 선교의 문을 연 아펜젤러는 1902년 목포에서 열릴 성서번역위원 모임에 참석하기 위해 배를 타고 가다가 어청도 앞바다에서 배가 좌초되어 순직했다. 아펜젤러는 1885년 조선에 들어와 인천 내리교회, 정동제일교회 같은 한국의 대표적인 교회를 설립했고, 성경번역과 한국어 번역사업, 배재학당의 설립 등에 큰 공헌을 남겼다.

2007년, 어청도 인근 군산 내초동에 아펜젤러 순교자기념관을 완공하고, 2010년에는 아펜젤러의 후손을 초청해 108주년 기념예배를 드렸다. 기념관에는 아펜젤러의 어린 시절과 한국에서의 선교활동(1층), 한국 교회사(2층), 최후의 모습 등을 담은 사진과 기록, 그림 200여 점이 전시되어 있다.

3. 아펜젤러 순직기념관

충남 서천군 서면 마량리 산 16-3
☎ 041-952-1885
www.appenzeller.or.kr

2012년 6월 11일 아펜젤러의 순직 110주년을 맞아 '아펜젤러 순직 기념관'이 충남 서천군 서면 마량리 동백정교회 옆, 그가 순직한 인근 바다가 잘 보이는 곳에 문을 열었다. 그가 순직한 곳으로 추정되는 곳은 이곳 마량리에서 48Km 정도 떨어진 바다이다. 지하 1층, 지상 3층 규모로 지어진 순직기념관은 뱃머리에 해당하는 주전시실 지하 1층에 감리교 선교의 과거와 현재와 미래를 전시하고 있다. 2층과 3층은 선교역사 자료실과 전망대로 구성되어 있다.

4. 최초의 성경도래지

충청남도 서천에 관심을 갖는 또 하나의 이유는 이곳이 바로 한반도에 최초로 성경이 전래된 지역이라는 점이다.

조선 순조 16년, 1816년 9월 4일 조선의 서해안 일대 해도를 작성하기 위해 함장 바실 홀Basil Hall과 맥스웰Maxwell 대령이 영국 군함 리라Lyra호와 알세스트Alceste호를 이끌고 이곳에 도착했다. 알세스트호 군의관 맥레오드는 1816년 9월 5일 조선의 첨사 조대복이 배에 올라 정부의 명령을 전하면서, 선실에 비치된 여러 책 중에 유달리 크고 아름다운 책을 뒤적거렸다고 기록했다. 바로 그 책이 성경이었고, 조대복이 하선할 때 맥스웰 함장은 그에게 성경책을 선물하였다. 이 이야기는 1818년 영국 런던에서 출간된 《조선의 서해안과 대류큐섬 발견 항해기》Account of a Voyage of Discovery to the West Coast of Corea, and the Great Loo-Choo Island에도 담겨 있다. 《순조실록》도 충청수사 이재홍의 보고를 인용해, 조대복과 지방관 이승렬이 책을 한 권씩 선물 받았다고 기록하고 있다.

조선 개신교 역사의 문이 공식적으로 열리기 전, 성경책이 이곳에 전해진 것이다. 그리고 바로 이 지역에서 바라다보이는 어청도 인근 바다에서 한국선교의 빗장을 연 아펜젤러가 순직한 것은 이 지역의 축복이다.

5. 양림동 선교유적지

양림동의 '양림'이란 '버드나무 숲으로 덮여 있는 마을'이란 뜻으로 양촌과 유림을 더해 만든 이름이다. 현재 이 지역은 아시아문화교류권에 선정되어, 22개 유적지가 한데 묶여 근대문화유적지로 탈바꿈하고 있다. 그 한가운데 광주지역의 근대화와 복음화를 이끈 선교사들의 신앙과 정신이 배어있다.

1898년 미국 남장로교선교부 소속 유진 벨과 오웬이 목포에 도착해서 선교지부를 설치하려 했지만, 그곳 향교의 반대로 뜻을 이루지 못했다. 그 후 1904년 지금의 광주 사직도서관

사직도서관 선교기념비

부근인 양림 산자락에 임시사택을 짓고 12월 25일 첫 예배를 드린 것이 광주 선교지부의 시작이요 빛 고을 광주 근대화의 시발점이 되었다. 이 사건을 기리기 위한 선교기념비가 1982년 사직도서관 정문 앞에 세워졌다.

1905년에는 유진 벨 선교사의 임시사택에서 현재의 기독병원인 제중병원이 시작되었다. 1940년 일제의 신사참배 거부로 폐쇄되기도 했지만, 1951년 다시 개원하였고, 1980년 광주민중항쟁 때는 희생자들을 치료하는 역사적인 공간이 되었다. 이 병원은 설립자 놀란Joseph W. Nolan, 2대 윌슨(1926년 여수 애양원 설립), 3대 브랜드Louis C. Brand, 부란도, 4대 프레스톤 2세John F. Preston Jr(변요한 목사 아들로 광주 출생), 5대 광주의 성자 코딩턴Herbert S. Codington, 고허번 선교사(1951년 재개원 시 원장, 결핵 요양원으로 재개원) 등이 맥을 이으며 신앙적으로 정신적으로 그리스도의 본을 보였다.

1) 선교사 묘지

유진 벨과 오웬 선교사를 포함해 22명의 선교사가 잠들어 있는 이곳은 원래 읍성 마을 밖에 위치한 풍장 터였는데, 선교사들이 이곳에 정착하여 나무를 심고 학교와 병원을 지어 근대화의 씨를 뿌렸다. 1934년 광주지역 최초의 사회장으로 장례를 치른 고아들의 어머니 쉐핑Elizabeth J. Shepping, 서서평 선교사도 양림동 동산에 쉬고 있다. 매년 5월 전국의 간호사 대표들이 이 묘역에 모여 나이팅게일 서약을 되뇐다.

2) 윌슨사택(광주광역시 지정기념물 1015호)

1908년 제중원의 원장을 역임하며, 나환자들과 결핵 예방에 헌신했던 윌슨 선교사가 1920년대에 지은 이 집은 광주에 남아있는 가장 오래된 네덜란드양식의 서양

식 건물이다. 전쟁 때는 고아들을 돌보기도 했던 광주 최초의 교회학교이다. 사택 한쪽의 대나무 숲의 나무들은 화살을 만들기 위해 개경으로 보내지기도 하였다. 아래쪽으로 뉴스마Dick H. Nieusma, 유수만, 언더우드John T. Underwood, 원요한, 헌트리 Charles B. Huntley, 허철선 선교사의 사택들이 줄지어 있다.

3) 오웬기념각(광주광역시 유형문화재 26호)

유진 벨과 함께 광주 최초의 선교사였던 오웬의 갑작스러운 죽음을 기억하기 위해 1914년 지은 이 건물은 부흥회와 기독교 교육의 장으로 사용되었을 뿐만 아니라 광주 최초의 문화행사가 이루어진 곳이며, 각종 강연회와 음악회, 연극, 무용 등이 행해졌다. 김필례에 의해 광주 최초의 개인 독주회가 열린 곳이며, 1920년에는 광주 YMCA가 태동한 산실이기도 하다. 현재는 광주기독병원 간호전문대학 강당으로 사용되고 있다.

4) 수피아 여학교

1908년 유진 벨이 임시사택에서 여학생 3명을 가르치면서 시작된 학교로, 1927년에는 현재 수피아 여중 본관으로 사용 중인 윈스보로우홀Winsborough Hall을 지었다. 수피아 대강당 앞의 광주 3·1 만세운동 기념 동상은 수피아 여중·고 동창회의 주도로 1995년 건립했다. 커티스 메모리얼 홀Curtis Memorial Hall은 1921년 남장로교 선교부에 의해 건립되었는데, 1995년부터 배유지 기념예배당으로 불리고 있다.

수피아 여고는 '백청단'이라는 위대한 전통을 갖고 있다. 수피아 여학생들이 1930년 2월에 신사참배에 동조한 이들에 대항하여 '백의민족의 청년들'이라는 백청단을 조직했다가 12명이나 기소되기도 했으며, 윤혈녀라 불린 윤형숙

커티스 메모리얼 홀

은 일본 경찰에 의해 왼팔이 잘려나가면서도 오른손에 태극기를 들고 "저에게는 아직 남아있는 오른팔이 있습니다."라고 외치면서 만세운동에 참석했다. 이러한 뜻을 잇기 위해 2009년부터 매년 3월 1일이 되면 수피아여학교에서 시작하여 광주공원까지 행진하는 3·1 만세운동이 재현된다.

5) 에비슨카페

1891년 캐나다 토론토에서 태어난 고든 에비슨Gordon W. Avison, 어고돈은 제중원 원장이던 올리버 에비슨을 따라 3살에 한국에 왔다. 고든 에비슨은 성장하여 호남지역의 농촌운동을 벌였는데, 양봉업, 목공일 등 실수운동을 벌였다. 심지어 안식년을 이용해 미국에 가서 통조림 기술을 배워오기도 했다. 그러나 일제의 탄압을 받고 강제로 출국당했다. 그를 기념하는 기념관 겸 카페가 2010년에 세워졌다.

6. 경남 선교 120주년 기념관

경상남도 창원시 마산합포구 진북면 인곡리 산167-3
☎ 055-271-1700

'덕배시'라 불린 헨리 데이비스의 희생 이래, 호주교회는 126명에 달하는 선교사들을 한국에 파송했다. 1890년 3월 서울에서 20여 일간 도보로 부산까지 온 최초의 호주 선교사 데이비스는 풍토병과 폐렴으로 4월 5일 게일이 지켜보는 가운데 순교했다. 1891년 본격적으로 호주 선교사들이 들어오게 되었고 이들 중 8명이 한국 땅에서 소천했다. 이러한 호주 선교사들의 삶과 신앙은 경남선교의 거룩한 씨앗이

되었고 오늘의 경남 지역 교회를 있게 만들었다.

이들은 일신여학교, 마산 창신학교, 부산 일신병원, 진주 배돈병원 등을 통해 신교육과 의료사역에 매진했다. 한센인들 사역에 특별한 관심을 보인 맥켄지James N. McKenzie 선교사는 이후 부산 상애원의 기틀을 놓았다.

이들의 신앙역사와 숨결을 담은 기념관과 호주선교사 순직 묘원이 창원시 진동의 창원공원묘원 내에 조성되어 있다. 3천 평의 대지 위에 75평 규모의 흰색 단층건물로 지어진 기념관에는 당시 호주선교사들의 활동과 삶을 담은 300여 장의 사진, 타자기, 사전과 서적들이 전시되어 있다.

선교기념관 개관을 기념해서 다시 한국을 찾은 마틴 선교사는 "초기 호주선교사들은 한국민이 가장 어려움에 처했을 때 소망을 심기 위해 애썼다. 예수의 복음이 소외되며 억눌린 사람에게 생명과 희망을 주었다."고 회상했다.

한가지 애로점은 기념관을 지키거나 안내하는 사람이 따로 있지 않다는 점이다. 대신 묘원 사무실에 가서 신분증을 맡기고 열쇠를 받아 여유 있게 관람할 수 있다.

김영학
한경희
김영진
브루스헌트

제2장

나라 잃은 민족,
핍박의 땅을 피해
영혼의 황무지로

만주·시베리아 지역

시대배경

나라 잃은 민족, 핍박의 땅을 피해 영혼의 황무지로
만주·시베리아 지역

순교의 삶과 영성을 통해 조선사회에 뿌리내린 기독교는 의주에서 평양, 함경도에서 원산을 축으로 북쪽 지방에서 더욱 왕성했다. 윌리암 홀의 순직과 마펫과 게일의 헌신으로 인해 평양은 동방의 예루살렘이 되었고, 한국교회 산실 소래교회의 맥켄지 선교사의 죽음 이래 캐나다 선교사들의 함경도 사역은 꽃을 피웠다.

꿈이 있는 황무지를 찾아

일본의 조선지배가 본격적으로 시작되자, 수많은 초선인은 빼앗긴 조국을 떠났다. 이들은 두만강과 압록강을 넘어 일본의 마수와 같은 손길이 덜 미치는 시베리아 지역과 만주전역으로 이주했다. 일본의 조선쟁탈 이전부터 형성된 '신한촌'은 더 붐볐고, 이곳 조선인들을 위한 교육과 복음전파도 힘을 얻어갔다. 조선의 지도자들은 각종 '서숙'을 세워 다음 세대의 교육을 담당했고, 함경도 출신의 김약연 목사는 명동촌明東村에 명동학교를 세워 윤동주, 송몽규와 문익환 같은 인물을 길러냈다. '무력으로 잃은 나라, 무력으로 찾겠다'는 이회영을 비롯해 많은 이들이 군사학교를 세우고, 독립운동을 하기도 했다. 우국지사와 혁명지사들이 많이 찾았던 만주와 시베리아의 한인촌은 당대 민족의 안식처요 꿈을 이루어가는 동산이었다. 그리고 이곳에서도 예수의 이름이 중심에 있었다.

만주와 시베리아, 일제와 공산주의

침례교회의 만주와 시베리아 선교는 1910년부터 이미 시작되었고, 감리교의 경우 1921년 양주삼을 중심으로 본격적으로 시작되었다. 일제의 억압과 핍박을 피해 찾아 나선 만주와 시베리아의 삶과 신앙생활 역시 그리 쉽지 않았다. 일본의 영향력은 이곳에서도 점차 증대되었고, 시베리아에서는 공산 혁명의 영향으로 무신론을 주장하는 공산주의자들의 억압 또한 일본에 절대로 뒤지지 않았다. 심양을 중심으로 활동한 선교사 브루스 헌트Bruce F. Hunt

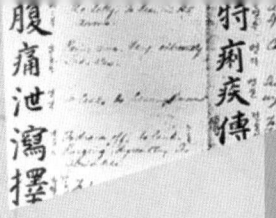

가 《22, 언약의 노래》*For a Testimony*에서 그려내었듯이, 만주지역에서 일본의 억압은 가공할만했다. 일본 때문에 그는 목사직을 잃었고, 70여 명의 신자가 옥에 갇히기도 했다.

시베리아에서는 공산주의의 박해가 엄청났다. 점증하는 공산주의 박해를 피해 지도자들은 교인들과 함께 만주지역으로 몰래 빠져나왔다. 자신만 살겠다고 연해주를 떠날 수 없다고 주장한 김영학 목사는 강제수용소에 갇혀 강제 노동 중 순교했다. 독립운동가요 만주의 사도바울로 불린 한경희 목사의 삶과 순교는 20세기 한국교회가 대면한 시대의 아픔을 고스란히 보여준다. 3·1 운동을 주도하며 일본에 저항했던 한경희는 서간도에서 공산주의 비적에게 순교 당했으며, 첫째 아들은 1930년, 둘째 아들은 1950년에 각각 공산주의자에게 순교를 당했다. 이러한 공산주의 박해와 순교는 1950년 한국전쟁 때와 흡사했다. 적지 않은 사람들이 자신만 살겠다고 남쪽으로 내려오는 대신, 북쪽에 남아 공산주의자에게 순교를 당했던 점에서 특히 그러하다.

침례교의 선교 열정

침례교의 북방선교는 특히 왕성했다. 독립선교사 펜윅Malcolm C. Fenwick이 간도 및 시베리아를 방문한 이후, 1910년 손필환 목사를 간도로 파송하고 1915년에는 만주 여러 지방에 전도사역자를 파송했다. 1917년 이종덕 감목의 북방지역 순방 이후 침례교의 북방선교가 본격적으로 이루어졌다. 동시에 그만큼 많은 순교자가 발생했다. 현장에서 교회와 성도들을 돌보던 복음전도자들은 타고 가던 배가 파선되어 순교하기도 했고, 일본과 공산주의자 사이에서 첩자로 오인되어 순교를 당하는 경우도 많았다. 이러한 순교는 1950년 한국전쟁 기간의 집단 순교자들의 서곡에 불과했다. 만주와 시베리아의 사역자들은 나라 잃은 슬픔을 안고 이국땅에서 '죽어도' 예수를 믿다가 순교했으며, 공산주의자를 향한 용서와 사랑의 씨앗을 그 땅에 심었다.

시베리아에 핀 순교의 꽃, 김영학 1877-1932

- **1877.** 황해도 금천군 조포리에서 출생
- **1907.** 방탕한 생활을 하던 중 전도 받아 권서와 전도사로 활동
- **1915.** 협성신학교 졸업, 수표교교회·양양교회 담임 목사로 시무
- **1919.** 3·1 독립만세 운동에 참여, 대한독립애국단 양양군단을 결성
- **1920.** 일경에 체포, 1년 6개월 형을 언도 받고 옥고
- **1922.** 국외로 망명, 러시아 블라디보스토크에서 선교사업 및 항일운동 전개
- **1929.** 소련 관헌에게 체포
- **1932.** 강제노역 중 순교

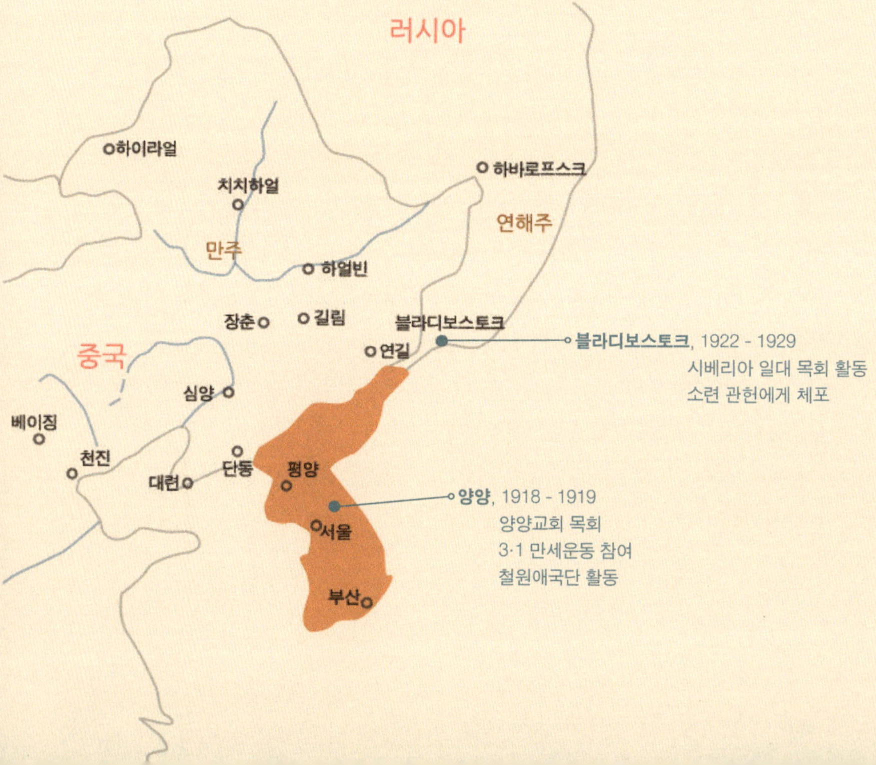

러시아
하이라얼 치치하얼 하바로프스크 연해주
만주 하얼빈
장춘 길림 블라디보스토크
중국 연길
심양
베이징
천진 대련 단동 평양

블라디보스토크, 1922 - 1929
시베리아 일대 목회 활동
소련 관헌에게 체포

양양, 1918 - 1919
양양교회 목회
3·1 만세운동 참여
철원애국단 활동

서울
부산

주님을 바로 믿고 나라 사랑을 생활화하라!
목사는 교회를 위하여 순교하는 것이 마지막 사명이다.

| 황해도의 돌아온 탕자 |

김영학 목사는 1877년 황해도 금천군 금천읍 조포리 양반 가문에서 태어났다. 어려서 향리의 한문사숙에서 글공부를 시작했지만, 점차 공부는 뒤켠으로 던지고 나쁜 친구들과 어울리면서 술 담배와 주색잡기로 세월을 보냈다.

30살이 되던 1907년경 토산장에서 술에 취해 있는 그 앞에서 사람들이 전도지를 나누어 주며 예수를 전하고 있었다. 기분이 상한 김영학은 근처에 있는 공동우물에 가서 물을 퍼서 예수를 믿으라고 복음을 전하던 자들에게 껴얹었다. 그러나 오히려 복음을 전하는 자들이 그러는 김영학을 어린아이 대하듯 웃으면서 전도하기를 계속하였다. 그는 기분이 더 나빠져 전도지를 구깃구깃 접어 찢어버리고 집으로 돌아왔다.

그런데 이 사건이 그를 복음으로 이끌었다. 다음날 정신을 차린 김영학은 무엇인가 다른 느낌을 받았고, 찢긴 전도지를 보고 마음이 울렁거렸다. 그리고 전도집회가 열리던 곳까지 무작정 달려가 집회의 내용은 이해하지 못했지만, 끝까지 참석하였다. 그렇게 그는 예수를 믿었고, 사람들이 정신이상자가 되었다고 할 정도로 기독교 신앙에 깊이 빠져들었다. 예수를 위해 목숨까지 다하기로 한 그는 권서勸書가 되어 성서공회에서 공급하는 찬송가, 성경, 쪽복음을 지고 전도에 나섰다.

| 민족을 뜨겁게 사랑한 목사 |

김영학은 1911년 정식으로 전도사 생활을 시작하여, 1915년 감리교 협성신학교를 졸업하고, 1918년 장로 목사가 되어 양양교회를 담임했다. 1919년 만세운동이 일어났을 때 김영학은 양양에서 다른 조선인들과 같이 울분과 분노를 느끼며 만세운동의 선봉에 섰다. 그때부터 지속해서 옥고를 치른 김영학은 3·1운동 이후 처음에는 서대문형무소에서 6개월을 살았고, 그 후 철원에서 있었던 애국단 사건으로 다시 체포되었다. 1920년 12월에 정치범죄 처벌령과 출판법 위반 등의 혐의로 징역 1년 반을 선고 받았고, 1922년 5월 출소했다. 김영학은 조선총독부가 발행한 극비문서에 '민족 절대 독립주의, 배일 사상 포지자包持者'로 기록될 정도로 민족을 뜨겁게 사랑하는 목사였다.

김영학은 1922년 9월 감리교 연회를 통해 시베리아 블라디보스토크로 파송되었다. 감리교회는 1921년부터 양주삼 목사를 중심으로 만주와 시베리아 선교를 시작하였고, 그 해 만주에 정대덕 목사를 파견하였다. 연해주는 두만강 바로 건너편에 있어 조선의 우국지사들과 혁명투사들이 많이 모여들어 한인촌을 형성하고 있었고, 한국인 교세 또한 대단했다. 그런데 소비에트 혁명 이후 반종교 운동이 점차 맹렬해지면서 교회를 도서관이나 학교로 사용하고 교역자에 대한 박해도 공공연히 이루어져 전도자 다수가 국경을 탈출해 국내로 귀환하는 경우가 많았다.

남감리교 시베리아 및 만주 선교회 제1회 연회
(1921. 시베리아 니콜스크)

바로 이런 분위기에서 일제의 탄압으로 옥고를 치른 지 얼마 되지 않은 김영학 목사가 순교를 각오하고 한인들이 모여 사는 연해주 신한촌에 들어왔다. 우리 민족 천여 호가 살고 있던 이곳에는 34개가 넘는 교회가 있을 정도로 기독교인들이 많았는데, 이곳에서 김영학 목사는 나라 잃은 동포들을 위로하고 애국정신을 고취시켰으며, 복음과 소망을 전했다.

그는 거의 9년간 공산당과 싸우며 많은 어려움을 겪으면서도 이 지역 교회 사역을 잘 감당해 나갔다. 많은 동포가 복음을 받아들였고 교회들이 성장했다. 그런데 1929년 소련의 관헌들이 그를 반동분자로 잡아 가뒀다. 이 일로 충격을 받은 7세의 큰아들은 며칠 후에 숨을 거두었다. 공산주의자들은 그 후에도 1년간이나 공갈과 협박을 하며 배교를 강요했다. 그러나 협박이 통하지 않자, 김영학을 가장 악질적인 반동이라고 규정하고 1930년 1월 10년간의 노동형에 처했다.

시베리아 간도 선교의 주역들,
왼쪽으로부터 김영학, 보아즈 감독,
유준계, 양주삼, 서영복(1924)

| 교회를 위해 순교하는 것이 사명 |

사실 김영학 목사는 자신이 마음만 먹으면 얼마든지 그곳을 빠져나올 수 있었다. 점증하는 공산주의자들의 박해 때문에 그곳에서 선교사역을 하던 도인권, 이인선, 김득의 목사는 사역을 중단하고 3백여 명의 성도를 이끌고 비밀리에 훈춘 등지로 빠져나왔다. 그런데 김영학 목사와 김태덕 전도사는 연해주에 머물고 있는 동포들을 버리고 자신만 살겠다고 나올 수 없다는 생각에 그곳에 머물러 있다가 체포되어 캄차카 강제수용소에 갇히게 되었다. 그때 일을 김영학 목사의 사모 안원정은 훗날 이렇게 회고했다. "평소에 늘 말씀하시길 목사는 교회를 위하여 순교하는 것이 마지막 사명이라 하시면서 가족을 그 위험지대에 두고도 조금도 돌아보지 않고 20여 일, 40여 일씩을 늘 위험한 가운데로 순회하셨습니다. 이번에 나올 때에도 같이 돌아오자 한즉 책망하고 거절하

셨습니다. 수십 명의 교인이 있는데 어찌 목사로서 그들을 버리고 나만 살려고 가겠느냐 하시고 계시다가 이렇게 되었습니다."

이후 관헌들은 김영학을 캄차카에서 3일 밤낮을 걸어 들어가야 하는 나강지역으로 보내고, 김태덕 전도사는 총살했다. 영하 4-50도가 오르내리는 지역, 눈과 얼음이 쌓인 곳에서 그는 중노동에 시달렸다. 1932년 추운 초겨울 어느 날 김영학 목사는 눈을 치우는 노동을 하다가 갑자기 갈라진 얼음 사이로 빠져들었다.

대전 국립현충원 묘역, 애국지사 2묘역

일제에 투쟁하고 공산주의자들에 대항해 멀리 연해주에서 복음을 전해왔던 김영학 목사는 그렇게 다른 10여 명의 사람과 함께 얼음 아래로 사라졌다.

감리교는 서울지방회 주최로 1933년 10월 29일 종교교회에서 추모예배를 드렸다. 1990년 정부는 건국훈장 애국장을 수여했고, 그의 시신을 대전 국립현충원에 안장했다.

대전 현충원 애국지사 묘역에 그를 기리는 비문에는 이렇게 기록되어 있다.

하나님 지극한 사랑
죽음인들 막으리까
빼앗긴 강산 한 맺힌 민족 위해
하나님 뜻 헤아리고
온 생명 다하여 조국을 섬기리
오호라! 광복의 빛이여
자유의 영원함이여

만주의 사도바울, 한경희 1881-1935

- **1881.** 평북 의주에서 출생
- **1905 - 1909** 용천과 심양 등에서 전도인으로 활동하며 교회 개척
- **1914.** 30세에 평양신학교 졸업, 북만 중동선 지방으로 파송
- **1915 - 1919** 서간도 삼원보 지역 파송, 목회 및 교육 사업
- **1919.** 삼원보에 군정서 설치, 3·1 만세운동 주도
- **1921.** 정의부 正義府에 가입
- **1922.** 삼성여학교 교장으로 활동하며 동명학교 설립
- **1926.** 흥경 삼성중학교 설립, 기독교협진회 설립
- **1928.** 귀화한족동향회 조직, 재만 동포들의 중국 입적 활동을 벌이던 중 체포
- **1929 - 1932** 3년 징역 선고를 받고 신의주 형무소에서 복역
- **1933.** 북만주로 파송
- **1935. 1. 4.** 비적에게 잡혀 순교

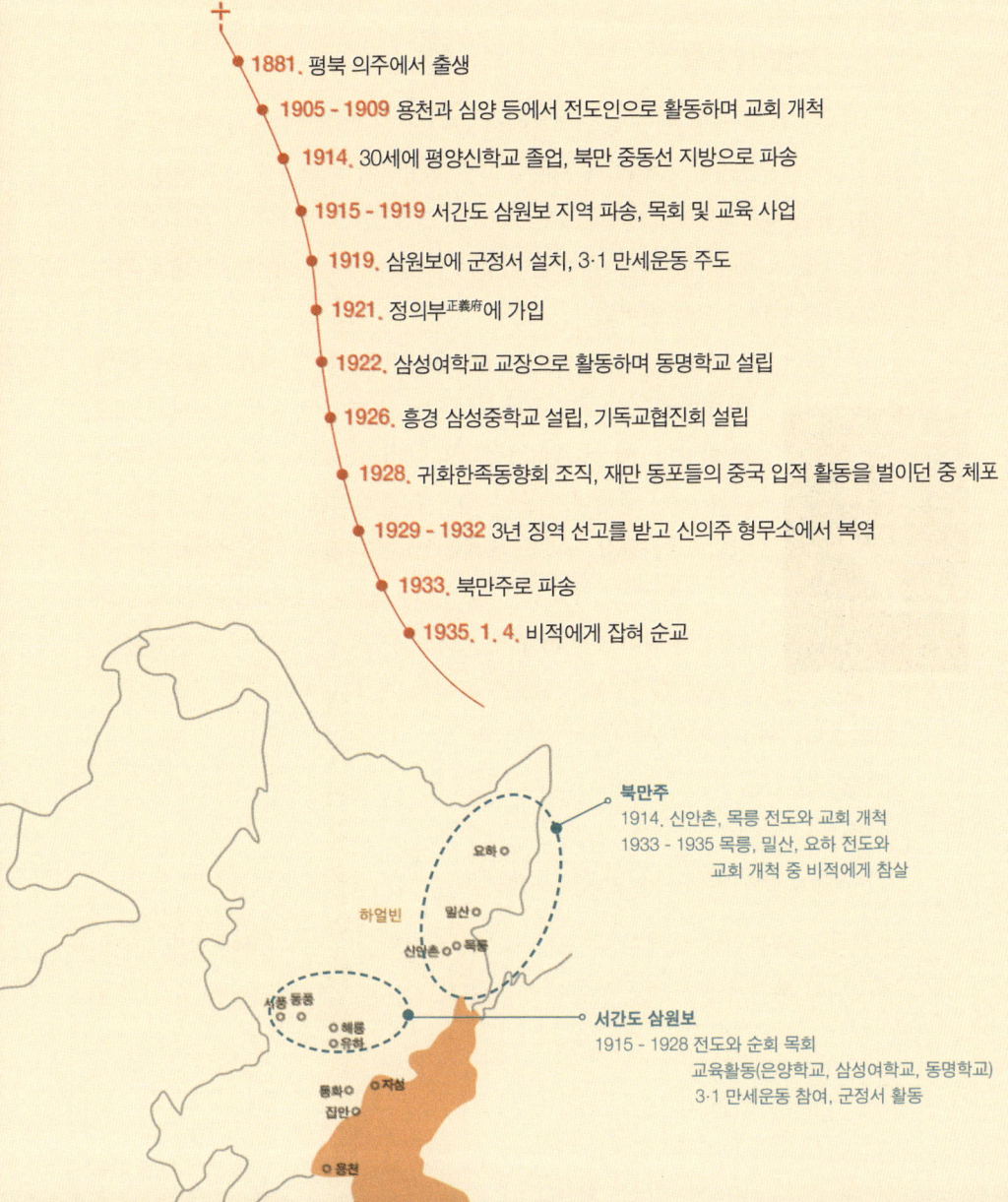

북만주
1914. 신안촌, 목릉 전도와 교회 개척
1933 - 1935 목릉, 밀산, 요하 전도와
 교회 개척 중 비적에게 참살

서간도 삼원보
1915 - 1928 전도와 순회 목회
 교육활동(은양학교, 삼성여학교, 동명학교)
 3·1 만세운동 참여, 군정서 활동

> 도리어 하나님의 백성과 함께 고난 받기를 잠시 죄악의 낙을 누리는 것보다
> 더 좋아하고 그리스도를 위하여 받는 수모를 애굽의 모든 보화보다
> 더 큰 재물로 여겼으니 이는 상 주심을 바라봄이라 히 11:25-26

《구세론》의 위력

1881년 12월 25일 평안북도 용천에서 태어난 한경희는 처음에 예수를 믿지 않았다. 믿기는커녕 오히려 예수와 교회를 싫어해서 중국에서 예수를 믿는 친척이 왔을 때 그 사람의 얼굴 보기도 거부할 정도였다. 기회가 될 때마다 예수와 교회를 욕하던 한경희는 어느 날 이봉태 목사가 국수 가게에서 그에게 예수 이야기를 꺼내자 그를 패버렸다.

한경희는 22살이 되던 1903년 10월에 《구세론》Discourse on Salvation or the Law and the Gospel이라는 전도용 소책자를 접하고 1905년 부부가 동시에 세례를 받았다. 이 책은 평양선교의 아버지 사무엘 마펫Samuel A. Moffett이 1895년 간행한 책으로 길선주의 회심에도 적지 않은 영향을 미쳤다. 한경희 목사는 세례를 받은 후 용천지역 영수와 전도인으로 활약했고, 1908년 용천 도제직회는 그를 신도新島에 보내 6개월간 복음을 전하게 했는데 그 결과 신도교회가 설립되었다. 1909년에는 1년간 심양을 포함한 서간도 지역을 돌면서 전도를 하였으며, 1910년 평양신학교에 입학하여, 그의 나이 30세이던 1914년 5월 15일 졸업을 했다.

한경희 목사

나라 잃은 민족의 새 보금자리, 서간도

신학교를 졸업한 한경희 목사는 1915년 서간도 삼원보 지역에 전도목사로 파송되어 본격적인 서간도 사역을 시작했다. 일본의 억압과 수탈을 피해 조선

사람들이 많이 몰려 살던 만주지역에 그가 눈을 돌린 것은 어쩌면 당연했다. 한경희는 고통과 억압받은 동포들이 그리스도 안에서 산 소망을 발견하기를 희망했다. 그는 목사로서 복음을 전하고 남만노회를 설립할 뿐만 아니라, 교육을 통한 희망을 심기 위해 삼성여학교와 동명중학교 등의 교장으로 섬기면서 확고한 독립사상을 가르쳤다. 그리고 민족 독립을 구체화하기 위해 서간도에 거주하는 조선인 대표로 상해임시정부의 승인을 받아 삼원지역에 군정서를 두는 등 다양한 구국 활동을 했다. 온 나라가 만세운동으로 분주했던 1919년, 그는 3월 17일 대화사 예배당에서 독립운동을 주도하였다. 1920년대 들어 중국 거주 한인들에 대한 일제의 간섭과 억압이 노골적으로 진행되자 그는 한인들이 중국 국적을 취득하도록 권면하기도 했다. 한경희의 삶은 신앙과 교육과 민족이 철저하게 결합해 있었다.

이러한 그의 적극적인 활동은 일본경찰의 감시대상이 되었다. 한경희는 한인들의 중국 국적 취득활동과 독립사상고취 운동 죄목으로 1928년 체포되어 3년형을 받아 신의주형무소에서 복역했다. 그의 첫째 아들 한청옥은 한경희가 신의주형무소에 갇혀 있는 동안 공산당에게 암살을 당했다. 그의 둘째 아들 한순옥도 봉천(심양)신학원을 졸업하고 평북 차령관교회 담임을 하다가 6·25 때 순교를 당했다. 한경희는 총 3년 3개월 옥고를 치르고 1932년 출옥한 후, 바로 창성읍 평로동교회를 맡았다.

| 다시 순교지 북만주로 |

한경희는 1933년 다시 북만주로 파송되어 밀산현에 선구촌과 향양촌교회를 설립하는 등 왕성한 활동을 하다가 1935년 1월 초 호림·요하지역 각 교회를 순방하던 중에 마적에게 잡혀 순교했다. 자신의 순교를 예감이라도 한 듯 길을 떠나기 전 1월 1일에 드린 가정예배에서 그는 이렇게 기도하였다. "이번 선교여

행은 위험한 길입니다. 주여, 이 길이 주님의 뜻이라면 죽음이라도 기쁘게 받으려 하오니 이 몸을 사나 죽으나 주님의 뜻으로 불러 주옵소서."

1933년 북만주로 떠나기 전 한경희 목사 가족

그의 마지막 순교 날짜는 증언자에 따라 다르기도 하지만 전반적인 순교상황은 차이가 없다. 한경희 목사는 1935년 북만주 각 교회를 순방하기 위해 오소리 강을 타고 올라갔다. 가는 도중 무림교회에서 설교를 마친 그는 김창근을 포함한 제직 5명과 함께 눈썰매를 타고 오소리 강변 요하현으로 나아갔다. 그러다가 1월 4일 금요일 오후 2시경에 호림에서 70리 가량 떨어진 소목하小木河 근처에서 어느 만주인의 집을 지날 때 40여 명의 비적에게 잡혔다. 그들은 강가로 한경희 목사를 끌고 가서 총살하고 차가운 얼음물 속에 그의 시신을 넣었다. 당시 유일하게 살아남은 이낙섭은 한경희 목사가 남긴 마지막 말을 기억했다.

"오, 주여, 이 작은 영혼을 받으시옵소서"

'만주순교'를 소원하면서 주님의 품에 안겨 더 큰 위로를 소망했던 사람, 서간도와 북만주의 선구자요 선교사요 순교자였던 한경희 목사는 그렇게 하나님의 부르심을 받았다.

조선예수교장로회는 1935년 9월 10일 총회기간 중에 한경희 목사의 추도식을 거행했고, 그의 순교 61년이 훌쩍 넘은 1996년 8월 15일에 건국훈장 애국장을 추서했다.

한국기독교순교자기념관 순교기념비

3형제의 만주사랑, 김영진 1887-1932

- **1887.** 함경북도 종성 출생
- **1919.** 대한기독교회에서 목사안수를 받고 자성군 임강현 일대 선교
- **1932.** 연길현 종성동에 교회 설립, 형 김영국 감로와 함께 사역
- **1932. 10. 14.** 공산당 30여 명이 종성동교회 침입, 김영국, 김영진 형제 순교

| 침례교 만주시베리아 선교 |

- **1910.** 손필환 목사 간도와 훈춘 지역 책임자로 파송
- **1915.** 만주 임강현, 집안현, 통화현을 전도 구역으로 설정
- **1917.** 간도에서 대화회 개최, 대한기독교회의 북방선교 본격화
- **1918.** 박노기, 김희서, 전영태, 최응선 시베리아로 파송, 브시엘해를 건너던 중 돌풍에 배가 파선되어 모두 사망
- **1921.** 손상열, 평북 자성에서 목회활동, 만주 임강현과 압록강 연안 전도, 일제 수비대에게 조선독립당 자금책으로 오인, 체포구금되어 순교
- **1925.** 김상준, 안성찬, 이창희, 박문기, 김이주, 윤학영 만주로 파송 일정의 밀정으로 오인, 공산당에게 체포 처형당함
- **1932.** 김영국, 김영진 형제, 연길 종성동교회에서 공산당에게 순교

길림 임강현 1919 - 1932
자성군, 임강련 일대 선교

연길현 1932.
종성동교회 설립
공산당 습격, 사망

몸은 죽여도 영혼은 능히 죽이지 못하는 자들을 두려워 하지 말고
오직 몸과 영혼을 능히 지옥에 멸하실 수 있는 이를 두려워하라 마10:28

| 침례교의 북방선교 |

당시 대한기독교회로 불리던 침례교 소속 김영진 목사는 함경북도 종성에서 태어나 형 영국, 동생 영관 등과 함께 순탄한 어린시절을 보냈다. 이들 형제는 1907년에 간도 전도에 나선 김재형과 김경춘의 전도로 주님을 영접하고 함께 전도사역에 투신했다. 1919년 제14회 종성 대화회에서 목사안수를 받은 김영진은 평안도 자성군과 만주 임강현 일대의 선교를 임명받아 활동하던 중 1932년에 연길현 종성동에 교회를 설립하여 형 김영국 감로와 함께 충성하였다.

침례교의 북방선교는 펜윅 Malcolm C. Fenwick 선교사의 각별한 관심으로 시작되었다. 간도 및 시베리아 전도여행을 다녀온 펜윅은 간도 구역을 전도지로 설정하고 전도사역자를 계속해서 파송하였다. 1910년 손필환 목사를 간도와 훈춘지역 책임자로 파송했고 1915년에는 조사리 대화회에서 만주 임강현, 집안현, 통화현을 새로운 전도 구역으로 설정해 전도사역자를 파송했다. 그리고 1917년 이종덕 감목의 북방지역 순방과 간도 종성동교회에서의 대화회는 대한기독교회의 북방선교 시대가 본격적으로 시작되었음을 알리는 역사적인 의미를 지녔다.

당시 간도와 시베리아 지역은 공산당 무장대의 출몰이 빈번하고 일제 수비대와의 물리적인 충돌도 자주 일어나는 위험한 곳이었다. 또한, 교회와 기독교에 대한 소련의 박해가 공공연하게 이루어졌던 곳으로 기독교의 적극적인 전도사역만큼 희생도 컸다. 1918년에는 박노기, 김희서, 전영태, 최응선이 시베

리아로 파송되어 브시엘해를 건너가던 중 돌풍에 배가 파선되어 모두 사망하는 안타까운 사고가 발생했다. 1921년에는 손상열이 평북 자성에서 목회하면서 만주 임강현과 압록강 연안에서 전도하던 중 일제 수비대에게 조선독립당 자금책으로 오인당하여 체포 구금되어 목숨을 잃었으며, 1925년에는 김상준, 안성찬, 이창희, 박문기, 김이주, 윤학영 등 6인이 만주로 파송되어 일정의 밀정으로 오인, 공산당에게 체포되어 처형당했다. 그리고 마침내 1932년에는 김영국, 김영진 형제가 종성동교회에서 순교하였다.

| 김영진, 김영국 형제의 순교 |

1932년 10월 14일 밤, 공산당 30여 명이 만주에 위치한 종성동교회에 침입했다. 1930년대에 접어들면서 만주 간도와 시베리아 지역은 공산당의 살해와 방화 사건이 빈번하여 많은 교포와 교회들이 국내로 피난 오는 사태가 늘어났다. 공산당원들은 부락민들을 모두 교회에 모이게 하고 교회 마룻바닥에 부락민들과 교인들을 따로 분류하여 앉혔다. 그리고 교인들에게 "죽어도 예수 믿을 사람 있으면 나오라."고 큰 소리로 협박했다. 이때 교인들의 권유로 잠시 몸을 피해 있던 김영국 감로와 김영진 목사가 그들 앞에 당당히 나와 하나님의 복음을 전하기 시작했다. 하나님의 복음에 대한 그들의 간곡한 이야기를 듣던 공산당원들은 포악한 욕설을 퍼부으면서 두 형제를 마당으로 끌고 나가 몽둥이로 두들겨 패기 시작했다. 결국, 모진 매를 견디지 못한 두 사람은 교인들에게 그들의 용서를 부탁하고 숨을 거두었다. 화가 풀리지 않은 공산당원들은 정춘보라는 형제를 총으로 쏘아 죽이고 교회 벽에 "예수 교인은 모조리 죽인다."라는 글씨를 써 놓고는 이내 이규현 총장을 납치해 사라졌다.

| 순교 이후의 교회 성장과 부흥 |

당시 간도와 시베리아 지역은 반종교 운동이 맹렬하여 곳곳에서 교회당을 빼앗아 도서관과 학교로 사용하고 교인들에 대한 박해가 심했다. 이러한 공포 속에 살던 동포들과 교회들의 시련은 이루 말할 수 없었다. 그러나 성도들이 당한 고귀한 순교의 소식은 어려운 중에도 신앙을 지켜오던 성도들에게 공포와 시련을 딛고 믿음으로 승리하는 신앙생활의 촉진제가 되었다. 김영진, 김영국의 동생 김영관은 왕청구역에서 순회전도를 하려고 교회를 비웠기 때문에 다행히 죽음을 면할 수 있었다. 그 후 순교자의 형제인 김영관 목사는 간증회를 겸한 사경회를 전국적으로 개최하였다. 집회에 참석한 모든 교인이 숭고한 순교의 피를 흘린 두 형제의 이야기를 듣고 하나님의 복음을 지켜야 한다는 순교자적 사명감을 다짐했으며 신앙의 불길이 전국 교회에서 크게 일어났다.

한국교회와 민족을 끝까지 사랑한 선교사, 브루스 헌트 Bruce Finley Hunt: 한부선
1903-1992

- **1903.** 평양에서 윌리엄 헌트(William Hunt, 한위렴)의 아들로 출생
- **1919 - 1928** 미국으로 건너가 학업에 열중, 프린스턴(Princeton)신학교 수학
- **1928 - 1935** 내한, 청주에서 사역
- **1936 - 1938** 중국 만주 하얼빈에서 사역
- **1938. 9.** 조선예수교장로회 제27회 총회에서 신사참배 가결에 항의
- **1939 - 1941** 봉천(심양)노회에서 제명, 언약문서를 작성해 신사참배반대운동 전개
- **1941 - 1942** 단동 형무소, 심양 포로수용소 감금
- **1942.** 미국으로 강제 송환
- **1946.** 내한, 부산 사역과 고려신학교 개설
- **1950.** 한국전쟁으로 미국으로 건너감
- **1952 - 1970** 한국에 재입국, 고려신학교 교수로 활동
- **1992.** 미국 필라델피아에서 소천

하이라얼 · 치치하얼 · 만주 · 하바로프스크 · 연해주 · 하얼빈 · 장춘 · 길림 · 블라디보스토크 · 연길 · 중국 · 심양 · 베이징 · 천진 · 대련 · 단동 · 평양 · 서울 · 부산

- **하얼빈,** 1936 - 1942 만주선교
- **평양,** 1938. 9. 장로회 총회(27회)에서 신사참배 가결 반대
- **청주,** 1928 - 1935 선교사역
- **부산,** 1946 - 1960 고려신학교 설립, 교수로 활동

나무 패 위에 쓰여 있는 두 개의 붉은색 '2' 자들
죄인들 무리에 속해 있지만 그 가운데 속하지 않는,
주님을 위해 갇힌 자 되는 증표
끝까지 '22'
육신은 땅으로 영혼은 천국으로, 죽임을 당해도 하나님 나라에 새롭게 서리라
(브루스 헌트가 옥중에서 쓴 글, '22')

한국교회의 결단의 골짜기에 서 있었던 외국인 브루스 헌트

아무리 삼엄한 일본경찰의 감시와 협박 아래서라지만, 3·1 운동을 비롯해 20세기 초반 한국사회에 적지 않은 영향을 주었던 한국기독교가 총회장 홍택기를 대표해서 일제의 신사참배를 인정하였다. 주기철 목사와 박관준 장로를 비롯해 강력하게 저항할만한 사람들은 일본에 의해 이미 가택연금이나 체포를 당한 상태였다. 이러한 상황 속에서 신사참배 찬성은 고문과 죽음보다 더 치욕스런 것이었다. 1938년 9월 조선예수교장로회총회에 만주 심양을 대표해 참석한 한 젊은 목사는 불법적으로 신사참배를 가결하려던 총회석상에서 "이것은 불법이오."라고 외치면서 밖으로 끌려나갔다. 그가 바로 2세대 선교사로 한국인과 만주에 흩어져 살던 불쌍한 교포들을 그 누구보다 사랑했던 '한부선'이란 한국 이름을 가진 외국인 선교사 브루스 헌트 Bruce F. Hunt였다.

브루스 헌트 선교사와 그의 가족

그때의 참담했던 상태를 그는 다음과 같이 표현했다.

"신사참배를 거부하는 사람은 모두 정부로부터 광신자 취급을 당했으며, 심지어는 교회법마저 인정하지 않는 자로 낙인이 찍혔고, 어떤 경우에는 그들의 행동 이면에 정부에 대한 반역의 동기가 있는 것으로 간주하기도 했다. 이제 모든 사람은 독자적으로 처신해야 했다. 한국교회는 바야흐로 '결단의 골짜기'에 당도한 것이다."

| 선교사 2세대의 한국사랑 |

브루스 헌트는 1903년 황해도 선교에 한 획을 그은 윌리엄 헌트William Hunt, 한위렴의 아들로 태어났다. 그는 3·1 운동을 경험하고 1919년 미국으로 건너가, 휘튼Wheaton대학과 럿거스Rutgers대학을 거쳐, 1924-28년까지 프린스턴신학대학에서 공부했다. 그가 프린스턴Princeton에서 공부하는 기간은 한국 신학의 인물들인 박형룡, 김재준, 한경직, 송창근 등이 공부하던 때였다. 브루스는 프린스턴신학대학에서 공부한 후 청주에서 7년간 사역을 했고, 1932년 한국선교에 크게 이바지한 윌리엄 블레어William Blair의 딸 캐서린 블레어Katherine B. Hunt, 한가태와 결혼해 다섯 아이Lois, Bertha, Katharine, David, Mary를 두었다.

고려신학교 설립,
왼쪽부터 브루스 헌트, 주남선, 박윤선, 한상동

1935년 안식년을 맞이해 미국 웨스트민스터Westminster에서 공부한 후, 미국장로교회로 교단을 옮기고, 한국에 돌아와 장로교 해외독립선교부 소속으로 만주사역에 전념하기 시작했다. 일제의 억압과 신사참배에 반대한 것 때문에 몇 번에 걸쳐 투옥되었고, 1939년에는 심지어 한인들로 이루어진 봉천(심양)노회에서 제명을 당하기도 했다. 그리고 1941-2년 만주 감옥에 갇혀 있다가, 1942년 강제로 추방당했다.

해방 뒤 그는 1946년 10월 28일 내한하여 고려신학교에서 강의하는 등, 한국전쟁 기간 중 잠시 고국에 돌아간 것 외에는 1970년 은퇴할 때까지 고려신학교에서 강연, 기고, 현장사역을 지속했다.

| 만주의 흩어진 한인들의 영적인 아버지 |

굴절된 한국교회와 사회를 보면서 평양에서 태어난 브루스 헌트는 1936년부터 만주로 눈을 돌리고, 일본의 억압과 착취를 피해 멀리 만주까지 가야만 했던 한민족들을 찾아서 그들의 신앙과 결단을 도와주는 선교사역을 진행했다. 그의 만주 사역은 각종 글, 특별히 그의 옥중 수난의 경험과 일제에 의해 만주에서 핍박받는 한인기독교인들의 삶을 다룬 《22, 언약의 노래》 For a Testimony에 잘 드러나 있다.

만주의 여러 감옥을 옮겨 다니던 브루스는 감옥 속에서 '끝까지 함께 하신' 하나님의 임재를 경험하였다. 그뿐만 아니라, 갈 곳 잃은 한국의 기독교인들과 '끝까지 같이 있으면서' 가슴이 벅차옴을 느꼈다.

어느 날 브루스는 고된 심문을 받고 재판소에서 나올 때 '끝까지'라고 외치며 입구에 서 있는 한국인 지지자들의 마음속 울부짖음을 보게 되었다. 그는 그들이 자신에게 신사참배에 굴절하지 말 것과 고문당하고 죽어나가는 한국인 기독교인들과 함께 끝까지 남아줄 것을 요구하는 마음을 읽을 수 있었다. 또한, 독방생활의 깊은 좌절감 속에서 이름조차 알 수 없지만, 기독교인임을 표시하는 '22'라는 구별된 번호 패를 차고 있는 동료 한국 기독교인 죄수들을 보면서, 손을 붙잡으면서 그곳에 임재한 하나님을 찬양했다. 그는 한국 기독교인 죄수들에게 대단한 무엇을 해주지 않았지만, 그들의 저항할 권리를 지지하며 그 역시 고난을 피하지 않고, 추방당할 때까지 끝까지 함께했다.

| 산 순교의 고통 속에 하나님을 찬양한 사람 |

순교라는 하나님의 시간표를 따라 거룩한 순교의 잔을 마시기는 쉽지 않았다. 감옥에서 금식과 육체적 고통 가운데서 순교를 갈망했던 한상동 목사에게도 '순교의 은총'은 내리지 않았다. 그렇다고 반드시 목숨을 바치는 것만 순교라고 할 수는 없다. 브루스 헌트 역시 만주의 감옥에서 목숨을 부지했지만, 일본의 고문에 의해 미쳐버린 사람과 정신이 돌아버린 신앙인을 보았다. 브루스 본인 역시 오랫동안 독방에 갇혀 거의 미칠 지경에 이르러 삶의 끈을 놓아버리고 싶은 적이 있었다.

그렇지만 그는 정신을 가다듬고 구두 끈에 붙어 있는 철끈으로 어둑한 벽에 '여호와를 찬양하라'는 구절을 쓰기 시작했다. 좌절한 한인들을 찾아 위로하고, 그들의 신앙을 지키기 위해 '계약문서'라는 성서에 기초한 신앙고백서를 만들어 교육을 했다. 죽는 것보다 더 어려운 삶을 견디어 낸 브루스 헌트, 그는 진정 일제하 살아있는 순교자였다. 최근 그의 삶과 신앙을 기리는 책, 《브루스 헌트》Bruce F. Hunt, 《22, 언약의 노래》For a Testimony가 영어와 한글 합본으로 출간되었다(2013, KIATS).

《브루스 헌트》

《22, 언약의 노래》

구연영

이재명

전덕기

김마리아

신석구

유관순

조종대

손정도

남궁억

제3장

나라와 민족을 외치며
독립운동의 최전선에 선 사람들

독립운동기

시대배경

□■■ 나라와 민족을 외치며 독립운동의 최전선에 선 사람들 독립운동기

을사늑약과 한일병탄 사이의 평양 대부흥운동

구한말에 들어온 개신교는 선교사들의 열정적인 복음 전도와 초기 조선인 기독교 지도자들의 헌신이 맞물려 비교적 이른 시기부터 많은 성과를 냈다. 선교사들이 세운 수많은 교육기관은 서당을 비롯한 조선 시대의 전통적인 교육체계를 대신했고, 제중원을 중심으로 한 의료기관은 왕과 귀족들뿐만 아니라 백정과 일반 서민들의 기대를 한껏 받았다. 이기풍과 김익두 같은 당대 왈패들뿐 아니라, 이상재와 안창호 같은 독립운동가들도 일제하 조선사회의 희망을 교회에서 찾았다. 이러한 열정적인 신앙적 활동의 주요 결과가 1907년 원산과 평양을 중심으로 이루어진 소위 '평양 대부흥운동'이었다. 더 중요한 것은 이 평양 대부흥운동이 조선정부가 일본에 의해 강제로 외교권을 박탈당한 1905년 을사늑약과 1910년 일본의 조선에 대한 강제 병탄 시기 사이에 일어났다는 점이다. 암울했던 두 사건 사이에 일어난 평양대부흥운동은 이제 본격적으로 진행될 기나긴 일제의 강압과 억압의 시대를 이겨 나갈 기독교의 힘을 보여준 것이다.

칼과 성경 너머 순교의 잔을 마시고

1919년 3·1 독립선언서에 서명한 33명 중 16명이 기독교인들이었다. 이는 당대 조선사회에서 3% 내외를 차지하던 기독교인들의 나라 잃은 사회와 민족을 보는 시각이 어떠했는지를 보여준다. 그만큼 당시 기독교인들은 복음전파와 애국애족 사이에서 치열하게 고민했다.

나라와 민족을 구하기 위한 기독교인들의 투쟁은 3·1 운동 훨씬 이전부터 전개되었다. 구연영은 1896년 이천에서 일본수비대를 패주 시킨 의병으로 이후 칼 대신 성경을 들었지만, 민족을 위한 그의 열정은 쉬지 않았고 결국 1907년 일본의 침략행위를 규탄하고 조약체결 철회를 촉구하다 순국했다. 민족의 반역자 이완용을 죽이려고 했던 이재명은 22살의 나이에 처형을 앞두고, 이완용이 지은 죄를 성경에 기초해서 8가지로 논했고, '작은 거인' 유관순은 이

재명과 비슷한 나이에 순국한 초기 한국교회가 길러 낸 신앙적 영웅이었다. 상동교회와 상동학원을 이끈 목사 전덕기는 1907년 헤이그특사 사건을 비롯한 전환기 한국역사의 주요사건에 깊이 관여했던 수많은 애국지사를 배출하는 모판역할을 했다. 강원도의 조종대는 철원에서 애국단을 조직했고, 강원도 홍천의 남궁억은 무궁화와 기독교를 연결해 민족의 희망을 꽃피우고자 했다. 그들은 모두 총살과 고문 후유증으로 하늘의 부름을 받았다.

다시 민족을 껴안으라 호소하는 시대의 목소리들

기독교 지도자 중에는 자신이 순국하거나 순교하지 않았지만, 가족들이 의로운 죽음을 맞이한 예도 많았다. 길선주의 아들과 이상재의 아들은 감옥에서 아버지보다 먼저 하늘로 갔다. 그렇다고 기독교 지도자들이 모두 나라나 민족을 위해 끝까지 싸운 것은 아니다. 한국교회에 주춧돌인 윤치호는 아버지에 이어 자신도 일본 황제로부터 작위를 받을 정도로 일제에 협력했다. 민족을 배반하거나 팔아먹은 자들의 삶을 웅변적으로 보여주듯 윤치호의 후반기 삶은 사돈 남궁억과 극명하게 대비될 정도로 쓸쓸했다.

1950년 한국전쟁 이후 한국교회는 개교회의 발전과 성장 신화에 묻혀 민족과 국가에 대한 고민을 잃어버렸다. 진정한 신앙 영성의 회복은 시대와 민족의 현주소와 시대정신에 대한 각성 없이 이루어질 수 없다. 도전에 찬 한국교회의 21세기판 독립을 위해 '작은 거인' 유관순은 지금도 살아서 외치고 있다. "선생님! 저는 나라를 위해 몸을 바칠 각오를 했습니다. 2천만 동포의 십분의 일만 순국할 결심을 하면 독립은 반드시 이루어질 것입니다."

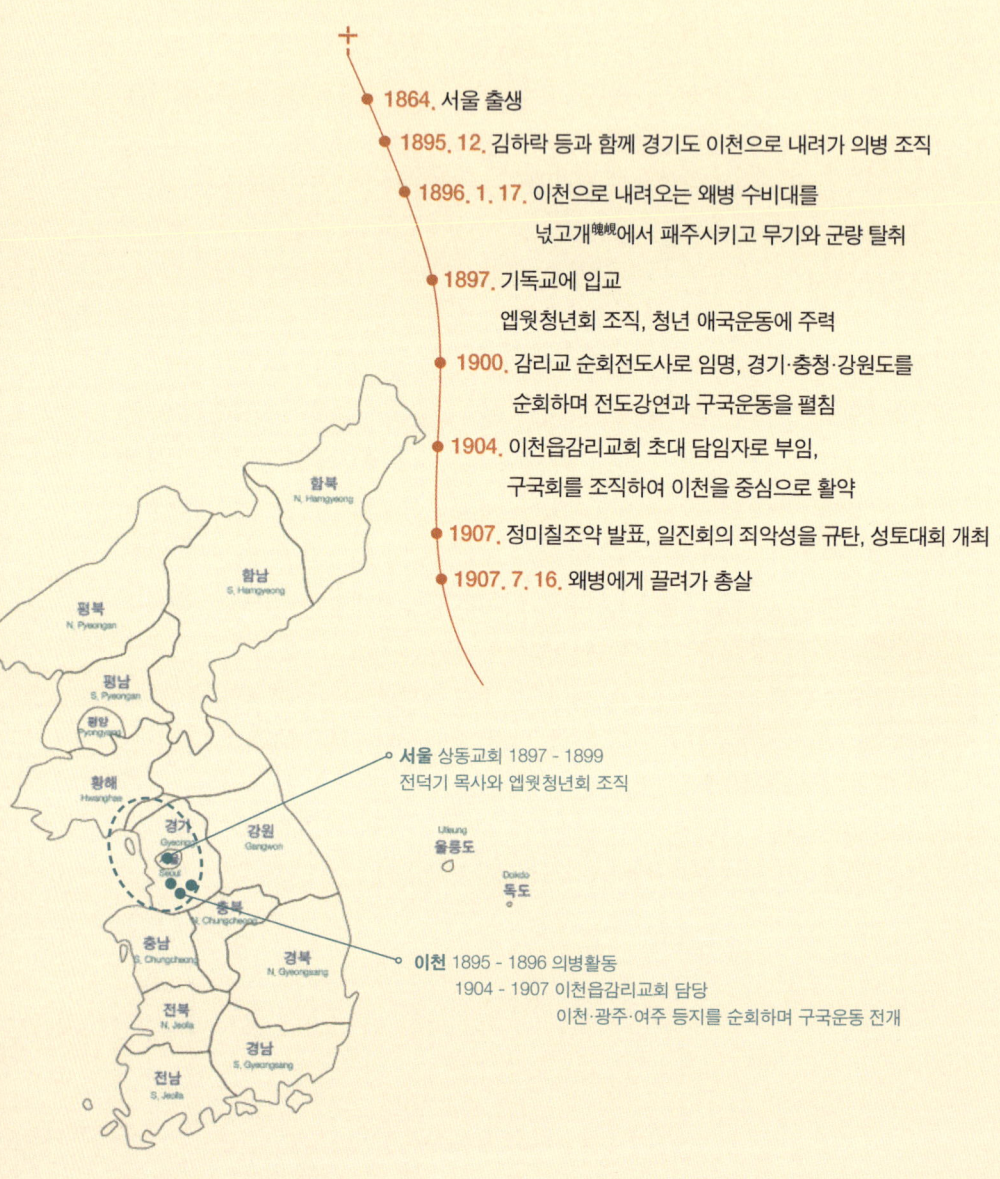

우리가 이 복음을 전하는 것은 이 백성으로 하여금 하나님을 공경하고 사람을 사랑하는 이치를 가르치는 것이라. ("매서인의 직분" 중에서)

| 넛고개에서 일본군을 섬멸한 이천 수창의소 |

구연영은 1864년 8월 20일 서울에서 구철조의 3남으로 태어났다. 순국열사 구연영의 자는 춘경으로 선교사들의 기록에는 구춘경^{Ku Chun-Kyeng}으로 나온다. 18세에 변미례와 결혼해서 정서, 성서, 완서, 종서라는 네 명의 아들을 두었다. 《독립혈사》에는 '천성이 관후인자寬厚仁慈하고 활발 용감하여 정의감이 강하여 옳은 일이면 백절불굴하고 실행했다.'고 기록되어 있다.

1895년 명성황후 시해사건과 단발령으로 일본의 조선침략이 노골화되자, 구연영은 의병장 김하락을 비롯해 김태원, 조성학, 신용희 등과 이천으로 내려와 1,000명의 의병으로 이천 수창의소守倡義所라는 의병본부를 조직하여 중군장을 맡았는데 이것이 전국 최초의 의병항쟁이었다. 구연영은 1896년 1월 넛고개에서 일본군 수비대 100여 명과 첫 전투를 벌여 그들을 거의 섬멸했다. 그 후 광주군 초월면 신이리의 이현전투에서 패배하고, 남한산성으로 가서 전투를 지속했다. 이때 의병대장 박준영의 변절로 모든 의병이 뿔뿔이 흩어졌다.

이천 의병장 김하락과 《진중일기》

| 칼 대신 성경을 들고 |

원용한 목사에 따르면 구연영은 1897년 2월 스스로 상동교회의 스크랜튼 William B. Scranton 선교사를 찾아가 기독교인이 되었는데, 스웨러^{Wilbur C. Swearer}, 서

원보 선교사는 그의 입교 동기가 개인적인 목적을 이루는 방편으로 기독교를 선택한 것이라고 평하고 있다. 이것은 민족운동을 위한 방법으로 기독교를 택한 것으로 해석할 수 있다. 구연영은 상동교회에서 전덕기 목사를 만나 엡윗청년회를 조직하고 교회 조직을 통한 민족운동의 가능성을 살폈다.

3년 후인 1899년 구연영은 의병활동을 했던 장춘영, 한창섭과 함께 덕들교회에서 세례를 받았다. 스웨러 선교사는 구연영이 마침내 죄를 깨닫고 삶이 변화되었다고 증언한다. 이후 매서인賣書人이 된 구연영은 7천 리 먼 길을 여행하면서, 600여 권의 성경과 소책자들을 팔았으며, 〈신학월보〉에 "매서인의 직분"이라는 글 열 개를 수록하기도 했다.

구연영

구연영은 1905년 정식 전도사 칭호를 받고 이천읍교회를 비롯한 아홉 교회의 교인을 이끌었다. 칼 대신 성경을 들고 십자가 구원을 외치며 이천, 광주, 장호원, 여주지방을 순회했다.

그의 민족사랑과 구국운동은 구국회의 조직으로 나타났다. 《한국독립운동지혈사》韓國獨立運動之血史에 따르면 구국회는 믿음, 소망, 사랑을 강령으로 하나님을 공경하는 일 외에 조국과 동포를 사랑하고 정의로 단결하여 모르는 사람을 깨우치는 일이 조국광복에 기초가 된다는 생각으로 활동하였다. 구국회의 조직 시기는 구연영이 세례를 받고 활발한 전도 활동을 시작하던 무렵과 거의 동시에 이루어진 것으로 보인다. 권서 활동을 하면서 그는 기독교 복음을 전하는 동시에 동지들을 규합하며 구국회의 기틀을 다져나갔다.

| 목숨을 내놓은 구국의 열정 |

1905년 을사늑약이 체결되자 구연영은 이천, 광주, 여주, 장호원 등지를 순회하면서 군중집회를 통한 구국운동을 본격적으로 전개하였다. 구연영은 일본의

침략행위를 규탄하고 조약 체결을 철회할 것을 촉구하였다. 또한, 국권수호를 위한 국민의 단결을 호소하고 시장철시^{市場撤市}를 통한 비폭력 저항운동을 주도하기도 했다. 일진회의 매국적 활동에 대한 규탄도 중요한 부분을 차지했다.

이러한 규탄 강연으로 일본 측으로부터 주목을 받아 오던 중 일진회의 밀고로 아들 정서와 함께 체포되었다. 구연영 부자는 이천 관아로 끌려가 온갖 고문을 받았다. 또한, 일본경찰로부터 애국 동지 명단 공개를 강요당했으나 끝내 함구하고 굴하지 않았다. 일본경찰들은 비분한 부자의 팔다리를 칼로 찌르고 갖은 고문을 자행했으며 결국 이천 장터 홰나무 아래 묶인 채 부자는 함께 당시의 관아 서편 작은 언덕(창전동 365번지)에서 총살당하였다. 1907년 7월 16일 구연영의 나이 44세, 아들 정서의 나이 이제 25세였다.

이천중앙교회 서쪽 뜰에는 구연영 부자 순국기념비가 서 있다. 궁평리 묘소에는 구연영과 정서와 성서의 묘가 나란히 있다. 둘째 아들 성서는 목사가 되었는데 3·1 운동 때 옥고를 치르기도 했다. 구연영은 1963년 3월 1일 정부로부터 건국공로훈장 독립장을 추서 받고, 아들 정서에게는 1991년 건국공로훈장 애국장이 추서되었다. 2007년 100주년 기념식을 하기도 했다.

순국 추모비(이천중앙교회)

순국기념비(이천시 창전동)

예수의 이름으로 나를 죽여 남을 살리는 사랑을 보여준 사람, 이재명 1890-1910

- **1890.** 평북 선천 출생, 일신학교 졸업 후 14세에 기독교인이 됨
- **1904.** 하와이로 이민, 농부로 일함
- **1906.** 미국으로 건너가서 공립협회共立協會에 가입하여 활동
- **1907.** 공립협회에서 매국적賣國賊 숙청 결의에 자원하고 귀국
- **1909.** 평양역에서 이토 히로부미를 처단하고자 했으나 안창호의 만류로 중지, 상경하여 명동성당에서 이완용 공격 후 체포 당함
- **1910.** 공판장에서 역적 이완용의 죄목을 꾸짖고, 나라를 위하여 그를 처단하였음을 역설하고 사형당함

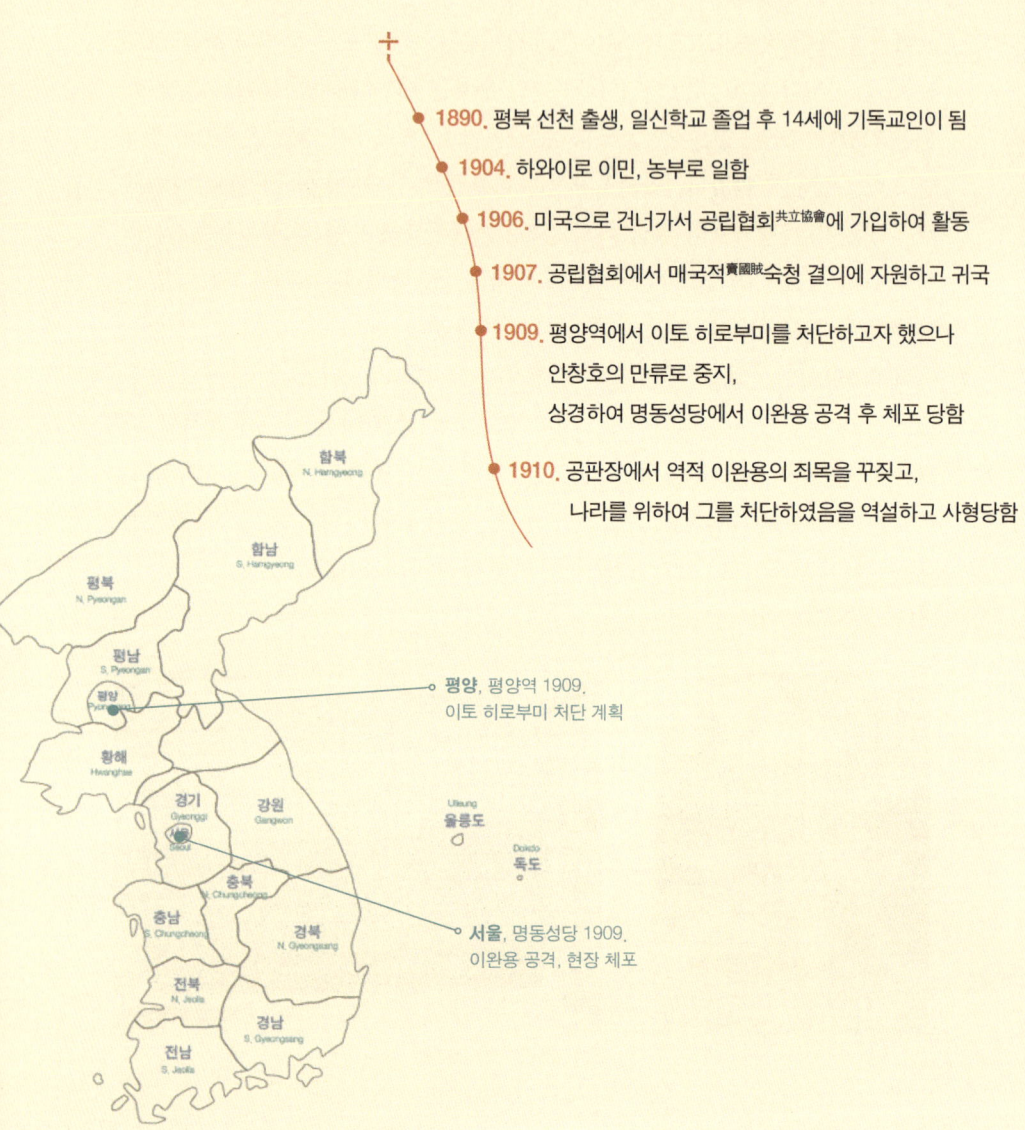

평양, 평양역 1909. 이토 히로부미 처단 계획

서울, 명동성당 1909. 이완용 공격, 현장 체포

너희의 법이 불공평하여 나의 생명은 빼앗지만, 나의 충혼忠魂은 빼앗지 못할 것이다.
지금 나를 교수형에 처한다면 나는 죽어 수십만 명의 이재명으로 환생하여
너희 일본을 망하게 할 것이다.

| 이토와 이완용을 죽이러 다시 귀국하다 |

1890년 평안북도 선천에서 태어난 이재명은 일신학교日新學校를 졸업하고 14세에 기독교인이 되었다. 1904년 미국노동이민회사의 이민모집에 응하여 하와이를 거쳐 미국으로 건너갔다. 그러던 중 조선에서 제 1, 2차 한일협약과 을사늑약이 강제로 체결되었다는 소식을 듣고, 국권 회복을 위해 1907년 10월 일본의 나가사키長崎를 거쳐 귀국하였다. 어린 나이에도 불구하고 자기 혼자 살겠다고 민족의 현실을 외면할 수 없었다. 나라 잃은 울분과 투쟁을 결의하고, 조국으로 돌아온 이재명은 나라의 원수 이토 히로부미伊藤博文와 매국노 이완용을 처단하기로 했다.

이재명은 이들을 처단하기 위해 기회를 엿보던 중, 1909년 1월 조선 초대 통감을 지낸 이토 히로부미가 순종 황제와 함께 평양을 순행한다는 소식을 듣고, 이때를 기회로 삼아 이토 히로부미를 암살하고자 하였다. 그러나 신변의 위협을 느낀 이토 히로부미는 순종의 곁을 떠나지 않았다. 순종의 안전을 생각해 안창호는 이재명이 준비하고 있던 계획을 만류했고, 어쩔 수 없이 이토 히로부미 암살은 다음으로 미뤄야 했다. 그러던 중 1909년 10월 26일 이토 히로부미는 중국의 하얼빈哈爾賓역에서 안중근에게 사살되었다. 같은 시대를 살고 있던 청년들의 의분義憤을 이재명만이 느낀 것은 아니었다.

이재명 의사
(1920년 하와이에서 발행한 엽서)

을사오적 이완용

| 군밤 장수로 변장한 민족 의사 |

이토 히로부미의 사살소식을 들은 이재명은 원래 계획한 이완용을 서둘러 처단해야겠다고 결심했다. 1909년 11월 하순 평양 경흥학교 서적종람소와 야학당에서 자신의 동지들과 회동을 하고 거사 계획을 세웠다. 그 결과 이재명, 이동수, 김병록은 이완용을, 김정익과 조창호는 일진회의 대표 이용구를 처단하기로 하였다.

그렇게 처단계획을 세운 후 이완용에 관한 정보를 모으던 이재명은 12월 23일 오전 경성 종현천주교성당(현 명동성당)에서 벨기에 황제 레오폴드 2세의 추도식에 이완용이 참석한다는 신문보도를 접했다. 23일 오전 11시 30분경 이재명은 성당 문밖에서 군밤 장수로 변장하고 기다리다가 이완용이 인력거를 타고 나올 때 비수를 꺼내 들고 그에게 달려들었다. 그때 이재명을 막아 선 인력거꾼 박원문을 먼저 찌른 후 곧장 이완용에게 달려들어 허리를 찔렀다. 그는 여기서 멈추지 않았고, 인력거 아래로 굴러떨어진 이완용에게 다시 달려들어 두 차례 더 칼을 휘둘렀다. 이완용이 죽었다고 생각한 이재명은 큰소리로 "대한독립만세"를 외쳤고, 이완용을 경호하던 한국인과 일본인 순사에게 현장에서 체포되었다. 이재명의 칼에 찔린 이완용은 중상을 입었지만, 나라를 팔아먹은 이완용의 목숨은 질기게도 끊기지 않았다.

1900년대 당시의 명동성당

| 내 목숨 바쳐 나라를 구할 수 있다면 |

체포된 이재명은 재판 과정에서도 끝까지 의협심을 잃지 않았다. 이재명은 공판에서 오히려 이완용의 죄악을 낱낱이 밝히고, 일제의 만행을 지탄하였다.

그를 변호한 안병찬 변호사는 이토를 죽인 안중근의 경우와 달리 나라를 팔아먹은 조선의 매국노 이완용을 같은 민족인 이재명이 죽이려 한 것은 애국행위라고 강조했다. 하지만 그러한 변호가 일본이 집행하는 재판장에서 통할 리 없었다. 경성지방재판소는 1910년 5월 18일 이재명에게 모살미수謀殺未遂 및 고살범故殺犯이라는 죄목으로 사형을 선고했다.

이재명의 일생을 《칼》이라는 소설로 그려낸 박상우는 이완용을 죽이려 했던 이재명의 마지막 변론을 이렇게 재구성해냈다. "이완용이 이미 일곱 가지의 큰 죄를 지었으므로 나는 항상 그가 회개하기를 기도했다. 하지만 회개는커녕 이제 또 한 가지의 큰 죄를 더해 여덟 가지 죄를 지었으니 조국과 민족을 위해 죽여 없애지 않을 도리가 없었다. 그래서 사랑으로 처단하려 한 것이다."

칼을 맞은 이완용은 당대 일본 최고의 의술의 도움으로 두 달 만에 건강을 회복했다. 그렇게 매국노는 다시 살아나서 전성기를 맞았고, 독립을 외치는 자들은 죽어갔다. 나라를 빼앗고 팔아먹은 자들을 자기 손으로 처단하기 위해 불꽃같이 살면서 고군 분투했던 이재명은 1910년 9월 13일 서대문감옥에서 교수형으로 22세의 불꽃 같은 삶을 마감했다.

이재명 의사 의거 터(명동성당)

민족운동의 요람, 전덕기 1875-1914

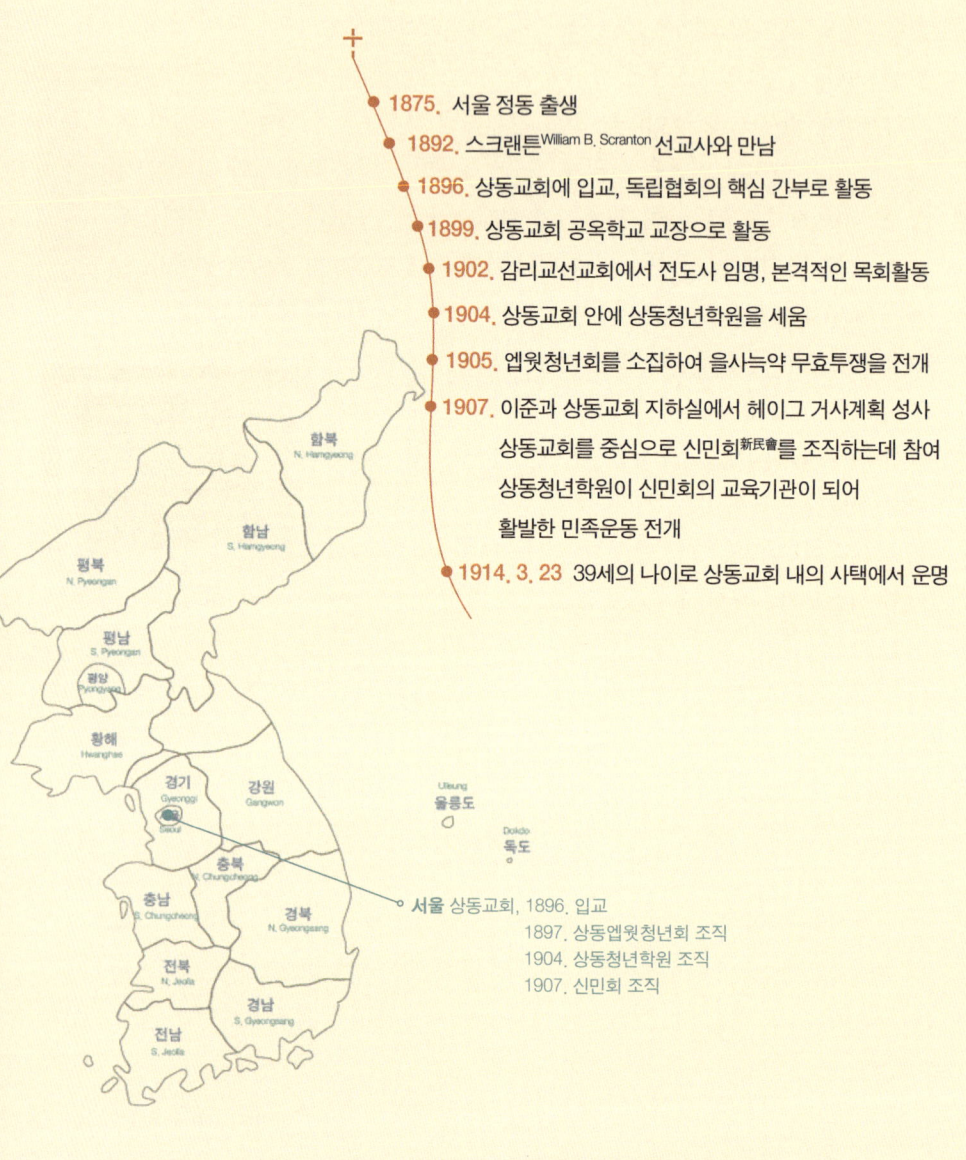

- **1875.** 서울 정동 출생
- **1892.** 스크랜튼 William B. Scranton 선교사와 만남
- **1896.** 상동교회에 입교, 독립협회의 핵심 간부로 활동
- **1899.** 상동교회 공옥학교 교장으로 활동
- **1902.** 감리교선교회에서 전도사 임명, 본격적인 목회활동
- **1904.** 상동교회 안에 상동청년학원을 세움
- **1905.** 엡윗청년회를 소집하여 을사늑약 무효투쟁을 전개
- **1907.** 이준과 상동교회 지하실에서 헤이그 거사계획 성사
  상동교회를 중심으로 신민회新民會를 조직하는데 참여
  상동청년학원이 신민회의 교육기관이 되어
  활발한 민족운동 전개
- **1914. 3. 23** 39세의 나이로 상동교회 내의 사택에서 운명

서울 상동교회, 1896. 입교
1897. 상동엡윗청년회 조직
1904. 상동청년학원 조직
1907. 신민회 조직

> 너희 하나님 여호와는 신 가운데 신이시며 주 가운데 주시요 크고 능하시며
> 고아와 과부를 위하여 정의를 행하시며 신 10:17-19

| 복음을 받아들인 고아 |

1875년 12월 8일(음력) 서울 정동에서 태어난 전덕기는 9세 되던 해 부모를 여의었다. 어린 시절 고아가 된 전덕기는 서울 남대문에서 '숯장사'를 하던 삼촌의 집에서 가난하게 자랐다. 전덕기가 17세 되던 해인 1892년에 미 감리회 선교사 스크랜튼을 만났는데 그는 가난한 백성을 돌보던 선교사였다. 전덕기는 스크랜튼의 병원에서 일하다가 스크랜튼의 '민중적' 선교활동과 그의 어머니 Mary F. Scranton의 자상하고, 부드러운 가르침에 감동하여 기독교에 대한 부정적인 선입견을 거두고, 복음에 관심을 갖게 되었다. 1896년 21살의 나이에 복음을 받아들인 전덕기는 스크랜튼에게 세례를 받았다.

스크랜튼 선교사

전덕기 목사

| 낮은 곳에 마음을 두며 신앙을 익히고 |

1897년 상동교회 속장이 되어 평신도 지도자로 성장하였고, 1899년에는 교회 안에 설립된 초등교육기관인 공옥학교 교장으로 활동하며 불우한 형편의 청소년들을 가르쳤다. 1901년에는 권사직을 받았고, 1902년에는 전도사로 임명되어 본격적인 목회활동을 시작했다. 1905년에는 집사목사로 안수 받고 스크랜튼의 뒤를 이어 상동교회의 담임목사가 되었다.

전덕기의 활동에는 스크랜튼의 영향이 많이 배어 있었다. 스크랜튼은 가난한 자, 약한 자, 병든 자, 고통받는 자들을 우선순위에 두고 활동하였다. 상류

층 사람들보다는 어렵고, 힘없는 사람들을 상대하여 그들의 친구가 되고, 위로자가 되어 주었다. 스크랜튼의 영향을 받은 전덕기 역시 약한 자들을 보살피고 섬기는 것이 목회자의 본분이라 생각했다. 전염병이 창궐해서 가족들도 손을 못 대는 시신을 손수 처리하여 염을 하고 장례식까지 치러 주었다. 형편이 어려워 장례를 치르지 못하는 가정은 기독교인이 아니라 할지라도 전덕기가 직접 시신을 다루고 정성스럽게 장례식을 치러주었다. 훗날 전덕기 목사가 39세의 젊은 나이에 소천하자 많은 기생과 거지들과 백정들이 모여 "내 생명의 선생님이 돌아가셨다."고 통곡할 정도였다.

| 국민의 계몽을 위해 |

전덕기 목사는 철저한 신앙생활과 함께 철저한 민족 사랑의 의지를 갖고 나라와 민족을 위해 무엇을 할 것인가를 늘 생각하고 실천했다. 청년운동을 지도하며 이끌고, 김구과 이동녕, 안창호 등 당대 민족지도자들과 깊은 관계를 맺고 있었다는 점이 이를 증명한다. 상동 엡윗청년회는 1897년 9월 5일에 조직된 감리교 청년회로 민족운동을 전개하는 대표적인 단체였는데, 전덕기는 1903년부터 1905년까지 이 단체의 회장으로 활약하였다. 또한, 그는 청년학원을 설립하는 등 민족과 나라를 위한 일꾼을 키워냈다. 상동교회에는 이미 초등교육기관인 남·여 공옥학교가 설립되어 있었으나 청년층을 교육하기 위한 학교가 필요했다. 그래서 그는 상동교회 안에 교육 공간을 마련하고 학문을 통한 빈곤 추방과 국세 회복을 취지로 '상동청년학원'이란 이름의 학교를 설립하고 1904년 10월 15일 개교식을 했다. 상동청년학원의 초대 교장 이승만은 청년학원의 설립 목적이 "하나님 공경하는 참 도를 근본으로 삼아 청년으로 말하여도 벼슬이나 월급을 위하여 일하는 사람이 되지 말고 세상에 참 유익한 일꾼이 되기를 작정하자는 데 있다."고 말하였다. 이후 상동 청년학원은 경천애인敬天愛人 사

상에 근거하여, 지·덕·체를 겸비한 민족과 교회의 지도자들을 배출하였고, 〈수리학잡지〉와 〈가정잡지〉란 이름의 월간지도 발간하여 국민 계몽에 앞장섰다. 전덕기의 이러한 활동은 민족의 현실과 기독교가 어떻게 조합되어야 하는지에 관한 예를 제시하였다.

상동교회   엡윗청년회

| 기독교 정신으로 민족과 나라를 구하자 |

전덕기는 민족운동에 누구보다 적극적으로 참여하였다. 독립협회의 간부로 활동하였고, 1905년 11월 1주일 동안 을사늑약 체결을 반대하는 구국 기도회를 주도하기도 하였다. 특히 수천 명이 참석한 이 기도회는 많은 사람의 관심을 끌었다. 그러나 이같은 소극적인 방법만으로는 민족독립의 뜻을 이룰 수 없음을 깨달은 전덕기는 다른 방법을 모색하였는데, 그것이 바로 을사늑약 무효 상소를 올리는 것이었다.

전덕기가 활동하고 있던 '상동회의'에서는 대표를 뽑아 을사늑약을 파기할 것을 주장하는 상소를 올리기로 하였다. 상소의 내용은 '그동안 한국의 독립을 인정하고 보장한다는 일본의 주장들을 열거하여 일본의 모순된 태도를 비판하고, 만국공법萬國公法을 근거로 조약의 원천무효를 주장하는 것'이었다. 이들의 상소는 사회에 큰 충격을 주었고, 상동청년회의 나라를 위하는 정신도 국민들에게 널리 알려졌다.

1907년 '헤이그 만국평화회의'에 이준, 이상설, 이위종 세 사람의 특사를 파견하는 일에도 전덕기는 주도적인 역할을 하였다. 그는 고종에게 친서를 받아 이준에게 전달하여 상동교회가 '헤이그특사 사건의 산실'이 되게 하였다.

1907년 4월 창립된 신민회도 상동교회 출신들의 주도로 조직되었다. 1905년 '을사늑약' 체결로 인한 외교권 박탈 등으로 나라가 어지러울 때, 상동청년회와 상동청년학원을 기반으로 애국지사들이 결집, 활동하고 있었다. 이 상동청년회는 단순한 종교 단체에 머물지 않고 독립협회를 계승하면서 이 조직을 신민회로 연결하는 가교 역할을 담당하였다. 그리고 그 중심에 전덕기가 있었다. 전덕기는 신민회 창립 7인 발기인의 한 사람이면서 신민회 중앙 조직상에 재무財務를 맡고 있었다.

| 소명의 완수 |

1911년 협성신학교를 졸업한 직후에는 105인 사건으로 와해된 신민회에 남아 있는 조직을 끝까지 추스르며 자칫하면 끊어질 뻔한 민족운동의 맥을 이었다. 그러나 1912년 이후 지병이 악화되어 활동을 제대로 할 수 없게 되었다. 결국, 2년 동안 고생하다가 회복하지 못하고 39세의 나이로 1914년 3월 23일 하늘의 부름을 받았다. 그의 주검은 경기도 고양에 묻혔다가 1934년 일제의 강요로 화장되어 한강에 뿌려졌다. 이 때문에 그의 위패만 동작동 국립묘지에 모셔져 있다.

지치지 않는 열정, 여성항일운동의 상징, 김마리아 1892-1944

- **1892.** 황해도 장연군 소래에서 출생
- **1906.** 정신여학교 입학
- **1910. 6. 16.** 정신여학교 졸업, 광주 수피아여고 교사 취임
- **1913.** 정신여학교 교사 취임
- **1915.** 일본 유학, 도쿄조시가쿠인 東京女子學院 에서 수학
- **1919.** 조선청년독립단에서 활동, 2·8 독립선언 참여
- **1919. 3. 6.** 귀국하여 활동 중 정신여학교 교장 사택에서 일경에 체포
- **1919. 10. 19.** 대한민국애국부인회 결성, 회장에 취임
- **1919. 12. 28.** 조직이 탄로나 일경에 체포
- **1920. 7.** 병보석으로 출감, 중국으로 망명
- **1930.** 뉴욕성서신학교 입학, 재미 대한애국부인회 조직, 흥사단에 가입
- **1932.** 귀국, 원산 마르타윌슨신학교 교수로 취임
- **1943. 12.** 병이 악화되어 평양 기홀병원에 입원
- **1944. 3. 13.** 별세

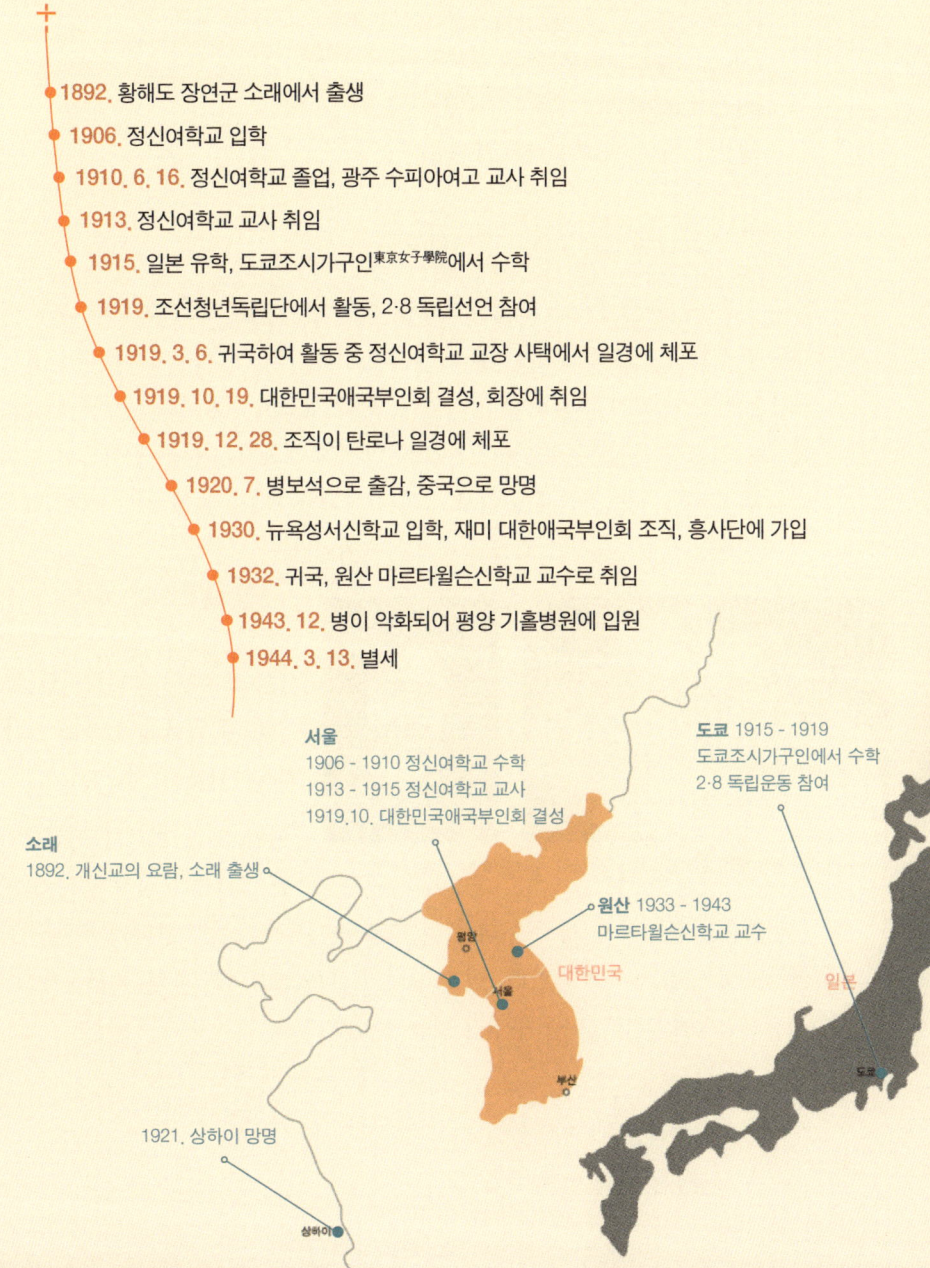

서울
1906 - 1910 정신여학교 수학
1913 - 1915 정신여학교 교사
1919. 10. 대한민국애국부인회 결성

소래
1892. 개신교의 요람, 소래 출생

도쿄 1915 - 1919
도쿄조시가쿠인에서 수학
2·8 독립운동 참여

원산 1933 - 1943
마르타윌슨신학교 교수

대한민국 일본

1921. 상하이 망명

애국하는 인민도 나라의 미약만 근심하고 사랑의 독실치 못함은 근심하지 아니하면 그 흐르는 폐가 멸에 이르리니 이와 같이 고유한 의무와 막대한 책임을 잃은 인민이 어느 땅에 설 수 있겠는가. 유무식을 물론하고 빈부귀천 차별 없이 이기심을 다 버리고 국권확장 네 글자만 굳건하온 목적 삼고 성공할 줄 확신하며 장애물을 개의 말고 더욱더욱 진력하며 일심 합력하옵시다.
("대한민국애국부인회 취지문" 중에서)

| 한국교회 산실 소래교회가 배출한 여걸 |

김마리아는 한국개신교의 요람이라 할 수 있는 황해도 소래에서 1892년 6월 18일 출생했다. 소래는 캐나다 출신 맥켄지 선교사의 가슴 아픈 비극적 죽음이 복음의 씨앗이 되어 열매를 맺고 있었다. 한국 최초의 신학박사 남궁혁과 결혼한 김마리아의 큰 언니 김함라를 비롯해 아버지 김윤방의 형제 김윤오와 김필순 등 9형제는 모두 기독교 신자로 조선의 개화와 계몽운동에 선구자들이었으며 항일운동에 물심양면으로 조력한 인물들이었다.

정신여학교 시절(앞 줄 오른쪽에서 두번째)   루이스 교장

3살 때 부친을 여의고 13살 때 모친을 잃었지만, 김마리아는 여장부로 성장하면서 기독교 사상에 근거한 정의감과 항일투쟁의식을 발전시켜 갔다. 소래학교를 졸업한 그녀는 서울로 올라가 정신여학교를 졸업하고, 광주 수피아 여고 교사를 거쳐 자신이 한때 공부한 정신여학교 교사로 자리를 잡았다. 이후 그녀의 삶은 열정적인 학업, 독립운동, 여성 항일운동으로 규정되는 뚜렷한 길을 걸었다.

| 2·8 독립운동과 3·1 운동 |

김마리아는 정신 여학교 교장 루이스Margo L. Lewis의 도움으로 일본 유학을 시작했다. 그녀는 조선청년독립단에서 활동하면서 잡지를 발행하고, 민족의식을 고취하는 토론회를 개최하면서 사회의식과 민족의식을 강화해갔다.

이후 1919년 조선기독교청년회관에서 400여 명이 모인 2·8 독립선언에 참여하여 일제의 식민정책을 신랄하게 성토했다. 이 일로 고초를 겪은 김마리아는 2·8 독립선언서를 복사해 한국으로 전달하는 임무를 맡아, 졸업을 앞둔 상황에서 일본인으로 변장하고 독립선언서 사본을 옷 속에 숨겨 귀국했다. 한국으로 돌아온 김마리아는 광주, 황해도, 서울 등지에서 만세운동 준비와 모금 운동에 진력했다.

김마리아는 3·1 운동 직전 이화학당 박인덕 선생의 방에서 여성지도자들과 만나서 여성들의 항일운동을 다시 한 번 강조했다. 부인단체들이 조선의 독립운동을 전개하고, 남자단체와 여자단체 사이의 연락 역할을 충실히 하며, 남자단체들이 활동할 수 없는 곳에서 여자들이 적극적으로 나설 것을 강조한 것이다.

그러나 정신여학교 교장의 사택에서 3월 6일 체포되어 보안법 위반 혐의로 혹독한 고문과 심문을 받았다. 4개월 어간 갇혀 있었는데, 이때 받은 고문 후유증은 평생 그녀를 따라다녔다.

| 대한민국애국부인회 사건 |

일본의 고문과 협박도 그녀에겐 큰 위협이 되지 않았다. 김마리아는 1919년 10월 19일 기존 여성조직을 재정비해 대한민국애국부인회를 결성하고 회장에 취임하여 여성들의 적극적인 항일운동을 모색했다. 그녀는 부인회를 전국적인 조직으로 확대하고, 항일운동에 더욱 적극적으로 나설 것과 대한민국임시정부와 더 긴밀히 협조할 것을 촉구했다. 그런데 얼마 되지 않아 회원 오현주의 배

신으로 조직이 탄로가 나서 관련자들이 모두 체포되었다. 13도에 걸쳐 잘 조직된 애국부인회가 본격적으로 활동한다면 그 화근이 크리라는 것을 파악한 일본은 고문과 심문을 퍼부었다. 고문과 절식으로 인한 김마리아의 처절한 상황을 당시 동아일보는 "조금도 음식을 먹지 못하고 몸은 점점 파리하여 도저히 회생할 희망이 없다."고 전했다.

[대한민국애국부인회 임원들]
1. 김영순 2. 황에스터 3. 이혜경 4. 신의경 5. 장선희
6. 이정숙 7. 백신영 8. 김마리아 9. 유인경.

| 해외에서의 항일운동……. |

1920년 7월 병보석으로 풀려난 김마리아는 드러내놓고 일을 할 수 없어 1921년 6월 중국으로 망명했다. 중국으로 망명한 그녀는 임시정부의 의정원에서 김구와 함께 황해도 대표로 선출되어 활동했다.

중국 망명길에 오른 김마리아의 나그네 여정은 여기서 끝나지 않았다. 1923년 6월 미국 샌프란시스코를 시작으로 뉴욕 등 여러 곳을 거쳐 학업과 민족계몽운동을 계속했다. 김마리아의 기나긴 해외생활에서도 자신이 평생 지켜온 세 가지 특징이 여실히 드러났다. 지치지 않는 학업, 항일운동, 그리고 여성들을 독려해 활동하게 하는 것이었다.

미국에서 활동하는 동안 그녀는 재미 대

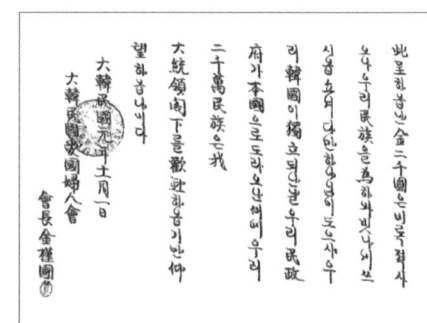

대한민국애국부인회 취지문

한애국부인회를 조직하고, 홍사단에 가입해 활동하며, 교포들을 격려했다. 특별히 교포들이 각자 자신이 서 있는 분야에서 실력을 양성하고, 대동단결하는 것이 조국의 광복을 가져오는 것이라고 강조했다. 병보석으로 감옥에서 나온 김마리아의 형기가 1931년 5월까지였다는 사실이 그녀의 귀국을 타의적으로 막았다.

기나긴 해외생활을 마친 김마리아는 1932년 7월 서울에 도착했다. 그리고 이후 원산 마르타윌슨여자신학교에서 가르치면서, 여전도회를 중심으로 활동을 지속했다. 평생 여장부로 살아온 그녀가 1938년 신사참배 회오리도 굳건히 견디어 냈음은 말할 필요도 없다. 그러던 중 1943년 12월 건강이 급격하게 악화되어 평양기홀병원에 입원했다. 그리고 1944년 3월 13일 하늘의 부름을 받았다. 일본에 의한 고문 후유증으로 인한 죽음이었다.

마르타윌슨여자신학원 재직 시절(앞줄 왼쪽에서 첫 번째)

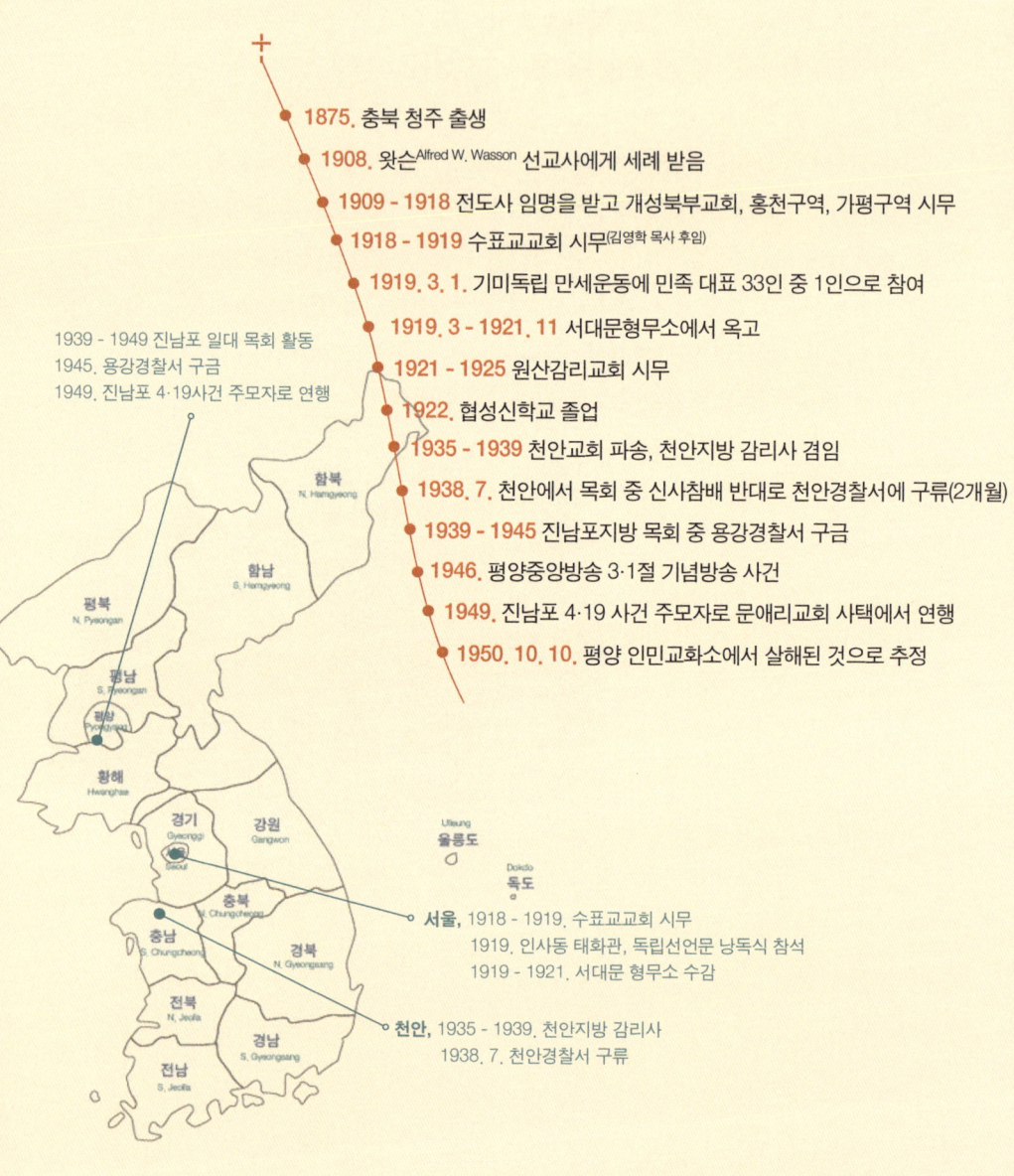

예수님의 십자가를 명상할 때, 나는 내 구주를 아니 사랑할 수 없습니다.
신자가 예수를 사랑치 않는 것은 큰 죄입니다. 우리는 안일을 구하지 말고
예수의 남은 고난을 우리 몸에 채우도록 힘써야 합니다.

("십자가에 대한 명상" 중에서)

| 개인과 나라를 구하는 방편 |

신석구는 1875년 5월 3일 충북 청원군 미원면 금관리에서 유학자 신재기의 둘째 아들로 태어났다. 그는 10살 때 사서삼경을 읽고, 11살에 향리의 서당 훈장이 되어 가르칠 정도로 똑똑했다. 그런데 어린 시절 어머니를 여의고 15세에 부친 상을 당하면서 자신의 인생에 대한 고민과 방황이 시작되었다. 10여 년간 방황생활을 한 후 마침내 경기도 고랑포에서 친구 김진우의 전도로 기독교로 개종했는데, 그의 나이 29세인 1907년 7월 14일이었다. 자신이 이후 자서전에 남겼듯이 신석구에게 있어서 예수를 믿는 것은 자신과 민족을 구원하는 방법이었다. "참으로 나라를 구원하려면 예수를 믿어야겠다. 나라를 구원하려면 잃어버린 국민을 찾아야겠다. 나 하나 회개하면 잃어버린 국민 하나를 찾는 것이다. 내가 믿고 전도하여 한 사람이 회개하면 또 하나를 찾는 것이다. 그리하여 잃어버린 국민을 다 찾으면 나라는 자연히 구원할 것이다."라는 것이 신석구의 생각이었다.

신석구는 기독교를 받아 들인 지 달포 만에 개성으로 옮겨 리드Wightmau T. Reid, 이위만 선교사의 어학 선생이 되었다. 그리고 1908년 33살의 나이에 개성 남부교회에서 왓슨Alfred W. Wasson, 왕영덕 선교사에게 세례를 받았다. 그에게는 세례 역시 민족의 구원과 깊이 연결되어 있었다. 이후 그는 경성 협성신학교에 진학해 학업과 함께 복음을 전하는 일에 힘썼다. 개성사역과 함께 홍천, 가평, 춘천에서 활동했고, 1917년 목사가 되어, 1918년에는 수표교교회로 오게 되었다.

| 복음주의 신앙에 기초한 민족운동 |

신석구 목사에게 '민족대표' 참여를 권한 사람은 오화영 목사였다. 과연 기독교 목사로서 정치운동을 하는 것이 정당한지, 그리고 교리상으로 이질적인 천도교와 손을 잡는 것이 합당한지 고민을 했지만, 오랜 세월 이어온 나라와 강토를 우리 시대에 와서 빼앗기는 것이 더 큰 죄라고 생각하고 '민족대표'의 한 사람으로 3·1 운동에 뛰어들었다. 그의 이러한 삶은 복음주의 신앙에 기초하여 민족운동에 적극적으로 참여한 결과였으며 개인과 민족을 구하는 것이 신앙이라는 그의 신념과 일치하는 것이었다. 이 사건으로 신석구 목사는 2년 6개월의 징역을 선고 받고 서대문형무소에 수감되었다. 그러나 감옥은 오히려 연단의 장소요 은혜의 장소였다. 지난 10년간의 목회를 돌아보며 '하나님의 복음뿐 아니라 목숨까지도 주기를 기뻐하는 마음'으로 교인을 섬기는 것이 참된 목회임을 깨닫게 되었다.

신석구 목사는 형을 마치고 1921년 11월 4일 만기 출소하였고, 해방될 때까지 그의 고난의 길은 계속되었다. 출옥 후 원산과 천안 등지에서 목회하며 물질의 유혹과 가난으로 어려움을

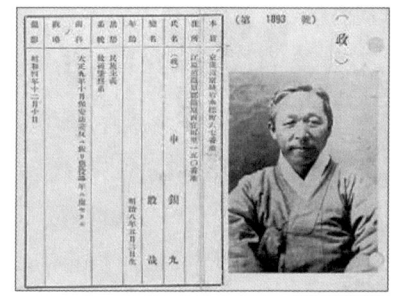

신석구 목사 정치범 카드

겪기도 했다. 또한, 일제 말기에는 신사참배를 반대하여 신사가 없는 외진 곳인 평남 용강군 신유리와 문애리에서 목회를 했는데 해방 직전인 1945년 5월에 일본의 전승기원 예배와 일장기 계양을 거부했다는 이유로 또다시 구금되기도 했다.

| 주를 위해 미친 듯이 살기를 원했건만 |

신석구 목사는 해방 이후의 삶도 평탄하지만은 않았다. 그는 북한이 교회와

기독교인을 회유, 억압하기 위해 만든 기독교도연맹에 가입하기를 강요받았으나 끝까지 자신의 신앙적 결심을 굽히지 않았다. 1946년에는 3·1절 김일성 추앙행사를 반대해서 정치보위부에 체포 당해 고난을 겪었고, 1949년에는 반동결사죄라는 명목으로 진남포교회 사택에서 체포되어 고문을 당하기도 했다. 일제와 공산당의 억압 속에서 굴하지 않았던 신석구 목사는 감옥에서 오히려 참된 평안을 느낄 수 있었다. "세간의 모든 복잡한 사념을 다 포기하고 다만 기도하는 중에 영혼을 예배하고 앉아있으니까 감방이 나에게는 천당같이 아름다우며 자나 깨나 주님께서 늘 내 우편에 계심을 든든히 믿으며 말할 수 없는 환희 중에 잠겨 있었다."

그러던 신석구 목사는 전쟁이 한창 진행 중이던 1950년 10월 10일 76세에 평양인민교화소에서 끌려가 총살당한 것으로 알려졌다. 기나긴 고난의 삶을 살았던 그는 감옥에서 마지막으로 다음과 같은 시를 남겼다.

>   지난 일은 한낱 춘몽 같고,
>   남은 날은 지는 석양 같구나.
>   일편단심 원하는 것이 있다면,
>   주를 위해 미친 듯이 사는 것뿐이라.

신석구 목사는 1963년 3월 1일 건국공로훈장을 받았다. 감리교신학대학은 1978년에 '감신 출신 민족 대표상' 5명 중의 한 명으로 신 목사를 선정하여 그의 흉상을 세웠고 1980년에는 청주 3·1공원에 충북도민의 성금으로 동상이 건립되기도 했다.

청주 삼일공원 신석구 동상

작은 거인, 유관순 1902-1920

- **1902.** 충남 천안시 병천 출생
- **1915. 4. 1.** 이화학당 보통과 2학년 편입
- **1918. 3. 18.** 이화학당 보통과 졸업
- **1918. 4. 1.** 이화여자고등보통학교 1학년 진학
- **1919. 3. 1.** 서울 시위 운동에 참여
  - **3. 31.** 매봉산에 봉화를 올림
  - **5. 9.** 공주법원에서 5년형을 받음
  - **6. 30.** 경성 복심법원 재판에서 3년형을 언도 받음
- **1920. 3. 1.** 서대문형무소에서 옥중 만세시위를 주도
  - **9. 28.** 모진 고문에 의한 방광 파열로 서대문형무소에서 순국

1919. 3.1
이화학당, 이문회 조직, 3·1운동 참여
1920. 3.1
서대문형무소에서 옥중 만세시위 주도

충남 1919. 4.1
병천만세운동 주도

나는 대한 사람이다. (…) 너희는 나에게 벌을 줄 권리가 없고,
나는 너희 왜놈들에게 재판을 받아야 할 이유가 없다.

유관순

　　　　유관순은 1902년 12월 16일 충남 천안시 지령리(현 용두리)에서 유중권과 이소제의 5남매 중 둘째 딸로 태어났다. 할아버지와 작은 아버지가 기독교를 받아들이면서 온 집안이 신앙을 갖게 되었다. 선비가문에 속해있던 아버지 유중권은 인근 지역에서 가장 먼저 개화사상을 받아들여 흥호학교를 세워 신교육에 투신했다. 하지만 학교부채와 이에 따른 고리대금업자들의 행패로 그 뜻을 이루지 못하자 교육을 통한 계몽과 구국의 길이 기독교에 있음을 자각하고, 감리교회에 입교하여 민중계몽운동을 지속하였다. 그리고 그에게 복음을 전했던 친척 유빈기와 조인원(조병옥 박사의 부친) 같은 향리들과 함께 1908년 교회를 세웠다.

| 육체의 성장과 신앙의 성숙 |

　　교육과 교회를 대하는 아버지의 태도는 어린 유관순에게도 깊은 영향을 미쳤다. 고향에서 보통학교인 공주 영명학교를 마친 유관순은 가사와 교회 봉사를 하고 있던 터에 이 지역의 순회 선교사 샤프Alice H. Sharp, 샤애리시의 소개와 이화학당 교장 룰루 프라이Lulu E. Frey, 부라이의 도움으로 이화학당 보통과 3학년에 편입해서 2년을 수료한 뒤, 이어서 고등과 1학년에 진학했다.

이화학당 재학시절의 유관순

독립운동기 + 121

어린 유관순에게 민족과 신앙을 가르쳐준 사람은 정동교회 손정도 목사와 이화학당의 박인덕 선생이었다. 유관순이 2년여간 출석한 교회의 담임목사 손정도는 만주 하얼빈에서 활동했던 신앙과 민족정신이 투철한 사람이었다.

| 작은 거인, 유관순 |

유관순은 이화여자고등보통학교 2학년 초에 자신의 삶을 송두리째 바꾸어 버린 3·1 운동을 맞이했다. 유관순은 당장 이화학당 내에 '이문회'라는 조직에 속한 학생들과 함께 이화학당 담을 넘어 파고다공원으로 달려가 시위에 참여했다. 3월 5일에도 서울지역 학생연합시위에 참석하여 경무총감부에 잡혀있다가 풀려나기도 했다.

3월 10일 총독부가 휴교령을 내리자 유관순은 3월 13일 고향으로 내려와 자신이 일생 신앙생활을 했던 매봉교회 교인들과 함께 만세시위를 준비했다.

시위 일자를 아우내 장날이 서는 4월 1일로 정하고, 그녀는 사촌 언니 유예도와 함께 고향 일대와 연기, 청주, 진천까지 머리에 수건을 쓰고 돌면서 동지들을 모으고 만세운동에 참여할 것을 독려했다.

3월 31일 유관순은 매봉산에 올라 기도를 드리고 봉화를 올렸다. 유관순의 기도문은 10대 소녀의 기도문이라고는 보기 힘들 정도였다.

> 오오, 하나님이시여 이제 시간이 임박하였습니다.
> 원수 왜(倭)를 물리쳐 주시고 이 땅에 자유와 독립을 주소서.
> 내일 거사할 각 대표에게 더욱 용기와 힘을 주시고,
> 이 민족의 행복한 땅이 되게 하소서.
> 주여 같이 하시고, 이 소녀에게 용기와 힘을 주옵소서.
> 대한독립만세, 대한독립만세! (1919년 3월 31일)

만세운동이 예정된 4월 1일 당일에는 3천 명이 모여들어 병천 만세운동을 전개했다. 조병옥 박사의 아버지 조인원의 독립선언서 낭독에 이어 유관순이 독립연설을 일장 하고서 시위를 시작했다. 유관순은 현장에서 체포되어 천안헌병대에 송치되었다. 이때 아버지와 어머니, 숙부 등이 함께 만세운동에 참여했으며, 유관순의 부모를 포함한 19명이 일본에 의해 죽음을 맞았다.

| 포기하지 않은 독립운동 |

유관순은 1차로 공주법원에서 5년 형을, 이어 항소를 통해 경성복심법원에서 3년 형을 받았다. 그녀는 항소는 포기했지만, 굴하지 않고 3·1 운동 1주년이 되던 1920년 3월 1일 오후 2시 죄수들과 함께 서대문형무소에서 옥중만세시위를 벌였다. 이화학당 교사였던 박인덕 선생에게 보낸 옥중 편지는 유관순의 결의를 짐작하게 한다.

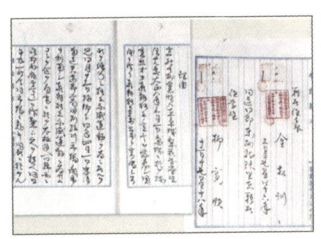

경성 복심법원 판결문

> 선생님! 저는 나라를 위해 몸을 바칠 각오를 했습니다. 2천만 동포의 십 분의 일만 순국할 결심을 하면 독립은 반드시 이루어질 것입니다……

유관순 서대문형무소 수형자 기록표 사진

결국 이 옥중 만세운동으로 인해 유관순은 심한 매질과 고문을 당했다. 그뿐만 아니라 일본의 재판도 그녀에게는 쉬운 과정이 아니었다. 일본의 재판을 거부하며 유관순은 다음과 같이 호통을 쳤다. "나는 대한사람이다. 우리나라를 위해 독립만세를 부른 것도 죄가 되느냐! 너희는 나에게 벌을 줄 권리가 없고 나는

독립운동기 + 123

너희 왜놈들에게 재판을 받아야 할 이유가 없다."

| 순국의 꽃이 된 소녀 |

결국 유관순은 3·1 운동 1주년 옥중시위 때에 얻은 병으로 1920년 9월 28일 감옥 안에서 순국했다. 일차적인 사인은 일본경찰의 모진 고문에 의한 방광파열이었다. 10월 12일 그녀의 시신을 인수하여 14일 정동교회에서 장례식을 치렀다. 유관순의 삶은 '순국자가 나라의 초석이 된다'는 사실을 가르쳐주었다. 후일에 홍창석 목사는 유관순의 신앙에 대하여 이렇게 말을 했다.

"유관순은 교회를 사랑하다가 교회를 위해서 그의 생애를 제물로 바쳤다. 유관순은 요람에서부터 무덤까지 교회를 떠나본 일이 없었다. 유관순은 교회에서 나서 교회에서 자랐고, 교회에서 배웠으며 만세운동을 하다가 죽어 교회가 그녀를 장사해 주었기 때문이다."

교육과 애국운동으로 철원교회와 민족을 일군 사람, 조종대 1873-1922

- **1873.** 황해도 김천 출생
  - 철원의 봉명학교와 배영학교에서 구국 교육활동
  - 황해도 일대와 철원 등 각지를 다니며 선교활동
- **1919. 8.** 철원애국단鐵原愛國團에 가입,
  - 조직확대와 지단 설치에 힘씀
- **1919. 12.** 철원애국단 사건으로 피검되어 5년 금고형을 받고
  - 함흥감옥에 수감됨
- **1922. 7. 25.** 함흥감옥에서 옥사

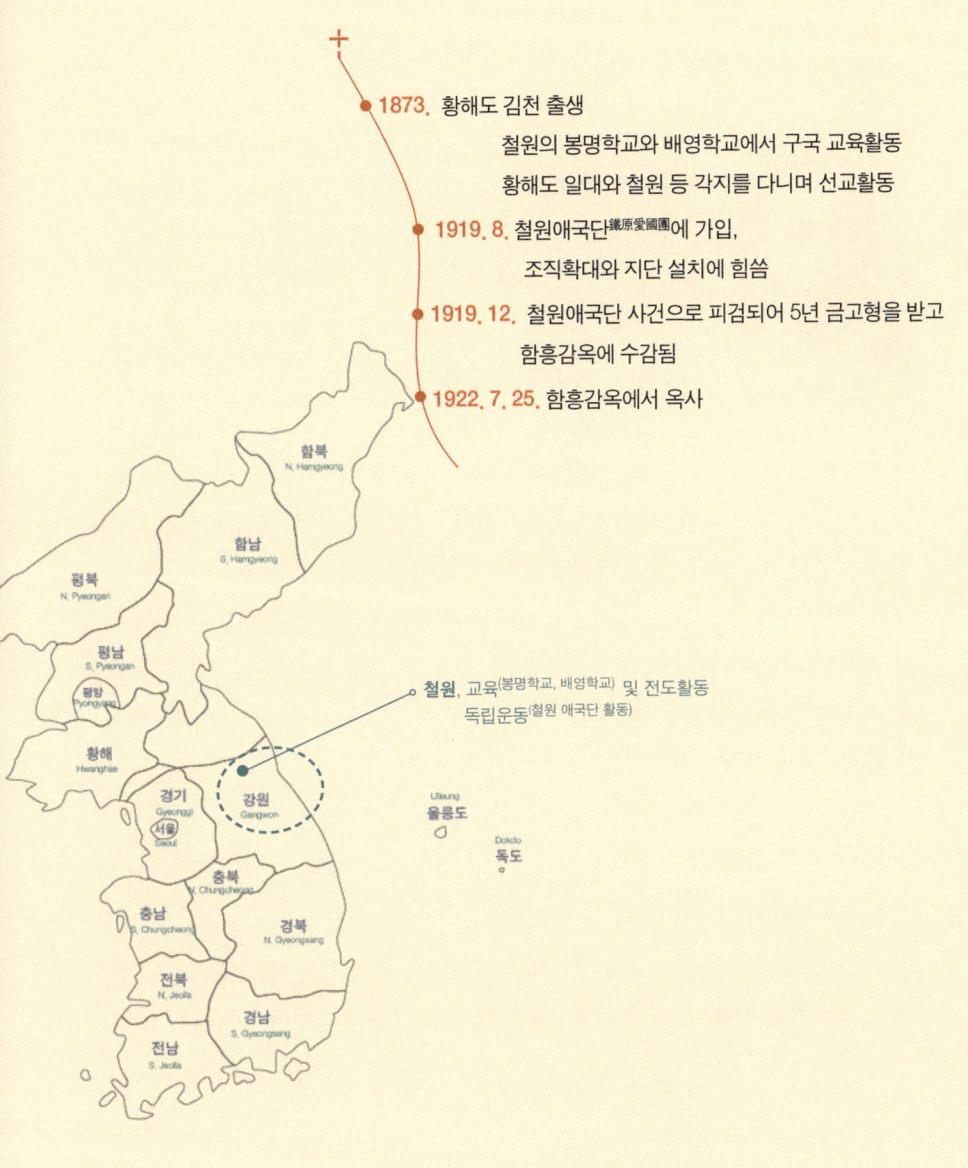

철원, 교육(봉명학교, 배영학교) 및 전도활동
독립운동(철원 애국단 활동)

그러하온즉 우리 하나님이여 지금 주의 종의 기도와 간구를 들으시고
주를 위하여 주의 얼굴 빛을 주의 황폐한 성소에 비추시옵소서 단 9:17

| 철원교회 시작을 이룬 사람 |

조종대

조종대는 1873년 1월 20일 황해도 김천군에서 5형제의 막내로 출생하였다. 어려서 한학을 수업한 후 서울에 올라가 한의학을 공부하고 한약종상을 경영하였다. 한의사 나병규의 권고로 상동교회 내 애국지사들이 모이는 모임에 참석하여 전덕기, 이상재, 남궁억 등과 교제를 하고 시대에 대한 인식을 깊게 하기 시작했다.

이후 철원으로 내려온 조종대는 한약방을 경영하면서 철원지역 전도자로 온 이화춘 전도사와 함께 자신의 약방 마루방에서 예배를 시작했는데, 이것이 철원교회의 시작이었다. 철원교회는 장로교와 감리교의 선교지 분할 때 남감리교 지역으로 편입되어 1909년에 이화춘 전도사를 최초로 이곳에 파송했다. 철원교회는 1914년에 배영학교 자리에 철원감리 예배당을 신축하고 영동야간학교를 설립하였다. 교육을 통한 민족의식 고취와 계몽을 강조하던 조종대는 3·1 운동 당시 서문거리의 전도회와 더불어 시위운동을 주도하며 철원읍 만세운동을 추진하는 데 큰 역할을 하였다.

| 교육입국의 뜻을 갖고 |

그에게 영향을 준 전덕기와 남궁억과 같이 교육사업에 뜻을 둔 그는 신앙적인 애국 운동의 하나로 1908년 철원에 봉명의숙을 세워 교장으로 활동했다. 그리고 김철회와 함께 철원 근교에 배영학교를 설립하여 자신이 뜻을 같이하는

이승만, 서재필, 이상재, 남궁억, 전덕기 등의 민족사상을 교수하였다. 그러나 배영학교는 애국 사상을 고취하다가 일제로부터 불온하다 하여 폐쇄를 당하였다. 이후 남감리회 선교사 크램^{Willard G. Cram, 기의남}의 후원으로 조종대는 매서인이 되어 황해도 김천 일대까지 순회하며 전도사업에 힘썼다.

| 일본에 대한 실질적인 저항방법을 찾아 |

조종대는 항일운동의 방법으로 조선인 관리들이 그 직에서 물러나 조선총독부의 운영에 지장을 초래하려는 계획을 세우고 '조선인 관리 퇴직동맹'을 추진했다. 그리고 이에 필요한 재정자금을 모집하던 중 1919년 8월 21일 배영학교 시절부터 같이 활동했던 대한독립애국단 강원도단의 서무국장 강대려로부터 대한독립애국단의 설치 사정을 접하고 이 단체에 가입하여 강원도 각 군에 군단을 설치하는 책임을 맡았다.

대한독립애국단은 1919년 4월 신현구가 3·1 운동의 열망을 지속적인 독립운동으로 이어가기 위해 조직한 전국 규모의 조직이었다. 대한민국임시정부 지원단체로 임시정부의 선전과 재정자금의 조달, 국내 조직망을 통한 임시정부 연통부의 역할을 수행하고 있었다. 이런 대한독립애국단의 지단 가운데 조직과 활동면에서 규모가 가장 크고 활발했던 것이 바로 강원도단이었다. 그리고 철원군단에 참가한 인사들은 대부분 철원남감리교회 교인들로 철원에서 사립학교를 세우거나 교원으로 활동하며 항일의식으로 가득 차 있던 사람들이었다. 조종대를 비롯한 이들은 3·1 운동을 경험하면서 독립운동의 조직화에 대한 필요성을 절감하고 이러한 상황에서 대한민국임시정부를 지원하는 대한독립애국단의 소식을 접하면서 철원군단을 결성하였다. 조종대는 평소 강원도 전역의 기독교 인사들과 지면이 넓은 것을 활용하여 원주, 횡성, 강릉, 양양, 금화, 평창, 평해, 삼척 등지를 순회하며 동단의 조직확대를 위해 힘을 쏟았고, 그

결과 강원도에는 강릉군단, 양양군단, 평창군단 등이 설치되었다.

| 마지막까지 신앙적 옥중 투쟁을 벌이다가 |

하지만 결국 이 운동으로 인해 일본경찰에게 체포된 그는 서울로 이송되어 5년의 실형을 선고 받았다. 그리고 이후 함흥으로 이감되어 옥고를 치르다가 1922년 7월 25일 옥사하였다. 그는 옥중에서도 주일 노역을 거부하고, 연초생산 작업을 거부하는 등의 신앙적인 투쟁을 벌였다. 옥사 당한 조종대의 시신을 김철회가 비밀리에 인수하여 안장했다. 그 같은 친구를 가졌다는 것이 조종대의 행복이었다. 김철회는 조종대와 함께 애국단에서 활동하다 체포되어 3년 형을 선고받고 복역한 인물이었다. 김철회는 만기 출옥하여 조종대의 시체를 비밀리에 인수하고 안장하였다가 다시 체포되어 모진 고문을 받았다.

조종대는 두 딸을 두었는데 맏딸 조숙경은 1919년 만세운동 당시에 호수돈여자고등보통학교 재학생으로서 만세시위에 가담하여 크게 활약하여 옥고를 치르기도 했다. 1963년 3월 1일 대한민국 정부는 조종대에게 건국공로표창장을 추서하였고 그의 묘소를 국군묘지 독립유공자 묘지에 모셨다.

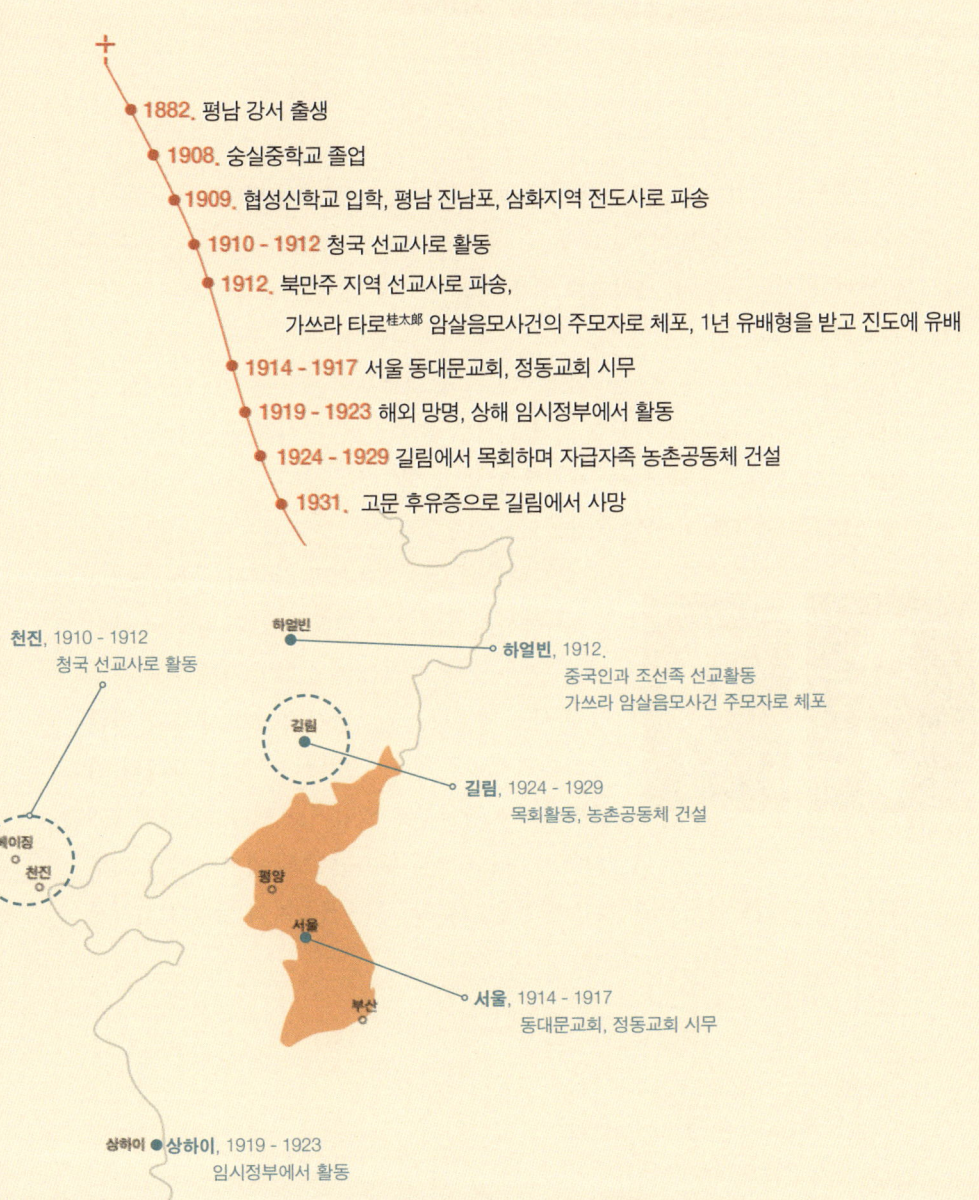

내 앞에 이천만의 남녀 동포가 하나도 빠짐없이 죽 늘어선 것이 보였다. 즉 사망에 빠지는 그들, 죄악의 멍에에 착고를 당한 그들을 구원하고 해방함이 나의 책임이라고 보여주신 것이다. 그들을 보고 나는 통곡하였다. 그러나 기쁘다 믿었다 할만하다고 생각됨은 만능의 구주께서 나와 같이 하시기 때문이라.

| 하루 만에 상투를 자른 청년 |

손정도는 평안남도 강서군에서 유교적 명성을 가진 손몽룡 집안의 장남으로 태어났다. 당시 관습대로 17세까지 한학을 공부한 그는 23세가 되던 1904년 '관리등용시험'을 보러 평양으로 길을 떠났다. 그런데 평양 근교 '조씨 마을'에 하룻밤 머문 것이 그의 인생을 바꾸는 계기가 되었다. 밤을 지내기 위해 우연히 들린 곳이 이 마을 조 목사의 집이었는데, 그로부터 새로운 학문과 세상 돌아가는 이야기, 그리고 기독교 교리를 심도 있게 들었다. 이때 받은 감동과 결심으로 그는 관리가 되겠다는 생각을 접고 그 자리에서 상투를 자르고, 바로 고향으로 돌아와 집안의 사당을 몽둥이로 부수었다.

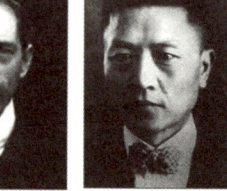

무어 선교사와 손정도 목사

예수 때문에 쫓겨나다시피 집에서 나온 손정도는 조 목사의 도움으로 평양에 있던 감리교 무어John Z. Moore, 문요한 선교사 집을 찾아 그의 어학 선생 겸 비서로 일했다. 그는 동시에 조만식 등과 함께 숭실학교에서 공부했고, 아내 박신일은 평양의 기홀병원에서 잡역부로 일하기도 했다. 하디Robert A. Hardie로부터 시작해 1907년 초에 일어난 평양 대부흥운동은 손정도에게 적지 않은 영향을 미쳤고, 그는 목회자의 삶을 결심하게 되었다.

| 만주선교, 진도유배, 다시 정동교회로 |

손정도는 무어가 담임하던 평양 남산현교회에서 첫 목회를 시작해서, 평안남도 진남포와 삼화 구역에서 사역했다. 1910년 '청국 선교사'로 파송 받은 그는 중국어를 배우기 위해 북경으로 갔다. 그리고 이곳에서 1907년 결성된 신민회의 핵심 인물인 조성환을 만나, 안창호 등과 함께 민족운동과 해외공작에 참여하게 되었다. 이후 손정도는 천진, 단동, 하얼빈에서 교포들을 돌보는 목회를 하게 되었고, 1912년에는 블라디보스토크까지 가서 북방지역에 흩어진 동포들에게 복음과 함께 민족운동을 전했다. 그의 삶과 활동은 은혜롭고 열정적인 설교, 뜨거운 애국심, 진심이 깃든 언행으로 특징 지을 수 있다.

안창호와 손정도 목사

복음전파와 민족운동을 열정적으로 전개하던 손정도는 1912년 7월 가쓰라 타로桂太郎 공작 암살미수 사건과 105인 사건 공모자로 체포되어 경성 경무총감부로 압송되었다. 항일운동과 독립운동을 시도한 자들을 잡아들이기 위한 일제의 기나긴 폭압 정치의 서막이었다. 이 때문에 1년 어간 옥고를 치른 그는, '보안조례위반'으로 인한 '거주 제한 1년' 처벌을 받고 1913년 11월 5일 전라남도 진도에서 유배생활을 했다.

이후 손정도는 서울 동대문교회, 정동교회에서 사역하면서 청년들에게 하나님 사랑과 나라 사랑을 강조했다. 3년 어간의 정동교회 사역은 가장 보람찬 기간이었다. 많은 논문과 설교를 왕성하게 기고했고, 교회는 성장해 증축되었으며, 유관순과 같은 청년들을 길러냈다.

| 만주에서 흩어진 양들을 돌본 참된 목자 |

1918년 겨울, 그는 담임목사직을 사임하고, 상해로 망명했다. 일본의 감시로 인해 선교사 자격으로 만주로 가기가 어려워지자 상해 망명의 길을 택한 것이다. 그는 대한민국임시정부 의정원 의장에 선출되는 등 민족의 독립을 위해 다양한 활동을 일선에서 전개했다. 이토 히로부미를 저격한 안중근의 가족을 돌보는 등 민족운동에 앞장서는 동시에 목사로서 교회들을 돌보았다.

상해활동을 정리한 손정도 목사는 1924년 길림 지역 목사로 파송되어 이곳에서 일생을 마쳤다. 미감리회는 1918년 배형식 목사 파송과 함께 만주선교를 확장해가고 있었다. 손정도는 고향 땅을 팔아 가져온 돈으로 오갈 곳 없는 동포들에게 삶의 터전을 마련해 주었고, 길림 기독교회를 중심으로 동포들과 함께 농사를 지으면서 사도행전에 나오는 '이상촌'을 건립하고자 애썼다. 물론 이것이 독립정신을 심는 일과 깊은 관계를 맺고 있는 것은 말할 필요가 없다. 그의 이상촌 건립작업은 결국 실패로 끝났지만, 그러한 시도와 몸부림은 나라를 잃은 교포들에게 희망을 주었다.

손원일과 동작동 국립묘지에 묻힌 손정도의 묘

평생 나라와 동포를 사랑하고, 민족과 독립을 외친 손정도는 일제의 고문 후유증으로 1931년 만주의 추위 가운데서 가족의 간호 한 번 제대로 받지 못하고 소천했다.

손정도의 아들 손원일은 한국의 해군을 창설한 제독으로 '해군의 아버지'로 불렸다. 손원일을 수식하는 전형적인 단어가 '손정도 목사의 아들'일 정도로 한국사회는 목사 손정도에게 경의를 표해왔다. 손원일의 장남 손명원은 할아버지 손정도의 호 해석海石을 영어로 번역한 '오션락' Ocean Rock이라는 컨설팅 업체를 운영해 그 정신을 기리고 있다.

신앙구국과 교육입국을 외친 무궁화선비, 남궁억 1863-1939

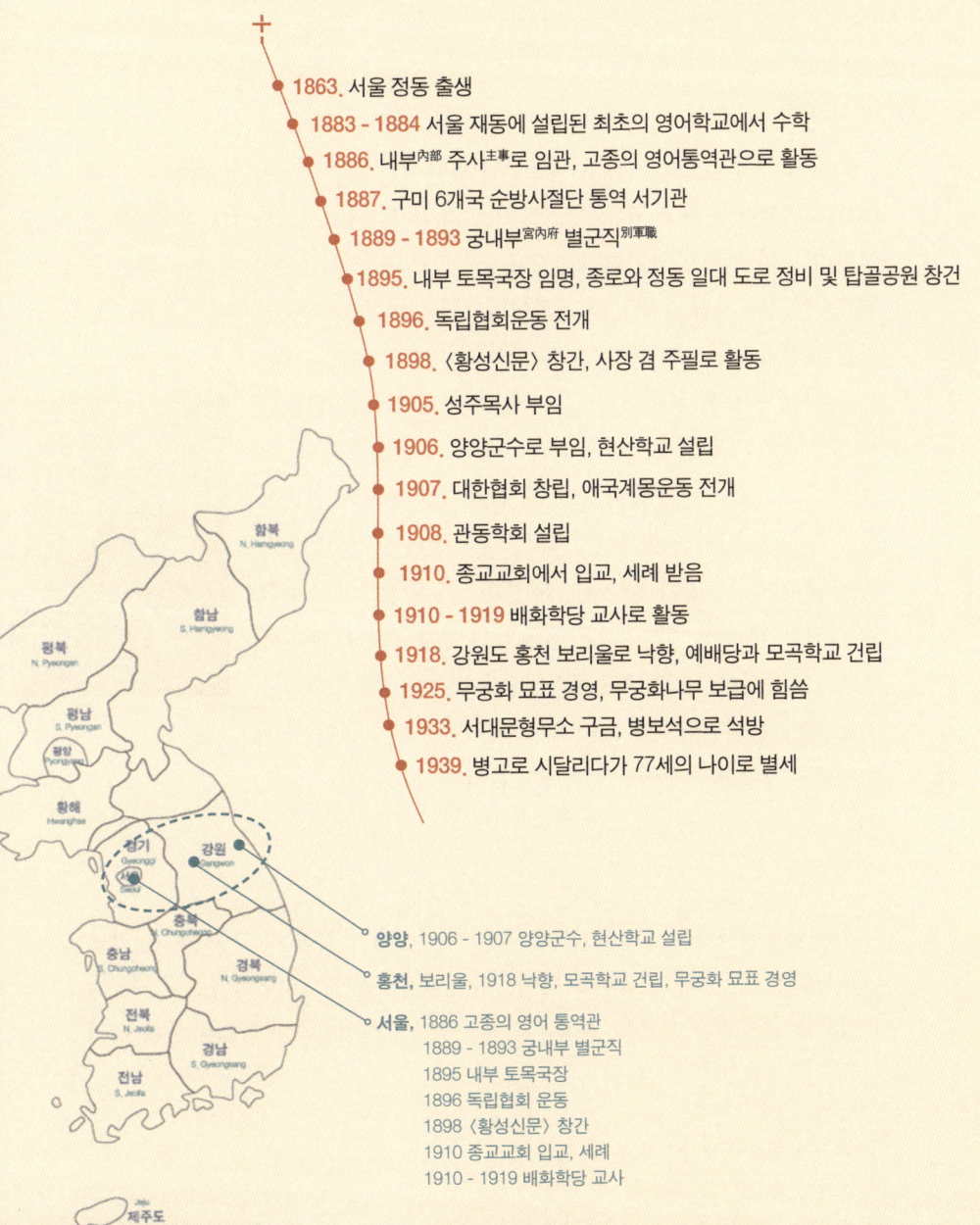

- **1863.** 서울 정동 출생
- **1883 - 1884** 서울 재동에 설립된 최초의 영어학교에서 수학
- **1886.** 내부(內部) 주사(主事)로 임관, 고종의 영어통역관으로 활동
- **1887.** 구미 6개국 순방사절단 통역 서기관
- **1889 - 1893** 궁내부(宮內府) 별군직(別軍職)
- **1895.** 내부 토목국장 임명, 종로와 정동 일대 도로 정비 및 탑골공원 창건
- **1896.** 독립협회운동 전개
- **1898.** 〈황성신문〉 창간, 사장 겸 주필로 활동
- **1905.** 성주목사 부임
- **1906.** 양양군수로 부임, 현산학교 설립
- **1907.** 대한협회 창립, 애국계몽운동 전개
- **1908.** 관동학회 설립
- **1910.** 종교교회에서 입교, 세례 받음
- **1910 - 1919** 배화학당 교사로 활동
- **1918.** 강원도 홍천 보리울로 낙향, 예배당과 모곡학교 건립
- **1925.** 무궁화 묘표 경영, 무궁화나무 보급에 힘씀
- **1933.** 서대문형무소 구금, 병보석으로 석방
- **1939.** 병고로 시달리다가 77세의 나이로 별세

양양, 1906 - 1907 양양군수, 현산학교 설립

홍천, 보리울, 1918 낙향, 모곡학교 건립, 무궁화 묘표 경영

서울, 1886 고종의 영어 통역관
1889 - 1893 궁내부 별군직
1895 내부 토목국장
1896 독립협회 운동
1898 〈황성신문〉 창간
1910 종교교회 입교, 세례
1910 - 1919 배화학당 교사

주여! 이 나이 환갑이 넘은 기물이오나
젊어서 가졌던 애국심을 변치 않게 하시니 감사하거니와,
아무리 혹독한 왜정하일지라도 육으로 영을 감당할 수 있게 하소서.

| 무궁화 |

홍천 모곡 보리울에 지금도 여름부터 초가을까지 '우리나라 꽃' 무궁화가 매일 아침저녁으로 피고 진다. 한반도의 질긴 운명처럼 한 그루에서 최대 2천 송이까지 피워낸다. 아침이면 빛을 사모하고 갈망하는 가운데서 피어나, 빛과 함께 살다, 해가 지면 얼굴을 접고 떨어지기에 무궁화 꽃은 한민족의 지조와 고상함과 고결함을 동시에 보여준다고 할 수 있다.

아침에 영롱하게 피어오르는 무궁화의 꽃망울 속에서 한서 남궁억은 기독교가 가지고 있는 생명과 부활을 보았다. 그렇기에 보리울에서 무궁화 묘목을 심어 전국교회와 기관에 자신이 지은 '삼천리 반도 금수강산'의 찬송과 함께 30만 주를 보급하면서 부활과 희망을 노래했다. 이 무궁화의 소중함과 가치를 알기에, 일본경찰은 남궁억의 삶과 신앙을 뿌리째 뽑으려고 공부하고 있는 학동들까지 동원해서 무궁화 묘목 7만 주를 뽑아 불태워버렸다. 일본의 교회억압과 말살정책은 지도자들의 박해와 순교에서만 끝나지 않았다.

무궁화삼천리 자수지도

| 늦은 입교 |

한서 남궁억 선생은 1863년 서울 정동 왜송골에서 철종 때 중추부사를 지낸 남궁영의 열 두 자녀 중 독자로 태어났다. 그는 세관양성 영어학교를 우수하게 졸업하고 인천세관, 고종의 영어통역관, 구미순방사절단으로 공직에 발을 들여

남궁억

놓고 일찍부터 국내외 열강의 변화를 보았다. 이후 궁내부 별군직, 칠곡부사를 거쳐 토목국장으로 일하면서 탑골공원을 창건하기도 했다. 1905년에는 성주목사, 양양군수를 역임했다.

관직과 함께 그의 삶의 큰 궤적 중의 하나는 사회운동과 교육이었다. 그는 1896년 33살의 나이에 서재필과 함께 독립협회 운동을 전개하고, 이후 만민공동회, 상소운동을 주도했으며, 〈황성신문〉 사장 등을 역임했다. 교육일반, 그리고 특히 역사에 관심이 많아서 양양군수로 있던 1906년에는 현산학교를 설립하고, 〈교육월보〉와 《가정교육》을 간행해 배재학당 등에서 가르쳤다. 그는 《동국역사》와 전 5권으로 된 《조선이야기》를 저술하는 등 역사에 대한 지대한 관심이 있었다.

이렇게 민족과 교육을 위해 열심히 활동하던 남궁억은 한일병탄이 되던 그의 나이 48세에 종교교회에 입교해 세례를 받았다. 같이 활동하던 이상재가 54세에 예수를 믿은 것보다는 빨랐지만, 결코 이른 나이는 아니었다. 자신의 사돈 윤치호는 남궁억이 "세상으로부터 도피할 요량으로" 교회에 다니기 시작했다고 일기에 남겼지만, 과연 그랬을까?

| 낙향 |

남궁억은 나이 56세인 1918년 겨울 눈을 맞으며 서울 도회지의 모든 것을 뒤로하고 홍천 모곡으로 낙향했다. 일본경찰에게 불심지로 고문을 당해 평생을 성불구자로 살았던 남궁억이었다. 서울에서 모곡까지 먼 길도 일본이 만든 차나 가마를 타지 않겠다고 고집을 부리며 걸어 내려왔다.

그러나 그의 낙향은 도피나 일제에의 순응이 아니었다. 지친 몸을 회복시킬 시간도 없이 그는 일본의 감시가 덜한 시골에서 새로운 도전과 역할을 찾았다. 그 시골에 학교를 세우고, 교회를 세우고, 무궁화를 심어 농촌을 계몽하고 민족을 교육하는 항일투쟁을 새롭게 시작한 것이다. 이때부터 쏟아져 나온 '무궁화 예찬시' 등 100여 곡이 넘는 그의 노래는 한민족을 새롭게 위로하고 희망을 던져주었다. 사돈 윤치호가 일제에 협력하고 작위를 받으면서 마음 졸이고 살 때, 남궁억은 가난하고 힘들지만 호연지기와 배포를 가지고 민족계몽과 애국운동을 그 시골벽지에서 전개하였다.

모곡학교와 제4회 졸업생

낙향하면서 그의 영적인 심지는 더욱 굳어졌다. "주여, 이 나이 환갑이 넘는 기물이오나 젊어서 가졌던 애국심을 변치 않게 하시니 감사 하거니와, 아무리 혹독한 일제치하 일지라도 육으로 영을 감당할 수 있게 하소서."

| 모곡, 강원도와 한반도 기독교의 웅비를 꿈꾸게 하는 곳 |

남궁억은 일본이 날조한 소위 '십자가당' 사건에 연루되어 71세의 노령에도 불구하고 1933년 11월 일경에 체포되어 서대문형무소에서 다시 옥고를 치르게 되었다. 병보석으로 풀려난 그는 1939년 4월 5일 숙원이던 독립을 보지 못한 채 77세를 일기로 하늘의 부름을 받았다. 일본이 나열한 그의 죄목은 나이가 들어서까지 민족과 교육과 신앙을 얼마나 강조했는지를 역설적으로 잘 보여준다. "모곡학교 교장으로 있으면서 조선역사와 지리를 가르치고, 학교에 무궁

화를 수천 주나 심고, 학생들에게 무궁화 시를 읊게 하고, 여 교원으로 하여금 무궁화 창가를 가르치게 하여서 학생들에게 민족주의 사상을 전할 뿐 아니라 교회에서도 여러 가지 직분을 가진 관계로 종교적 집회나 접촉에서 늘 민족주의를 고취하였다."

독립운동가요, 언론인이요, 교육가와 진실한 기독교인이었던 남궁억이 마지막 남긴 말은 많은 사람에게 감동을 주었다.

"내가 죽거든 무덤을 만들지 말고 과일나무 밑에 묻어서 거름이나 되게 하라."

그의 말대로 남궁억의 삶과 신앙은 좋은 거름이 되었다. 강원도 지역과 전국에서 무궁화와 함께 새로운 희망의 노래가 울리기 시작했다. 예수원, 가나안농군학교, 라브리 등 수많은 강원도 기독교 유적지들과 함께 휴식과 재충전의 땅 강원도에서 남궁억의 보리울은 새로운 도전을 오늘날 던지고 있다. 한국고등신학연구원에서 그를 기념하는 음악회를 개최하고 한글과 영어로 된 도서를 출간했다.

남궁억 기념관

《보리울의 달》

대표 유적지

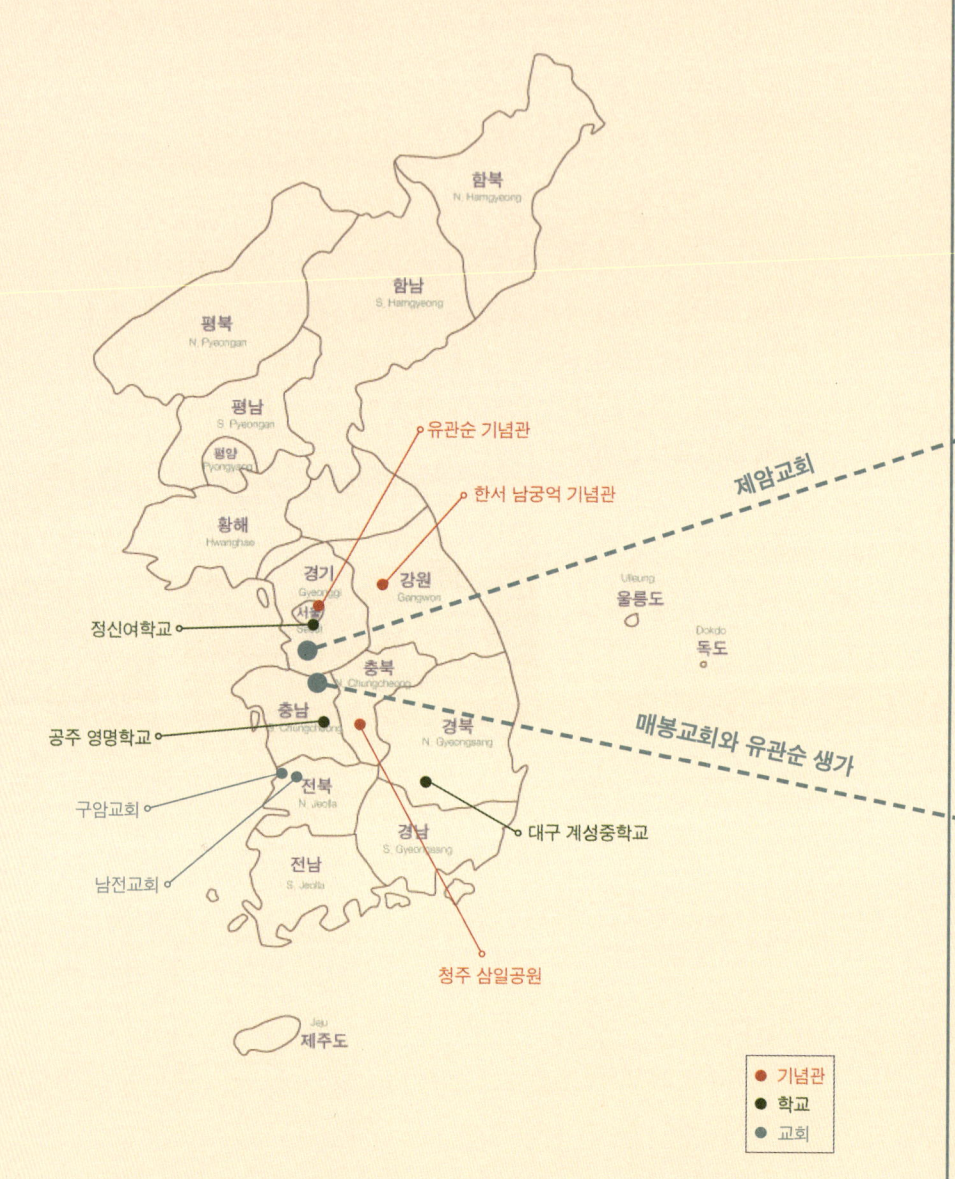

고주리
발안리
제암리
제암리교회
매곡리
상신리

신세계아파트
관세국경
관리연수원
병천초등학교
아우내 장터
병천119
안전센터
충절로
병천고등학교
병천중학교
현대기아
천안연수원
유관순 열사의 거리
아우내아파트
유관순열사
기념관
아우내
실내 체육관
유관순열사유적 및 추모각
매봉산
매봉교회
유관순 열사의 생가
병천교

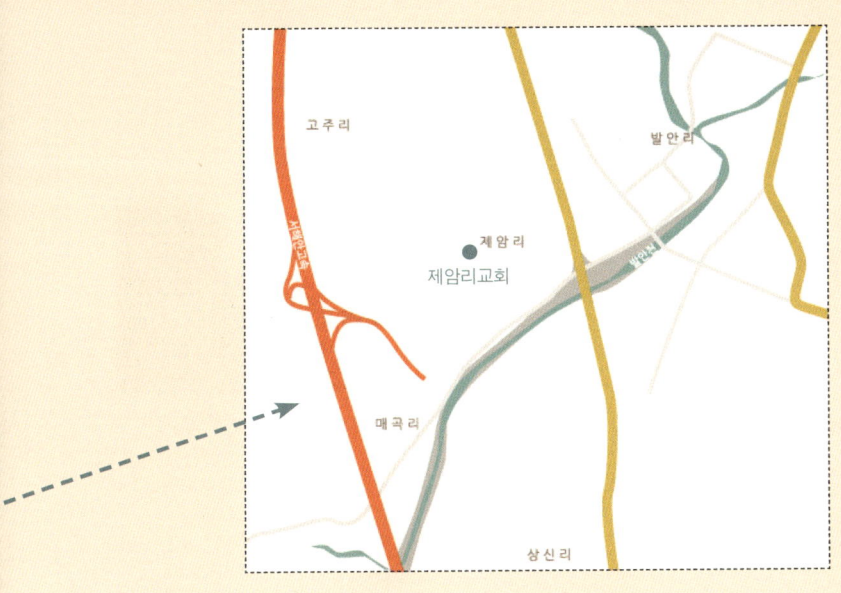

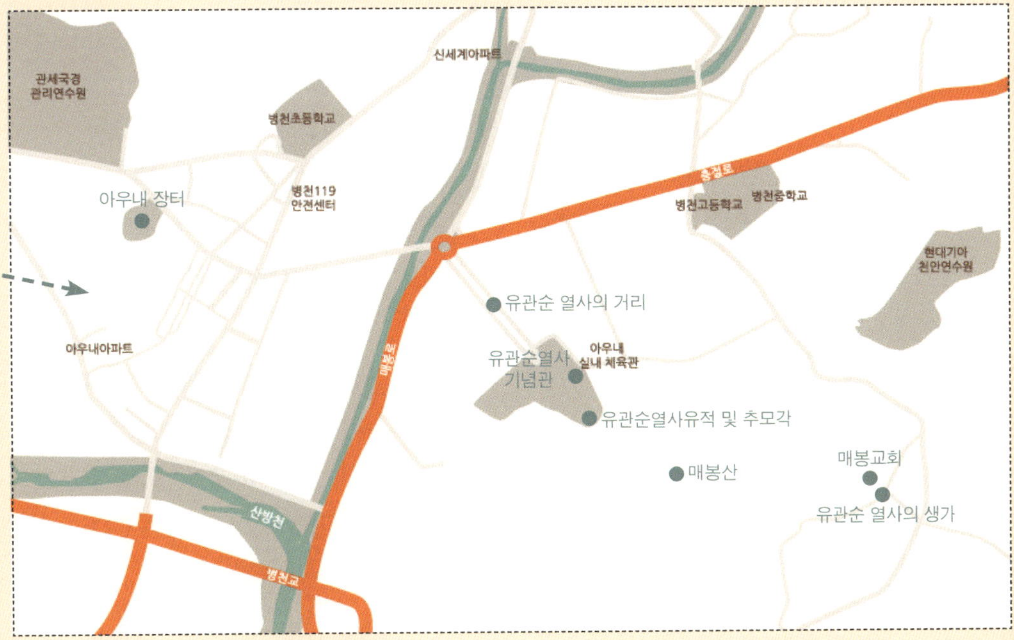

1. 나라의 독립을 사모했던 23인이 잠든 곳 제암교회

경기도 화성시 향남읍 제암리 392-2번지
☎ 제암교회 031-353-0031
☎ 기념관 031-369-1663
http://jeamri.hsuco.or.kr

3·1운동 순국 기념관

| 독립을 염원하는 부르짖음 |

수원에서 서남쪽으로 약 20Km 쯤에 발안이라는 마을이 있다. 이곳에서 서쪽으로 2Km 쯤 더 가면 제암리라는 작은 마을이 나온다. 바로 이곳에 1905년 8월 5일 교회가 건립되었다. 1919년 전국에 독립만세운동이 퍼져 나가고 있을 때, 제암교회 청년들도 4월 5일 발안 장날에 만세운동을 벌이기로 계획하였다.

그 이전 3월 31일 발안 장날 시위와 4월 3일 화수리·수촌리 시위가 벌어진 후 발안은 일본경찰의 주요 경계 대상이었다. 헌병을 중심으로 편성된 검거반은 수촌리를 습격하여 마을을 방화했고, 발안을 중심으로 수촌·화수리 지역을 수색하여 204명을 검거하였다. 이 와중에 중위 아리타 다케오有田俊夫가 지휘하는 보병 11명이 4월 13일 발안에 도착했다. 이들의 임무는 토벌 작전이 끝난 발안 지역의 치안을 유지하는 것이었는데, 아리타 중위는 발안 시위를 주도했던 제암리 주모자들이 체포되지 않은 채 불안 요소로 남아 있음을 알고 제암리를 토벌하기로 결심했다.

| 제암리에 닥친 검은 그림자 |

아리타는 먼저 순사 1명에 보병 2명을 붙여 주력 부대 반대편으로 보내 주민들의 퇴각로를 차단하는 치밀함을 보였다. 그리고 마을에 도착한 후 성인 남성들을 교회로 모이도록 한 후 엄청난 살육을 저질렀다. 주민들이 초가로 된 이 마을 감리

교 교회당에 모두 모이자 수비대가 교회당을 완전히 포위하고 출입구와 창문을 모두 큰 못으로 박아 도망가지 못하게 밀폐한 다음 사이다佐板의 지시에 따라 일제히 집중 사격을 가했다. 필사적으로 탈출하려던 사람들도 수비대의 총탄에 맞고 쓰러졌다. 그리고 교회당뿐 아니라 온 마을에 불을 질렀다. 제암리 33채의 집 가운데 곡구래매의 외딴 집 2채만 남고 31채가 모두 불탔다. 마을 전체를 태운 연기와 재는 시체를 태우는 악취와 함께 30여 리 바깥 마을까지 퍼져나갔다. 교회당 안에 들어가지 않은 부인 두 사람도 참살되었다.

폐허가 된 제암리 마을

| 박해의 결과 |

기록에 따라 교회 안에 갇힌 주민들과 마을 주민들에게 자행된 만행의 진상은 약간씩 다르지만, 이 만행은 일본 측 주장대로 "조선에 주둔한 지 얼마 안 되어 현지 상황에 익숙지 못한 일부 군인들이 일본인들의 희생에 흥분하여" 일으킨 '우발적인' 사건은 분명 아니다. 척후병을 미리 보내 제암리 주민들의 퇴각로를 차단했고, 제암리 기독교와 천도교 지도자 명단을 미리 파악하고 소집한 점 등을 이유로 들 수 있다. 또한 언더우드 일행이 사건 다음 날 제암리에 들어올 때 피해를 입지 않은 남성이 '자신은 기독교인이 아니었기 때문에 화를 피할 수 있었다'고 증언한 데서도 일본군이 목표를 정해놓고 벌인 작전이었음을 알 수 있다. 다음은 언더우드 진술의 일부이다.

(전략)
언더우드: 어떻게 시작되었습니까?
한 국 인: 군인들 짓입니다.
언더우드: 불에 타거나 부상 입은 사람이 많습니까?

한 국 인: 군인들은 교회 안에 있던 모든 기독교
인을 죽였습니다.
언더우드: 화요일 오후에, 왜 교회에 모였습니까?
한 국 인: 군인들이 와서 기독교인 남자들을 모두
교회에 모이라고 했습니다.

23인 순교 조각상

언더우드: 여자들도 교회에 모였습니까?
한 국 인: 아닙니다. 여자는 오지 말라고 했습니다.
언더우드: 기독교인들이 교회에 모인 후, 무슨 일이 일어났습니까?
한 국 인: 어떤 집들은 교회의 불이 번졌고, 바람 방향이 달라 불이 번지지
않은 집들은 군인들이 따로 불을 질렀습니다.
언더우드: 당신은 어떻게 살아남았습니까?
한 국 인: 나는 기독교인이 아닙니다.
기독교인들만 모이라는 명령을 받았습니다.
언더우드: 당신의 집도 불탔습니까?
한 국 인: 그렇습니다. (손으로 가리키면서) 폐허가 되었습니다.
언더우드: 몇 집은 남아 있는데 어떻게 된 것입니까?
한 국 인: 외딴 집들 몇 채만 남은 것입니다.
언더우드: 교회에서 죽은 사람은 몇 명이나 됩니까?
한 국 인: 약 30명입니다.
(후략)

이처럼 제암리 사건은 일제가 철저하게 계획하고 저지른 박해이고, 학살이었다. 제암리 사건의 희생자 23명 가운데는 천도교와 기독교의 지도자들(천도교: 안종환, 안종린, 안정옥, 김홍렬, 기독교: 안종후, 홍원식, 안진순)이 모두 포함되어 있었다. 이 사건이 '종교 박해 사건'의 성격을 지니는 것도 이러한 이유 때문이다.

제암리 사건은 종교적 신념에 근거한 민족 저항운동이 만들어낸 결과였다. 이 사건의 배경에는 여러 요인이 복합적으로 작용했다. 반기독교 국가인 일본에 식민지화됨으로써 한국의 기독교는 출발부터 반일적이고 민족적인 성향을 갖게 되었다. 이처럼 '민족주의 신앙' 의식을 갖추게 된 기독교인들의 3·1운동 참여와 그로 인한 희생의 대표적인 경우가 제암리 사건이었다.

23인 순국묘지

3·1운동 순국 기념탑

독립운동기 † 143

2. 매봉교회와 유관순 생가

충청남도 천안시 동남구 병천면 용두리 338-6
☎ 041-564-1813

매봉교회

아우내 만세 발생지

| 아우내 |

'아우내'의 원래 이름 용두리는 서쪽으로 병풍같이 에워싼 산 때문에 '산서'라고 불리었는데, 물이 마을을 돌아 흘러가서 큰 인물이 많이 날 곳이라 해서 '지령리'라고도 불렸다. 지금은 병천이라 불리는 이곳은 높은 산에서 흘러 내려오는 물줄기들이 서로 아우르는 모양 때문에 '아우내', '아오내', 혹은 '아내'라고 불렸다. 그리고 이곳 병천 아우내 장터에서 바로 병천 만세운동이 일어났다.

| 유관순 |

매봉교회는 유관순이 활약했던 곳이다. 뒤늦게 예수를 믿은 유관순의 아버지는 매봉교회를 세우는데 일조했으며, 모든 가족이 자연스럽게 교회를 통해 새로운 학문을 접하게 되었다.

이후 룰루 프라이Lulu E. Frey, 1868-1921의 도움으로 유관순은 이화학당에 편입했다. 프라이는 유관순이 순국한 후 이틀 후에 그의 시신을 가져다가 학교에서 입관을 시킨 인물이다.

당시 처참했던 조선 여성들의 위치에 대하여 유관순을 사랑하고 그를 편입시킨

프라이는 다음과 같이 말했다. "여성들은 태어날 때부터 환영받지 못하고, 살아가면서도 사랑받지 못하고, 죽을 때까지 희망 없이 살아간다. 여성들의 일은 거의 노예와 다름없고, 그들은 배우지도 못했다." 유관순은 이런 프라이의 생각을 일거에 깨버린 사람이었을 것이다.

| 매봉산 |

매봉산은 3월 31일 유관순이 3·1 운동으로 인해 학교에 휴교령이 내려지자 만세운동을 주도하면서 봉화를 올린 곳이다. 유관순은 "오오, 하나님이시여 이제 시간이 임박하였습니다. 원수 왜(倭)를 물리쳐 주시고 이 땅에 자유와 독립을 주소서. 내일 거사할 각 대표에게 더욱 용기와 힘을 주시고, 이 민족의 행복한 땅이 되게 하소서. 주여 같이 하시고, 이 소녀에게 용기와 힘을 주옵소서. 대한 독립만세, 대한 독립만세!"라고 기도를 드렸다.

| 생가와 매봉교회 |

1908년 세워진 용두리교회(현 매봉교회)는 1919년 4월 1일 병천만세운동이 일어난 뒤 하루 아침에 쑥대밭으로 변했다. 만세운동에 적극적으로 가담했던 유관순의 부모와 일가친척, 교인들이 피살되면서 1922년 교회는 급기야 문을 닫게 되었다. 1945년 해방을 맞아 이화학당에서 유관순을 가르쳤던 박인덕 선생에 의해 이러한 일들이 세상에 알려지게 되었다.

그 후 1962년 이화여고가 유관순이 살던 용두리와 자매결연을 하고 성경을 가르치며 봉사활동을 하였다. 이러한 활동이 기본이 되어 1966년 임지웅 목사가 천막을 치고 목회를 다시 시작했다. 그 해 이화여고에서는 개교 80주년 기념으로 유관순 기념교회 건립위원회를 조직하여 모금 운동을 벌여 1967년 매봉교회가 지어졌다. 하지만 유관순 기념관의 역할을 하기엔 건물이 너무 낡고 협소해 종교 단체 등 각계의 도움으로 1998년 교회 건물을 새로 지었다. 매봉교회 지하에는 작은 기념관이 있고,

생가와 매봉교회로 들어가는 입구에는 유관순 기념관과 공원이 조성되어 있다.

유관순 생가는 3·1 운동의 중심 역할을 했던 매봉교회와 담 하나를 사이에 두고 붙어 있는데, 일본에 의해 교회와 함께 불태워졌다가 해방 뒤 복원되었다.

| 병천 만세운동 |

아우내장터 만세운동이라고도 불리는 병천 만세운동은 1919년 천안 병천 시장에 있던 3,000여 명의 군중이 일제의 식민지 지배에 반대하여 독립만세를 외친 사건이다. 당시 일제 경찰이 총검을 이용하여 강력한 제지를 하여 많은 사상자가 발생하였다.

유관순 생가

당시 서울에서 만세운동을 목격한 유관순은 3월 13일 귀향하여 아버지 유중권과 숙부 유중무에게 서울의 상황을 전하였다. 이를 전해 들은 유중권, 조인원, 유중무는 4월 1일 병천 시장에서 만세운동을 전개하기로 하였다. 3월 31일 밤 자정에 병천 시장을 중심으로 천안 길목과 수신면 산마루 및 진천 고갯마루에 거사를 알리는 봉화횃불을 올렸다. 야간을 이용해 예배당에서는 태극기를 제작하였으며, 천안 쪽 길목, 수신 쪽, 충북 진천 쪽은 조병호, 조만형, 박봉래가 각각 담당하였다.

4월 1일 홍일선과 김교선 등은 병천시장에 나가 만세시위에 참여할 것을 권유하였으며, 오후 1시경 조인원은 시장의 군중 앞에서 독립선언서를 낭독하고 '대한독립만세'를 선창하였다. 이에 대해 시장 군중들은 조선의 독립을 크게 외쳤으며, 시장에서 약 50보 정도 떨어진 병천 헌병주재소의 소장 등 일경 5명은 만세 소리에 놀라 시장으로 출동하여 해산을 요구하였다. 그럼에도 불구하고 계속적인 시위로 군중이 점차 늘어나서 1,500여 명에 이르렀을 때, 헌병들은 권총을 발포하였다. 일제의 강제 진압으로 인해 현장에서 사망한 사람은 19명이며, 유관순을 포함하여 많은 참가자들은 부상을 당하거나 투옥되는 등의 어려움을 겪었다.

아우내 장터 만세 시위동상

3. 두 팔보다 소중했던 독립, 남전교회

전라북도 익산시 오산면 남전리 618
☎ 063-841-2095

| 군산의 예수 바람이 남전교회를 일으키고 |

전킨 선교사

익산지역 최초교회 남전교회는 1893년 전킨William M. Junkin, 전위렴 선교사가 전주를 방문하고 1894년 레이놀즈 선교사가 군산과 전주를 방문하는 과정에서 시작되었다. 또한 의료선교사 드루Adamer D. Drew, 유대모의 열정과 함께 군산은 미국 남장로회 최초의 선교구역이 되었다. 드루 선교사는 배 한 척을 구입해 금강과 만경강을 오르내리며 충청도와 전라도 북서부에 복음과 사랑의 씨를 뿌렸다.

익산에서 50리나 떨어진 군산의 전킨 선교사의 집을 왕래하면서 복음을 수용한 7명의 익산 성도들이 이윤국의 집에 모여 1897년 10월 15일 남전교회를 시작했다. 선교사들은 남전교회를 남차문Nam cha mun교회라 불렀다. 이후 1899년 12명의 남전교회 성도들이 세례를 받았고, 1901년 최초의 예배당을 세웠으며, 1910년 도남학교를 설립하고, 이후 미성학교라는 여학교를 세웠다.

| 솜리 만세운동과 익산 최초교회 남전교회 |

1899년 5월 군산항이 개항되고, 일본의 지배가 시작된 이래 '옥익구뜰'이라 불릴 정도로 비옥한 이 지역을 침탈하기 위해 익산군청과 헌병분대, 우편소 등이 솜리에

새로 자리를 잡게 되면서 솜리가 인근 지역의 중심적 역할을 하게 되었다.

4·4 솜리 만세운동은 남전교회 관계자 150여 명이 치밀하게 주도한 운동으로, 남전교회가 설립한 도남학교 어린 학생들까지 참여했다. 많은 주민이 참여한 대규모의 성공적인 만세운동이었다. 이날 정오경 익산역 앞에서 남전교회 최초의 한국인 최대진 담임목사, 김만순, 김필례 등을 비롯해 1천 명이 넘는 사람들이 만세운동에 참여했다. 4·4 만세운동으로 남전교회의 문용기, 박영문, 장경춘, 박도현 4명이 희생을 당했고, 서공유, 이충규를 포함해 모두 6명이 이때 순교를 당했다. 제암리교회나 매봉교회에 결코 뒤지지 않는 민족 사랑의 만세운동이었다.

남전교회는 6·25 때도 적지 않은 피해를 입었다. 그리고 1970년대는 기독교 인권운동으로, 1980년대는 반부패 운동을 통해 기독교인의 사회적 책임을 다하기 위해 노력했다.

| 일제에 두 팔이 잘려 순교한 문용기(1878-1919) |

4·4 솜리 만세운동을 주도한 사람은 남전교회 부설 도남학교의 교사였던 문용기(문정관)이다. 전북 익산 출신인 그는 이리 역전에서 개최된 군민대회에서 연설을 하고 만세시위에 나설 것을 역설했다. 예기치 못한 대규모 만세시위가 시작되자 일본경찰은 긴급하게 출동하여 강압적인 방법으로 시위를 진압했다. 오른손으로 태극기를 들고 만세를 부르던 문용기의 팔을 일본경찰이 내리쳤다. 문용기가 남은 왼손으로 태극기를 집어 들자 일본경찰은 왼손마저 내리쳤고, 그는 마지막까지 "대한 독립만세"를 부르다 순국했다. "여러분, 여러분, 이 붉은 피로 우리 대한 독립에 음조陰助하겠소!" 신앙인 문용기의 마지막 나라사랑의 표현이었다. '외팔이 여선생'으로 잘 알려진 3·1 운동 민족지사 여수 제일교회의 윤형숙 전도사의 모습과 흡사했던 그였다.

문용기 선생

일제는 문용기의 시신을 거두는 것마저 방해했다. 문용기의 부인 최정자는 야밤에 사람들과 그의 시신을 수습해 고향 뒷산 공동묘지에 안장하고, 남편의 피 묻은 한복 저고리와 두루마기는 땅속 항아리에 보관했다. 해방되고서야 그 옷을 멍석 위에 펴 놓고 통곡할 수 있었다. 지금은 그의 피 묻은 옷이 독립기념관에 소장되어 있다. 익산시는 이 사건을 기념하기 위해 1949년 4월 29일 순국열사비를 건립했고, 정부는 1977년 건국포장을 수여했다. 한국기독교장로회는 2000년 9월 25일 순교라는 피의 반석 위에 세워진 남전교회를 역사유적지 제1호로 지정했다. 그를 기념하는 충혼비가 오산면사무소 앞에 있다.

| 6·25 전쟁 순교자 박병호(1909-1950) |

1909년 태어난 박병호는 특별히 학문적 열정과 의협심이 강했다. 4·4 만세운동 때 희생당한 남전교회 박영문이 그의 매형이었다. 그는 해방 후 애국청년단을 인솔하고 대한독립청년단을 조직하여 반탁운동과 반공운동에 적극적으로 참여했다. 이후 오산면장이 되어 지역을 섬기기도 했으며, 남전교회의 목사관이 없는 사실을 알고 북참마을에 있던 일본이 남겨둔 적산가옥을 교회가 사용할 수 있도록 애쓰기도 했다.

1950년 한국전쟁이 일어났을 때 인민군이 제일 먼저 처형하려고 했던 사람은 다름아닌 박병호였다. 이 지역에 암약하던 토착 좌익세력은 그를 체포해서 북참마을 창고에 감금해서 심한 고문을 가하고, 1950년 8월 2일 익산시 영등동 소라산에 끌고가 처형했다. 그의 나이 41세에 그는 대한민국만세를 부르고 하나님께 기도를 드

박병호 순교비

린 후 이 땅의 삶을 마감했다. 남전교회는 2012년 8월 2일 늦게나마 그의 뜻을 기리기 위해 순교비를 세웠다.

박관준
이기선
주기철
최봉석
안이숙
박봉진
최인규
권원호
전치규
양용근
이기풍
한상동
조수옥
허성도
김윤섭
박의흠

제4장

결단의 골짜기에 선

신사참배 반대자들

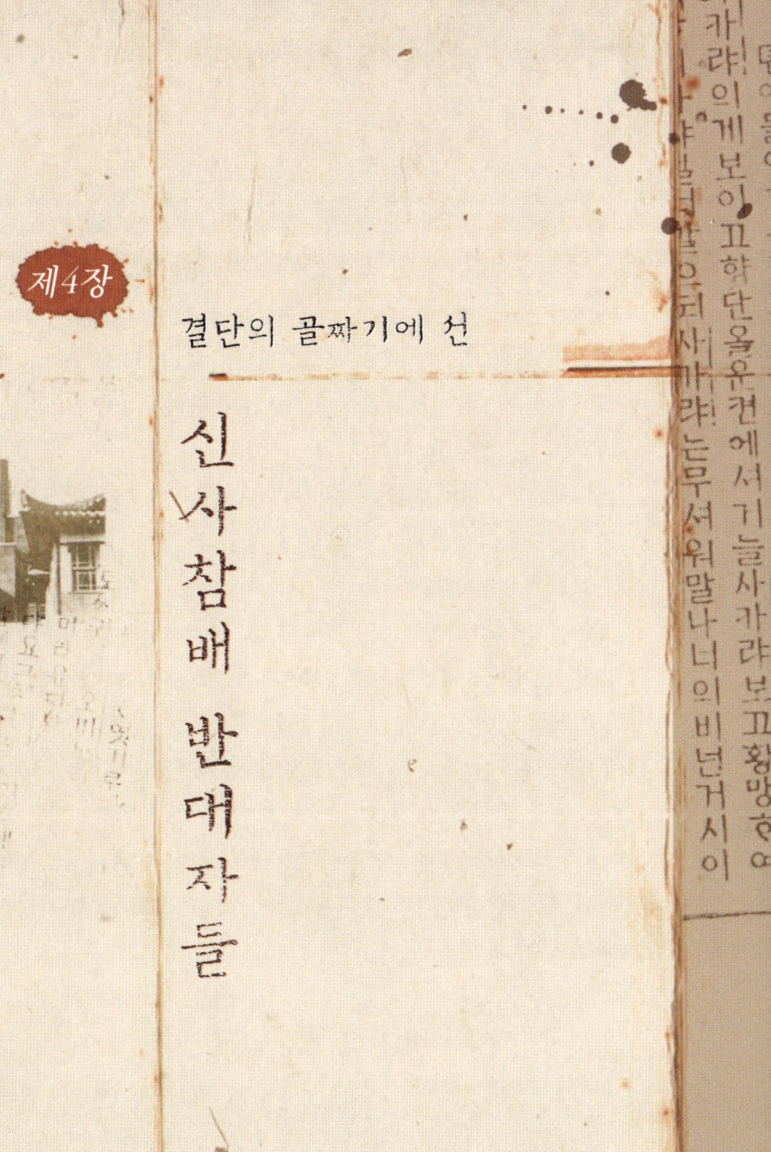

시대배경

결단의 골짜기에 선 신사참배 반대자들

단순한 국가 의식인가? 명백한 제1계명의 위배인가?

한국의 주권을 박탈한 일본은 한국지배를 영구히 하기 위해 무단통치에서 문화통치, 민족말살정책에 이르는 다양한 수법을 동원했다. 특히 구한말 들어온 개신교의 급격한 활약상에 주목한 일본은 각종 교육과 종교법안을 만들어 기독교 학교와 선교, 목회활동을 억압했다.

개신교는 한국 땅에 뒤늦게 들어왔지만 오래지 않아 한국사회와 민족의 현실문제에 깊숙하게 들어왔다. 여전히 적은 숫자였지만 개신교는 다양한 활동을 통해 민족의 독립과 사회적 역할에 적극 참여해왔다.

1930년도에 들어 한반도 너머 만주 쪽으로 일본의 정복야욕이 본격화되면서 한국을 일본화하려는 작업이 수행되었다. 창씨개명과 함께 신사참배와 황궁요배는 정신적으로 한국을 일본에 예속시키려는 일종의 노림수였다.

1935년부터 노골화된 신사참배 문제는 한국기독교의 마지막 '아골 골짜기'였다. 신사참배가 십계명의 제1계명을 위반하는 우상숭배가 아니며 합병된 일본 신민으로서 마땅히 행할 '국가 의무'라는 것이 일본의 간교한 정책의 핵심이었다. 강요와 억압이라는 이름으로 1938년 조선예수교장로회도 총회차원에서 이를 국가의식과 신민의 의무라 규정하고 신사참배에 굴복하고 말았다.

좁은 길에서 짊어진 십자가

1930년 후반부터 해방이 올 때까지 한국기독교인들이 선택할 수 있는 유일하면서도 가장 강력한 항거는 신사참배 반대였다. 비록 수동적인 방법이었지만, 일본 황궁이 있는 동쪽을 향해 절을 하는 것을 반대하고, 신사에 머리를 숙이는 것을 반대하는 것이 그들이 할 수 있는 작지만 가장 강력한 신앙운동이요 애국운동이었다.

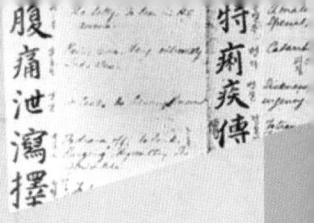

어린 손양원과 이기풍의 딸 이사례 같은 아이들이 학교에서 퇴학을 당하고, 주기철과 이기풍을 비롯한 많은 사람이 옥에 갇혀 고문을 당했으며, 최인규는 일본경찰의 억압으로 통통을 지고 거리를 돌아다녀야 했다. 한상동과 조수옥 등 14명은 해방이 오기 전 마지막까지 평양형무소에서 지내야 했고, 만주에서 김윤섭은 열 번 넘게 옥에 갇혀야 했다. 수많은 선교사는 강제로 추방을 당하고, 칠흑같이 어두운 조선의 운명 가운데 해방이 올 것이라고 외치는 것조차 힘들어 보였다.

일제 말기 한국 개신교인들의 분포도를 볼 때 감옥에 있던 사람들은 극히 일부였다. 오히려 많은 사람이 하나 둘씩 신사에 절을 하고 감옥에서 나왔다. 다섯 번이나 감옥에 갇힌 주기철 목사에게 가장 참기 어려웠던 것은 모두가 감옥에서 나가고 소수가 남아 있었을 때 느낀 고독감이었다. 비록 독립투사는 아니었지만, 신앙에 충실한 이들의 삶과 신사참배 반대 투쟁은 외연적으로, 민족독립운동과 같은 큰 영향을 미쳤던 것이 확실하다. 진실하고 올곧은 신앙인은 진정 민족을 사랑하는 자일 수 있기 때문이다.

살아남은 자들의 과제

1945년 8월 17일 평양형무소에서 출옥한 14명으로 상징되는 신사참배 반대자들의 기쁨은 오래가지 않았다. 기적적으로 빨리 물러간 일본의 지배 대신 좌익과 우익의 분열과 대치, 소련과 미국이라는 강대국의 개입이 기다리고 있었다. 뿐만 아니라 일제에 협력하거나 침묵한 다수의 기독교 지도자들의 정치력과 수적 우세도 만만치 않았다.

신사참배 반대로 순교하거나 옥중수난을 당한 자들에 대한 자료는 해방 70여 년이 다된 지금도 온전하게 정리되지 않고 있다. 친일청산은 분단이데올로기 청산 못지않게 아직도 힘들다. 우리가 여기서 시도하는 신사참배의 수난과 순교의 역사를 되돌아보는 것은 오늘날 한국교회가 어디로 갈 것인가를 묻는 첫 번째 단계인지 모른다.

피 묻은 민족의 십자가를 지고 산 사람, 박관준 1875-1945

- **1875.** 평북 영변에서 출생
- **1905.** 기독교에 입문
- **1912.** 서울에 올라와 3년간 의학을 공부
- **1914. 5.** 평안도 일대를 돌아다니며 의료 활동 및 교회 개척
- **1935.** 일본의 신사참배 요구가 학교 및 교회로 확산되자 수차 총독을 찾아가 경고문을 전달
- **1939. 3.** 제74회 일본제국 중의원에 침투, 기독교 탄압 종교법안 반대 진정서 투척, 체포
- **1945. 3. 11.** 평양형무소 수감 중 병보석으로 풀려나 3일 후 세상을 떠남

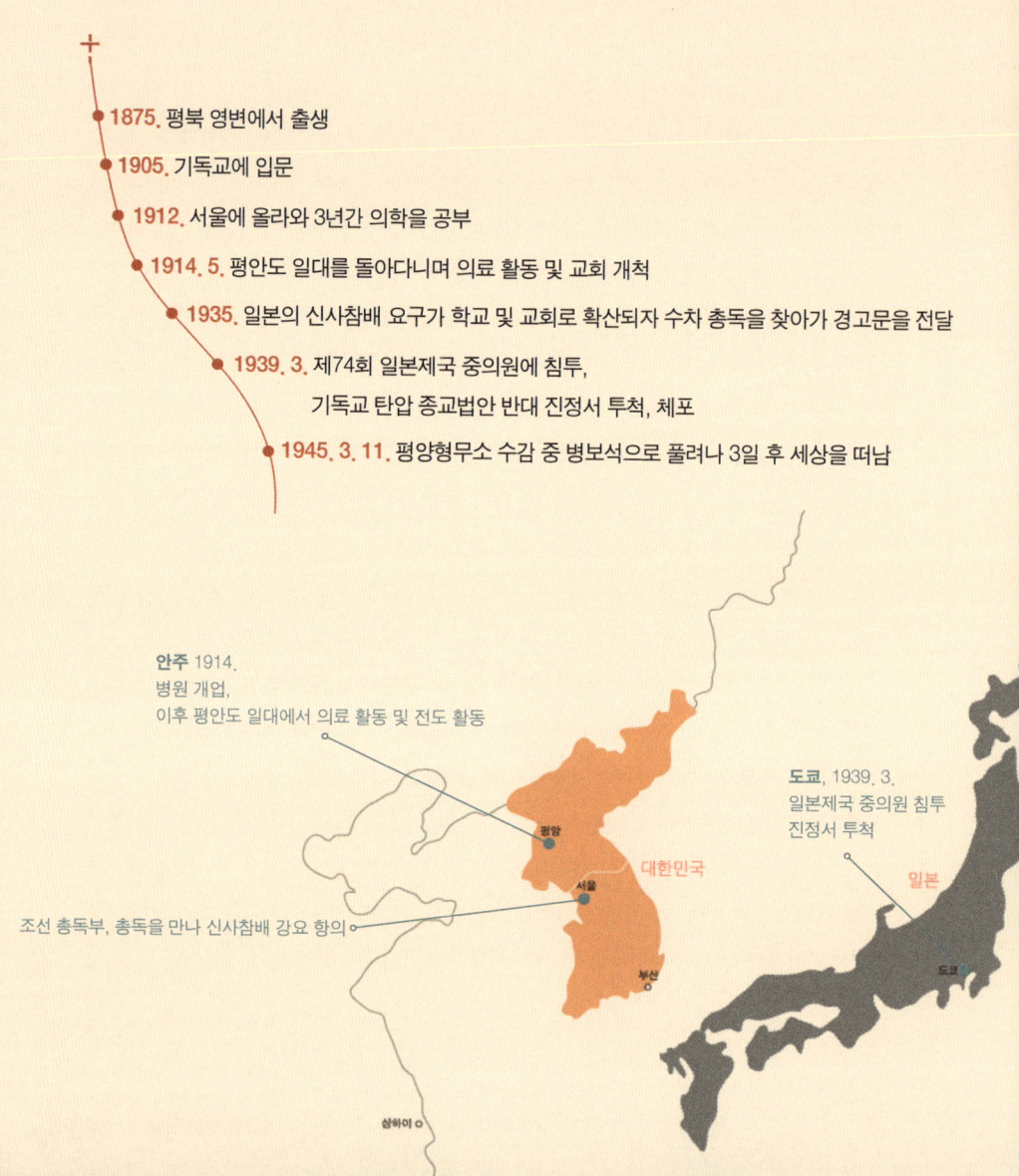

안주 1914.
병원 개업,
이후 평안도 일대에서 의료 활동 및 전도 활동

조선 총독부, 총독을 만나 신사참배 강요 항의

도쿄, 1939. 3.
일본제국 중의원 침투
진정서 투척

> 그날에 주께서 다시 그의 손을 펴사 그의 남은 백성을 앗수르와 애굽과 바드로스와 구스와 엘람과 시날과 하맛과 바다섬들에서 돌아오게 하실 것이라 사 11:11

| 종교에 관심이 많았던 탕자 |

박관준은 1875년 4월 13일, 부호가 많기로 이름난 평안북도 영변에서도 손꼽히는 부자 박치환의 넷째 아들로 태어났다. 그러나 형들이 모두 한두 살 때 사망하고 외동아들이 되면서 선조 대대로 물려받은 재산을 모두 독차지하게 되었다. 열 일곱에 아버지를 잃고 4년 뒤에 어머니마저 여읜 박관준은 넉넉한 재정에 자유분방한 생활을 했다. 당시 평양 다음 간다는 색향色鄕인 평북 강계를 찾아가 돈을 물 쓰듯 하며 질탕한 나날을 보냈다. 강계 관가에서 일하던 동향 선배의 주선으로 산림 별장의 관직을 맡으면서 젊은 몸으로 부하들까지 거느리게 되자 이런 삶은 계속되었다.

박관준은 한때 기생첩을 얻는 등 탈선 생활을 원없이 하면서도 마음속에 움트는 종교적 갈망을 버릴 수 없었다. 그는 동양 고대 종교에 깊은 이해를 하고 있었고 승려들이 지나가다 시주를 청하면 불러들여 후히 대접하고 밤새 진지하게 불경에 관해 토론을 하기도 했다. 유교 선비를 찾아 토론을 즐겨했고 동학사상에도 심취해 그 방면의 인사들도 많이 알고 있었다. 그러던 그가 마지막으로 찾은 것이 십자가의 도였다.

| 십자가의 피 묻은 벽에 서서 |

1905년 가을 어느 날, 서재에서 독서를 하는데 갑자기 공중에서 높은 음성이 들려왔다. '절벽유위絶壁唯危면 혈벽립血壁立하라!', 여기서 '절벽'은 그의 방탕한 생활이 절벽과 같이 위험한 생활이란 뜻이고, '혈벽'은 십자가 종교를 의미했다. 이 사건을 계기로 그는 방탕한 생활을 청산하고 십자가의 피 묻은 벽에 서야만 살 수 있다고 깨닫고 기독교로 개종하기로 했다. 몇 해 동안 교회 생활을 열심히 하던 그는 십자가 종교를 통해 심령에 큰 변화가 생겼다. 자기중심의 인간이 하나님 중심으로, 정욕의 생활에서 복음을 위한 생활로, 자기 본위의 생활에서 이타주의 봉사 생활로 바뀌었다.

박관준 장로

1912년, 박관준은 격동하는 시대에 부응하는 새로운 직업을 가지기 위해 서울로 올라가 3년간 서양 의학을 공부했다. 마침내 1914년 의생면허를 얻어 평안남도 안주읍에 병원을 개업하고, 의사가 없는 무의촌을 돌아다니며 교회를 세우고 의료봉사를 했다. 평안남도 개천에서는 십자의원이라는 이름을 걸고 개원하였으며, 그의 진찰실에는 "나는 육신의 병을 치료함과 동시에 영혼의 병을 치료하기를 갈망한다."는 원훈이 걸려있었다. 이것이 곧 그의 신조였다. 박관준은 분망한 생활 중에서 개천읍 교회를 열심히 섬겼는데, 당시 담임 목사는 한일병탄을 반대하여 일본군에게 무력 투쟁을 했던 의병 대장 출신 김의창이었다. 몇 해 후 서른세 살의 황구학 목사가 부임했는데, 그는 남다른 판단력과 강한 실천력의 소유자로서 일면 열렬한 민족주의자였다. 백색의 무명이나 모시 두루마기를 입었고 일본말도 전혀 사용하지 않았다. 박관준은 그렇게 민족의식과 애국심이 강한 개천읍 장로교회에서 초대 장로로 장립을 받았다. 박 장로는 이후 평양에 병원을 개원해 활동하다가 도시생활을 청산하고 고향이 가까운 영변 태평시로 이사했다.

| 그리스도의 정병이 되어 |

일본의 신사참배 강요가 본격적으로 시작될 무렵인 1935년 어느 날 밤, 박관

준은 환상 하나를 보았다. 교회당에서 기도하는데 흰 옷 입은 이가 나타나서 "이제부터 그리스도의 정병을 뽑는다. 나를 위해서 피를 흘릴 자가 누구냐?"라고 물었다. 이에 박관준은 "내가 피를 흘리겠습니다." 크게 대답하고 소리 나는 쪽을 바라보니 그 거룩한 이가 두루마리 종이를 들고 서 있었다고 한다. 두루마리에는 45명의 이름이 적혀 있었는데, 제일 첫 줄에 자신의 이름 '박관준'이 선명하게 씌어 있었다. 환상을 보고 박관준은 조선 기독교에 위기가 닥쳐온다면 누구보다 먼저 제일선에 나서 투쟁하겠다고 결심했다.

당시 평양의 '삼숭' 자매학교인 숭실전문학교와 숭실중학교, 숭의여학교는 신사참배 문제로 존폐의 갈림길에 직면해 있었다. 이전에 중학생들이 부분적으로 강요에 못 이겨 신사참배에 응했으나 이번엔 세 학교가 모두 신사 참배를 하느냐 거부하느냐 하는 문제에 봉착했다. 당시 숭실전문학교의 교장이던 선교사 조지 맥큔George S. McCune, 윤산온 박사는 애초부터 강경히 신사참배를 반대하여 평안남도 학무과와 정면충돌을 일으켰다. 이런 상황을 전해 들은 박관준은 평안남도 도청을 방문해 일본인 학무과장을 만나 신사참배 강요의 부당성을 소리 높여 역설했다. "당신은 현세에 나타나 있는 지상 국가만 눈에 보이는 모양이오. 눈을 밝히 뜨고 만국 만왕을 호령하시는 하나님의 영적 왕국을 한 번 보시오. 만유의 대주재이신 하나님께 불경하면 진노의 채찍을 면치 못하오. 공의로우신 하나님의 지상 심판을 당신뿐 아니라 일본 제국도 면할 길이 없을 것이오."

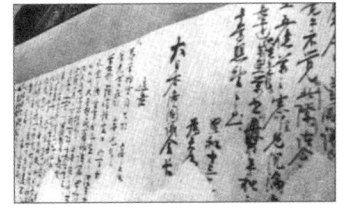
미나미 총독에게 보냈던 건의문

박관준은 우가키宇垣一成 총독 시대부터 미나미南次郎 총독에 이르기까지 꼭 열 번에 걸쳐 경고문을 총독부에 보내고 직접 면회를 요청해 신사참배 문제는 자유에 맡기고 정부 당국에서는 강요치 말 것을 거듭 경고했다.

| 죽으면 죽으리다 |

1938년 9월 일제가 신사참배 가결을 강행시킨 장로교 총회가 개최되기 전날, 박관준은 반대 투쟁의 격문까지 준비해 놓고 있었으나 경찰서 고등계 형사들이 자택에 들이닥쳐 그를 갑자기 검거했다. 강경한 신사참배 반대자인 주기철 목사도 예비 검속을 당했다. 박관준은 20일 뒤 출소하여 평양신학교 이인재 전도사의 숙소를 찾아가 총회 결과를 알아보았다. 아니나 다를까 굴욕적인 신사참배 결의 사실을 들으니 더욱 통분함을 금할 수 없었다. 그는 신앙 동지인 이 전도사에게 최근 결심한 심정을 한시로 써서 내어 주었는데, 그 내용은 다음과 같다.

"인생엔 한 번 죽을 때가 있으니 어찌 죽을 때에 죽지 않으리. 그대 홀로 죽을 때에 죽었으면 천추에 죽어서도 죽지 않으리. 죽을 때가 와도 죽지 않으면 살아서 즐거움이 죽음만 같지 못하리라. 예수님이 나를 위해 돌아가셨으니 이번엔 내가 주를 위해 죽으리라."

박관준 장로와 안이숙

박관준은 미나미 총독과의 정면 투쟁에서도 승산이 없자 선천 보성여학교 음악 교사였던 안이숙을 대동하고 일본으로 건너가 중앙정부에 대항해 투쟁하기로 했다. 동경 일본신학교에서 공부하고 있던 외아들 박영창과 합류해 종교법이 상정되는 제74회 일본제국 중의원에 잠입하였다. 그는 국회 의장의 개회 선언이 있자마자 2층 방청석에서 일어나 "하나님의 대사명이다."라고 외치면서 신사참배 강요 정책 철폐, 신앙 자유 및 인권 탄압 규탄, 국교 개종 창립 등을 요구하는 폭탄적 선언문을 던졌다. 이 메시지는 약 5천 자에 달하는 정의의 도전장이요 진리에 대한 선전포고문이었다. 회의장은 아수라장이 되었고, 박관준은 일행과 함께 체포되어 투옥되었다가 1개월 후 한국으로 강제 압송되었다.

박관준의 고난은 이후에도 계속되었다. 1941년 봄에는 천황에 대한 반역자로 투옥되어 옥중생활을 했다. 그리고 1945년 1월 1일부터 죽음을 각오하고 70일 금식기도에 돌입했다. 금식기도 70일째 되는 3월 10일, "밖으로 나가 3일간 성경을 가르치고 하나님 앞으로 오라."는 소리를 듣고 1945년 3월 11일 병보석으로 나와 평양기독병원에 입원했다. 박 장로는 병원에서도 문병자들에게 전도하고 3월 13일, 이사야 11장 10-16절을 유언으로 남기고 순교했다. 그의 시신은 가족들에 의해 평양교회 공동묘지인 돌박산에 순교자 주기철, 최봉석 목사의 옆자리에 안장되었다.

그 날에 이새의 뿌리에서 한 싹이 나서 만민의 기치로 설 것이요 열방이 그에게로 돌아오리니 그가 거한 곳이 영화로우리라 그 날에 주께서 다시 그의 손을 펴사 그의 남은 백성을 앗수르와 애굽과 바드로스와 구스와 엘람과 시날과 하맛과 바다 섬들에서 돌아오게 하실 것이라 여호와께서 열방을 향하여 기치를 세우시고 이스라엘의 쫓긴 자들을 모으시며 땅 사방에서 유다의 흩어진 자들을 모으시리니 에브라임의 질투는 없어지고 유다를 괴롭게 하던 자들은 끊어지며 에브라임은 유다를 질투하지 아니하며 유다는 에브라임을 괴롭게 하지 아니할 것이요 그들이 서쪽으로 블레셋 사람들의 어깨에 날아 앉고 함께 동방 백성을 노략하며 에돔과 모압에 손을 대며 암몬 자손을 자기에게 복종시키리라 여호와께서 애굽 해만을 말리시고 그의 손을 유브라데 하수 위에 흔들어 뜨거운 바람을 일으켜 그 하수를 쳐 일곱 갈래로 나누어 신을 신고 건너가게 하실것이라 그의 남아 있는 백성 곧 앗수르에서 남은 자들을 위하여 큰 길이 있게 하시되 이스라엘이 애굽 땅에서 나오던 날과 같게 하시리라 사 11:10-16

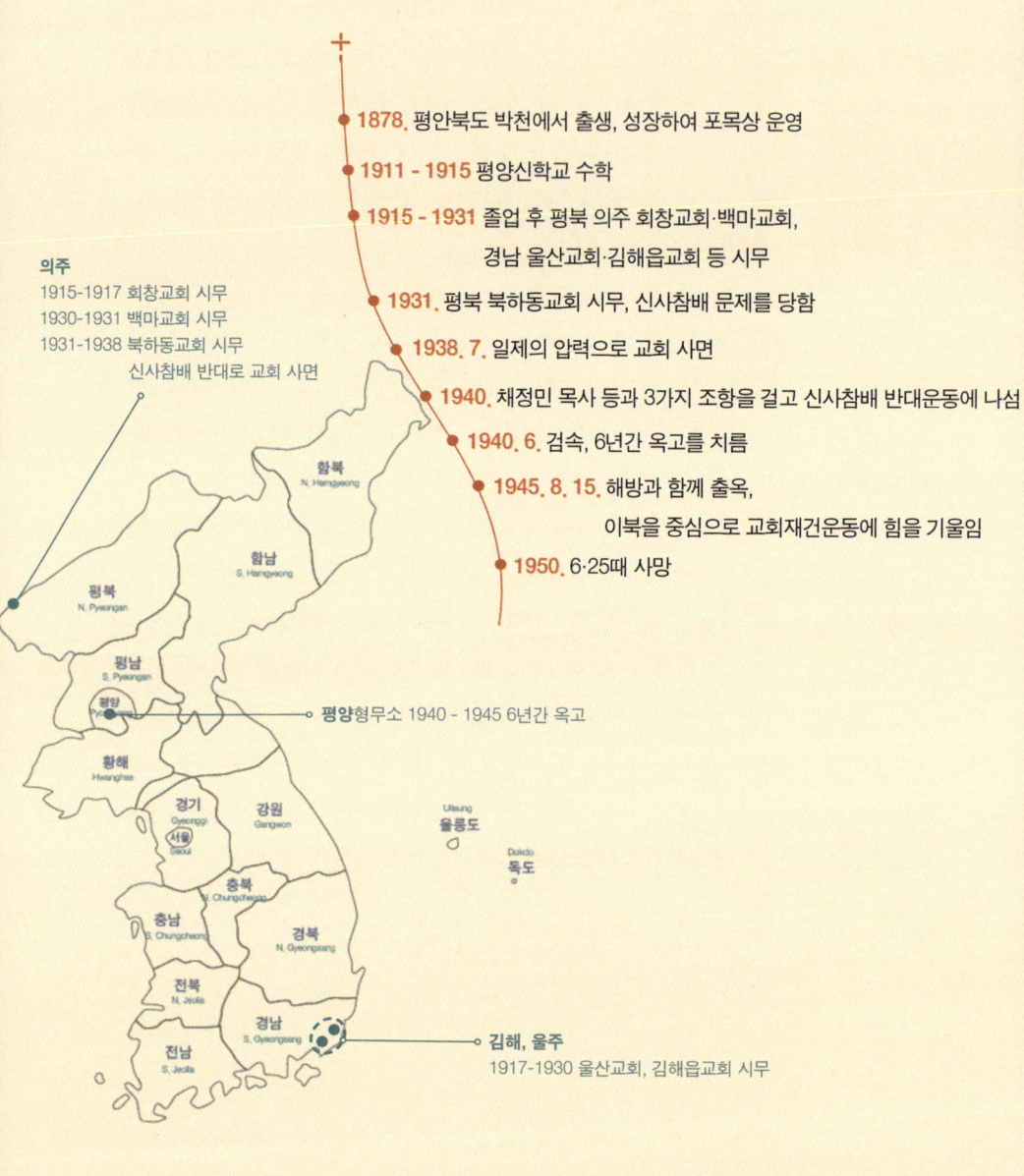

우리는 어디까지나 진리를 파수하고 신사참배와 같은 허무한 것으로 계명을 위반하는 행위를 하지 말고 계명을 준수하여 재림을 영접해야 합니다.

| 일본 경찰서장의 아들을 고쳐준 목사 |

이기선 목사

1878년 평안북도 박천에서 태어난 이기선은 포목상을 경영하다가 1905년경 뒤늦게 예수를 믿고, 1911년 신학교에 입학해서 1915년 평양신학교를 졸업하고 목사가 되었다.

1931년경 그가 평북 의주군 북하동교회에서 목회하고 있을 때였다. 이기선은 의주 경찰서의 일본인 서장과 특별한 교분이 있었다. 그래서 일본인 서장의 외아들이 병으로 죽을 고비를 당하게 되자, 이기선 목사를 초대해 안수기도를 받고 병이 나은 일이 있었다. 이 일로 인해 이기선 목사가 의주 지역에서 집회를 하는 경우 일본인 서장이 나름 보호막이 되어 주었다. 하지만 문제는 이기선이 다른 지역에서 집회할 때였다. 그래서 경찰서장이 이기선 목사에게 다른 지역에서는 좀 주의를 하라고 조심스레 말하자, 그는 다음과 같이 대답하였다.

"여보시오. 서장님. 나를 예수의 이름으로 천당 지옥을 팔아서 밥벌이하는 직업적 종교꾼으로 아십니까? 나는 하나님의 영광과 예수님의 구속을 전하는 목사입니다. 한국교회 교인들이 신사참배를 하다가 지옥에 가는 모습을 보면서 어떻게 침묵을 지킨다는 말입니까? 나는 하나님의 계명을 지키라고 외치지 않을 수가 없소."

| 신사참배 반대의 정신적 지주 역할을 한 사람 |

1938년 일제의 신사참배 강요가 극심해지면서 제27회 장로교 총회에서 불법적으로 신사참배가 가결된 것을 끝으로 대부분의 교파가 일제의 요구에 굴복하였다. 이기선 목사는 북하동교회를 사면하고 무임 목사로 전국을 돌며 신사불참배 운동을 전개했다. 이때 세웠던 기본 방침은 신사참배를 강요하는 학교에 자녀를 입학시키지 말 것, 신사참배 반대운동을 일으켜 신사참배에 동참하는 현실 교회를 약화·해체 시킬 것, 신사참배에 반대하는 신도를 규합하여 가정예배를 드리며 그것을 육성하여 교회를 신설할 것 등이었다. 이 방침이 전국에 있는 동지들에게 전달되자 이때부터 만주, 평안도, 경상도에서 신사참배를 반대하는 성도들이 교회를 이탈하여 가정에서 혹은 산에서 예배를 드리는 그룹 예배가 성행하게 되었다.

이기선 목사는 신사참배 반대운동에 정신적이고 영적인 맏형 역할을 하면서 많은 이에게 깊은 영향을 주었다. 특히 신사참배를 반대하다 순교한 주기철 목사와의 관계는 주목할 만하다. 이기선 목사가 경남 김해읍교회를 맡고 있을 때, 당시 건강문제로 연희전문학교를 휴학하고 고향에서 요양하고 있던 주기철 목사를 중매하고 결혼 주례를 했다. 주기철 목사가 신사참배 반대운동을 한 신학적 기초도 어찌 보면 이기선 목사를 통해 만들어진 것이다. 당시 그에게 성경을 배우고 이후 신사참배 반대운동에 나선 사람 가운데는 주기철 목사를 비롯하여 주남선, 최상림, 방계성, 이약신, 손양원, 손양원 목사의 아내 정양순이 포함되어 있다. 주기철 목사의 장남 주영진 전도사도 그의 영향을 받아 순교했다.

그뿐만 아니라, 개신교 초기부터 해방 시점까지 한국교회 대들보 역할을 했던 산정현교회에 이기선 목사가 미친 영향도 적지 않았다. 신사참배를 반대하고 교회를 지키던 이들이 후에 공산주의와 타협하지 않고 신앙을 지키는 데에도 큰 영향을 미쳤다. 채정민 목사, 심을철 목사, 오윤선 장로, 양재연 장로, 장기려 장로 등은 모두 이기선 목사의 신앙적 영향을 받은 사람들이다.

| 목사의 본분 |

이기선 목사는 평안남도의 한 교회에서 부흥회를 인도하다가 평양경찰서에 체포되어 심한 고문을 받았고, 이후 6년에 걸친 기나긴 감옥생활을 시작하였다. 그를 회유하기 위해 일본경찰은 다른 한국 기독교인들에게 사용했던 비슷한 방법들을 사용했다. 한번은 경찰이 미국에서 공학박사가 된 아들 이정근의 편지를 가지고 그를 회유했다. 아버지의 고생을 걱정한 아들이 신사참배를 모른척 넘어갈 수 없느냐는 내용을 편지로 보내온 것이다. 이에 이기선 목사는 다음과 같이 말했다.

"세상 지식으로 말하면 나는 지식이 많지 않지만, 아들은 세계가 알아주는 공학박사이니 지식적으로 보면 내 선생격일 것입니다. 그러므로 사제의 관계로만 본다면 그 청을 들어주는 것이 옳을 것이고, 또 혈육의 관계인 부자간의 입장에서만 생각한다고 해도 그 요청을 들어주는 것이 옳을 것입니다. 하지만 신앙적으로 말하면 이 사람은 평신도이고 나는 이 사람을 지도하는 목사입니다. 그러므로 이 신사참배 문제는 신앙에 관한 문제이므로 평교인인 아들이 아버지가 고생하는 것이 하도 딱해 보여서 철없이 한 말이니 생각해 볼 가치도 없습니다."

이 말에 경찰국장은 머리를 숙였다. 그리고 속으로 중얼거렸.

'이 목사님은 참 위대한 분이다. 목사가 되려면 저런 목사가 되어야 해…….'
일본경찰은 신사참배를 선동하면서 돌아다니지 못하도록 발목을 부러뜨리고 심한 고문을 가했지만, 이기선의 신앙적 열정을 꺾을 수는 없었다.

| 북한을 떠나지 말라 |

해방과 함께 그는 출옥했다. 하지만 해방 이후의 그의 삶과 사역은 북한지역을 차지한 공산당과 갈등을 일으켰다. 신앙의 지조 때문이었다. 먼저 주일인 1946년 11월 3일에 인민총선거를 하는 것이 많은 기독교인을 어려운 상황으로

신사 참배 반대자들 + 165

몰아넣었다. 그리고 공산당이 북한지역을 장악해 가면서 신앙인들이 기독교도 연맹에 가입하는 문제, 교회 마당에 인민공화국 국기를 게양하는 문제 등으로 교회가 술렁이게 되었다. 이런 어수선한 상황에서 적지 않은 지도자들이 자유로운 남한지역으로 떠났다. 그렇지만 이기선 목사는 남한으로 피난을 가지 말고 북한의 교회를 지키자고 주장을 했는데, 이런 일이 더욱 그를 옭아매었다.

이런 상황에서 신의주시 의주군 노회, 의산노회에서는 그를 강단에 세우지 말고 설교도 시키지 말것을 결의했다. 이는 1947년 3월에 이루어진 당시 잘못된 길을 걸어간 기독교인들의 치욕스런 결정이었다. 신사참배를 하고 일본에 협력한 목회자들은 그 시대에도 공산당에 협력하며 쉽게 사역을 하는데 이기선 목사는 또 다른 십자가를 지어야 할 시점이 되었다.

1945년 8월 17일 평양형무소에서 출옥한 성도들

이기선 목사의 마지막에 대한 정확한 정보는 많이 알려진 바가 없다. 하지만 평생의 그의 발자취를 볼 때, 한국전쟁이 시작되면서 순교한 것이 아닐까 하고 조심스럽게 유추해 볼 뿐이다.

신사참배와 공산치하를 겪으면서 이기선 목사는 정치운동을 한 것이 아니었다. 그저 신앙의 정절을 지키면서, 성경을 중심으로 한 교회의 화합과 단결을 호소하고 자신이 직접 모범을 보여준 것이 다였다. 이기선 목사의 삶의 기준은 성경, 곧 하나님의 말씀이었다.

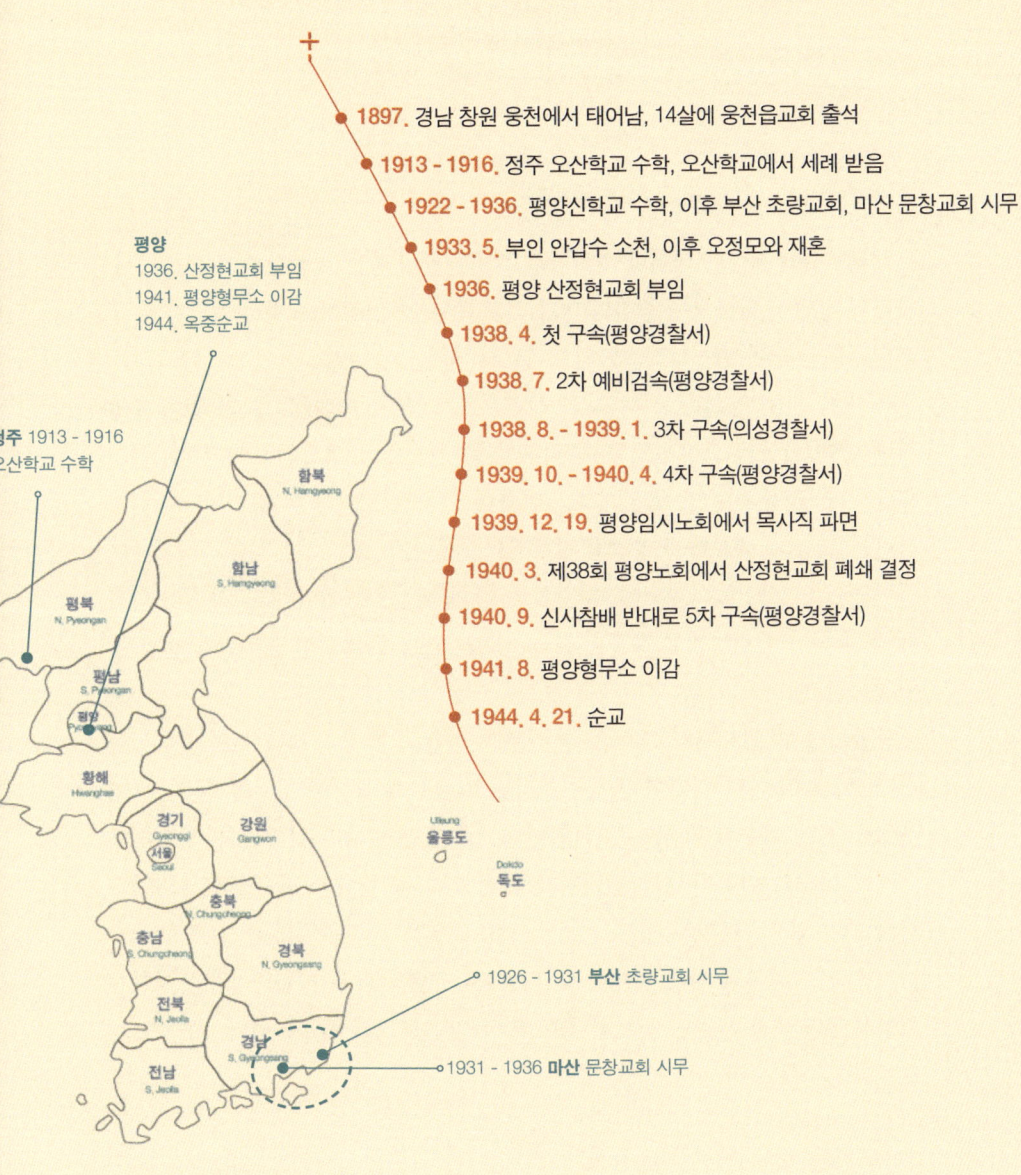

주 여호와의 말씀이니라 보라 날이 이를지라 내가 기근을 땅에 보내리니 양식이 없어 주림이 아니며 물이 없어 갈함이 아니요 여호와의 말씀을 듣지 못한 기갈이라 사람이 이 바다에서 저 바다까지, 북쪽에서 동쪽까지 비틀거리며 여호와의 말씀을 구하려고 돌아다녀도 얻지 못하리니 그 날에 아름다운 처녀와 젊은 남자가 다 갈하여 쓰러지리라 암 8:11-13

| 의義에 살고 의에 죽게 하여 주시옵소서… |

"사람이 이 세상에 태어나서 사람으로서 마땅히 행하여야 할 의가 있습니다. 나라의 신민이 되어서는 충절의 의가 있고, 여자가 되어서는 정절의 의가 있고, 그리스도인 되어서는 그리스도인으로서의 의가 있습니다…….

백이 숙제 두 형제는 은殷나라의 신민으로서 주周 나라에 살 수가 없어 수양산에 숨어 서산의 고사리를 뜯어 먹다가 굶어 죽으니 백세청풍百世靑風이 불고 있습니다. 정몽주는 망하는 고려를 위하여 선죽교에 피를 뿌리는 대竹야 났으랴마는 그 절개 대보다 청청창창 시푸르도소이다.

이는 우리 선인들의 나라를 사랑하는 충의 대절忠義大節입니다. 사람이 나라에 대한 의가 이러하거늘 하물며 그리스도인 되어 주님 향한 일편단심 변할 수 있겠습니까?

못합니다. 못합니다. 그리스도의 신부는 다른 신에게 정절을 깨뜨리지 못합니다. 이 몸이 어려서 예수 안에서 자랐났고 예수께 헌신하기로 열 번 백 번 맹세했습니다. 예수의 이름으로 밥 얻어먹고 영광을 받다가 하나님의 계명이 깨어지고 예수의 이름이 땅에 떨어지게 되는 오늘 이 몸이 어찌 구구도생區區圖生 피할 수가 있겠습니까?"

이 설교는 일본에 의해 강제로 목사직에서 파면당한 후 1940년 2월 산정현교회에서 담임목사로 있던 주기철 목사의 마지막 설교의 일부분이다. 주 목사는 같은 해 9월 총 5번째로 검속되어 고난의 감옥생활을 하다가 1944년 4월 21일 순교했다.

| 한국기독교의 시작, 웅천에서 동방의 예루살렘 평양으로 |

주기철 목사

신사참배 반대의 대표자인 주기철 목사는 1897년 11월 25일 경상남도 창원군 웅천면 북부리에서 태어났다. 웅천은 1593년 12월에 이순신과 조선의병에 막혀 주춤하던 고니시 유키나가 小西行長 장군이 일본에서 세스페데스 Gregorio de Cespedes 신부를 데려와서 하나님의 이름을 이곳에 가져온 사도마을이 있는 곳이다.

주기철 목사는 남강 이승훈이 세운 오산학교에서 공부한 후, 1916년 연희전문학교에 입학했으나 눈병으로 고향에 돌아왔다. 3·1 운동에 참여하는 등 민족의 현실을 관심 있게 보았으며, 동시에 고향 교회에서 헌신적으로 사역했다. 그러던 중 1920년 9월 마산 문창교회에서 열린 김익두 목사의 부흥회 때 은혜를 받고 거듭남을 체험했다. 이후 1926년 평양신학교를 졸업하고, 부산 초량교회와 마산 문창교회를 거쳐, 오산중학교 시절 스승이던 조만식 수석 장로의 권유로 1936년 평양 산정현교회 담임목사로 부임했다.

| 시대의 십자가를 짊어지고 산 사람 |

시대를 보는 주기철 목사의 눈은 하루아침에 이루어지지 않았다. 주기철은 자신이 경남노회장으로 있던 1935년 5월 금강산 온정리에 있는 장로교 수양관에서 250여 명의 지도자가 모인 가운데 '예언자의 권위'라는 주제로 말씀을 전했다.

"선지자 예레미야는 자기의 조국 유다가 망하는 것을 보면서 눈물 흘리고 회개하라고 목청이 터져라 외쳐댔건만, 오늘의 목사님들은 왜 현세의 권력에 아부만 하고 일본의 태평성대를 찬양하며 눈물은커녕 오히려 이 사악한 시대와 어두운 현실에 아첨만 하고 있습니까? 세례 요한은 동생의 아내와 간통한 헤롯 왕을 그 앞에서 책망하였습니다. 죽이고 살리는 권한을 한 손에 들고 있는 임금 앞에서 그 죄를 책망하는 세례 요한은 물론 일사각오—死覺悟였고, 그 일사각오 후에 선지자의 권위가 섰습니다. 그런데 오늘날 목사님 여러분들은 강단 앞에서 하고자 하는 말을 왜 못합니까? 몰라서 말을 못합니까? 알고도 모른 체 하는 것입니까? 왜 벙어리가 되어 떨고만 있습니까?"

그러나 안타깝게도 주기철 목사의 설교는 계속될 수 없었다. 감시하던 일본 경찰이 그를 끌어내었다.

1936년 산정현교회에 부임한 주기철의 첫 설교는 '신사참배는 십계명의 제1계명과 같이 여호와의 이름에 대한 범죄요 하나님께 대한 배신이다.'라는 것이었다. 그러다 보니 자연스레 그의 사역이 평탄할 리가 없었다. 부임한 후 크게 성장하던 교인들을 위해 새로 예배당을 건축하고 1938년 4월 입당예배를 드리기 바로 전 그는 첫 번째로 검속되었다.

평양 산정현교회 신축예배당(1938)

1938년 9월 조선예수교장로회 총회에서 신사참배를 결의할 당시에도 이미 두 번째로 검속된 후였다. 여기서 끝이 아니었다. 주기철 목사는 경북 의성농우회 사건을 빌미로 세 번째로 검속됐다. 어떤 목사는 고문이 시작되기가 무섭게 죽어 나갔고, 어떤 이는 병원에 실려간 지 8일 만에 죽었으며, 어떤 젊은 전도사는 정신이상자가 되었다. 70명이 잡혀 와 죽어 나가거나 배교를 하고 나가 마지막 네 명이 남아있을 때 주기철 목사가 느낀 정신적인 고독감은 배고픔이나 고문보다 더 힘든 싸움이었다.

거의 반년 만에 무혐의 처분으로 돌아와 보니 그의 목사직은 이미 박탈되어 있었다. 감옥에서 입고 나온 옷을 그대로 입은 채 산정현교회 강단에 오른 그는 담임목사로서 자신의 마지막 설교였던 '나의 기도의 5종목'을 눈물로 설교했다. 그리고 1940년 9월 5차 검속되어 말로 표현할 수 없는 박해와 고문을 당하고 순교자가 되었다.

주님이 지신 십자가인데

이제 영영 돌아오지 못한 것을 예감했을까? 다섯 번째 구속되기 직전 주기철 목사는 늙은 어머니의 손을 꼭 잡고 말했다. "어머니! 하나님께 어머니를 맡겨 놓았습니다." 모여든 20여 명의 산정현교회 재직들에게 "저 높은 곳을 향하여…" 찬송가 한 장을 부르자고 했다. 그리고 조용히 아모스 8장 11-13절을 읽었다. 그리고 다음과 같이 마지막 설교를 했다.

"주님을 위하여 이제 당하는 이 수욕을 내가 피하여 이다음 주님이 '너는 내 이름과 내 평안과 내 즐거움을 다 받아 누리고 내가 준 그 고난의 잔을 어찌하고 왔느냐?'고 물으시면 내가 무슨 말을 하겠습니까? 주님을 위하여 져야 할 십자가, 주님이 주신 이 십자가를 내가 피하였다가 주님이 이다음에 '너는 내가 준 십자가를 어찌하고 왔느냐?'고 물으시면 내가 어떻게 주님의 얼굴을 뵈올 수 있겠습니까? 오직 나에게는 일사각오가 있을 뿐입니다."

이렇듯 주기철 목사는 담대히 주님이 지신 그 십자가를 감내하였다. 그리고 올곧게 신앙생활을

웅천교회

주기철 목사 순교기념비

하며, 아버지 주기철의 신앙과 정신을 평생 뒤쫓았던 아들 주광조 장로는 2011년 6월 27일 하늘의 부름을 받았다.

예수천당 불신지옥, 최봉석 1869-1944

- **1869.** 평양에서 출생
- **1900.** 평양감영의 감찰관으로 재직 중 횡령에 연루되어 평안북도 삭주로 유배
- **1902.** 삭주교회 백유계 영수로부터 복음을 듣고 회심
- **1905.** 삭주교회에서 영수로 피택
- **1907.** 벽동교회 조사로 활동
- **1913. 8.** 평양신학교 졸업 후 만주 전도목사로 파송
- **1926 - 1939** 평양을 중심으로 전도사역
- **1939. 5. 15.** 신사참배 반대로 투옥
- **1944. 4. 15.** 투옥 중 40일 금식기도 시작, 병보석으로 석방 후 순교

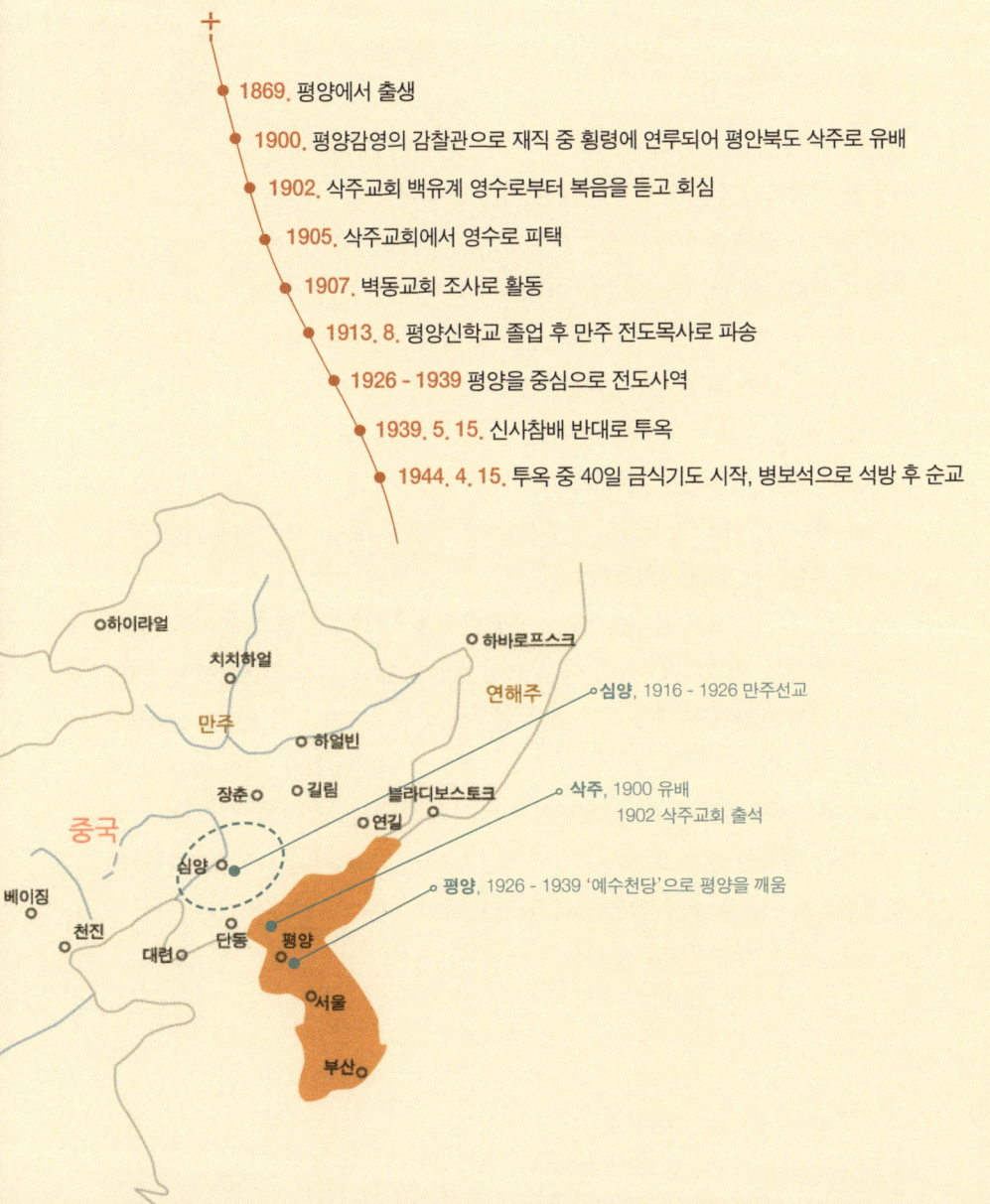

- 심양, 1916 - 1926 만주선교
- 삭주, 1900 유배 / 1902 삭주교회 출석
- 평양, 1926 - 1939 '예수천당'으로 평양을 깨움

예수 사랑 하심은 거룩하신 말일세
우리들은 약하나 예수 권세 많도다
날 사랑하심, 날 사랑하심, 날 사랑하심 성경에 써 있네

최봉석 목사

| 회개해야 삽니다 |

'예수 천당'으로 유명한 최봉석 목사는 1869년 1월 7일 평양 강동현 미곡창장이던 최준서의 셋째 아들로 태어났다. 7세 때에 서당에서 공부를 시작한 최봉석은 16세까지 구학문을 익혔고, 이후에는 평양감사 민병석의 비서가 되었다. 1885년부터는 평양 감영의 감찰관인 통인으로 일했는데, 이때 정부에 3만 냥의 손실을 입히는 일에 연루되어 평안북도 삭주로 귀양을 가게 되는 시련을 겪었다.

귀양살이에 울분이 차 하루하루를 지내던 그는 아내의 산후조리를 봐주던 삭주교회 영수 백유계를 만났다. 백유계는 "예수를 믿고 회개하여 새사람이 되어야 합니다."라고 말하면서 복음서를 한 권 놓고 갔다. 그곳 삭주에는 이미 1896년 교회가 설립되어 있었다.

그의 나이 33세 귀양살이를 하던 때에 백유계의 '회개'라는 말 한마디가 그를 사로잡았다. 거지 같은 꼴을 하고 잠시 평양을 찾은 그는 노블William A. Noble, 노보을 선교사를 만나 회개를 하고 당장 평양에서 삭주까지 와서 예수를 전했다. 1904년 그는 삭주교회의 집사가 되었고, 이후 영수가 되었다. 그는 전도와 목회사역에 열심을 다했는데, 압록강과 만주지역을 중심으로 예수를 전했다. 예수를 믿는 대가는 적지 않았다. 당장 그의 아내는 그를 미친 사람으로 단정하고 매정하게 이혼을 요구했다. 이혼을 원치 않던 최봉석은 애원하다가 두 아들을 하나씩 나누어 키우기로 했다.

| '아멘 기도'로 졸업하고 |

1907년 그의 나이 38세에 평양신학교에서 공부하면서 동시에 벽동교회 조사가 되었다. 공부보다도 그는 시간만 나면 평양거리를 활보하면서 전도했고 밤을 새워가며 기도했다. 신학교 시험은 별로 개의치 않아했다. 1911년 그는 졸업할 때가 되었지만, 졸업하지 못하고 7년간이나 신학교를 다니게 되었다. 3년이나 연기를 해서 44세가 되었음에도 그의 성적은 졸업하기에 적절하지 않았다. 그래서 한번은 교수들을 찾아가서 같이 기도하기를 청하였다.

"하나님 아버지 감사합니다. 저같이 부족한 죄인을 불러서 예수를 믿게 하시고 또 신학교에 와서 공부하게 하시고 또 목사가 되게 하시니 감사합니다. 공부만 잘해야 목사가 됩니까? 하나님의 종은 열심히 기도하고 열심히 전도해야 하는데 저는 기도하고 전도를 하느라 공부를 못했습니다. 그러나 교수님들이 나에게 졸업장을 주어 나도 목사가 될 수 있도록 길을 열어 주옵소서. 주실 줄 믿고 감사하며 예수님의 이름으로 기도합니다. 아멘."

교수들은 학생이 기도하는데 아멘을 하지 않을 수 없었다. 마펫은 그에게 1년을 더 공부하도록 했지만, 최봉석은 물러나지 않았다. 자신의 기도에 아멘을 한 교수에게 아멘으로 하나님과 약속한 것을 지키라고 오히려 큰소리를 쳤다. 최봉석은 신학교사상 전무후무하게 낙제 점수를 가지고 그렇게 졸업했다.

목사가 된 최봉석은 엄격한 교회생활을 강조했다. 담배를 피우는 교인들의 담뱃대를 모두 꺾어버리고, 당시 흔한 풍습이던 첩을 둔 사람들은 원입을 금했다. 주일을 제대로 지키지 못할 경우 세례를 주지 않았고, 교회에 한 달간 결석하면 벌을 주었으며, 무당이나 우상에 바친 제물을 금지하는 등 매우 엄격하게 성도들의 생활을 제한했다.

1913년 8월 목사안수를 받은 최봉석은 벽동과 삭주교회에서 목회를 하다가 남만주 전도목사로 파송되었다. 만주에 있는 동안 그는 28개 교회를 개척했다.

굶기도 많이 하고, 몽둥이와 돌멩이로 많이 얻어맞는 등 숱한 고생을 했다. 어떤 때는 소똥에서 콩알을 찾아 먹으면서도 천연덕스럽게 기도했다. "예수님, 소똥에서 익은 콩이 나왔습니다. 그려."

만주전도를 마치고, 1926년 평양에 돌아왔다. 그의 전도에 대한 열정은 여전히 대단했다. '예수 천당', 이 소리는 평양을 깨웠다. 어둠을 밝히는 빛과 같은 외침에 한국교회의 어른 길선주는 "최봉석 목사의 예수 천당소리가 멈추는 날 동방의 예루살렘인 평양이 망한다."고 말할 정도였다.

전도에 누구보다 열심을 낸 최봉석 목사는 전도를 못 하는 교역자는 벙어리 교역자라고 규정했다. 어느 날 머리도 좋고 설교도 잘하는 채 목사가 길을 가고 있었다. '예수 천당' 소리에 놀란 채 목사가 "나 채 목사요."라고 말하자, 최봉석 목사는 "목사는 목사지만 뻴지(벙어리) 목사요."라고 대답하였다고 한다.

"예수 사랑하심은 거룩하신 말일세…"

한 번은 거리에서 찬송하기를 좋아하는 최 목사를 시끄럽다고 일본경찰이 제재를 가했다. 그러자 최봉석 목사는 "자동차가 뿡뿡 울리는 소리는 시끄럽지 않고 내가 부르는 찬송소리는 시끄럽다는 말이요? 당신들은 교통사고를 막기 위해서 자동차 소리를 그냥 놔두지 않소? 나도 지옥으로 가는 영혼들을 사고에서 구하기 위해 찬송소리를 내는 것이라오."

'예수 천당'으로 유명해 진 그는 이름마저 최권능으로 바뀌어 있었다. 그의 외침 자체가 전도의 권능이 있다는 뜻을 담고 있었다. 그는 말을 많이 하는 것을 좋아하지 않았고 지식을 애써 추구하지도 않았다. 이것은 그의 괄괄한 성격을 잘 대변하는 것이었다. 그는 일명 '예수 천당'이라는 '예수탄'을 쏘면서 무식한 바보로 살기를 원했다. 그는 '신학탄'의 위력은 믿지 않았다. 그의 이러한 열정 때문에 평안도와 황해도 지역에 70여 개의 교회가 세워졌다. 예수에 미친 사람, 최봉석을 한경직 목사는 '믿음의 사람, 기도의 사람, 성령의 사람, 전도의 사람, 사랑의 사람'이라고 불렀다.

| 고생과 수고가 다 지난 후 |

1938년 장로교의 신사참배 결의에 최봉석은 "총회는 사탄의 회로 전락했다"고 주장하다 체포되었다. 1939년 5월 15일, 70세의 나이에 무려 두 번에 걸친 6년간의 긴 감옥생활을 시작했다. "예수 사랑하심은 거룩하신 말일세…"를 감옥 안에서도 부르면서 그는 늘 다음과 같이 외쳤다. "내가 죽는 것은 영광이요, 나는 죽기 위해서 오늘까지 당신들의 신을 경배하지 않고 살아왔소. 나는 죽으면 천당에 가오. 주님이 내 집을 예비하고 나 오기를 기다리고 계시오."

총신대 양지캠퍼스 소래교회(복원) 옆

이렇듯 강직한 신앙을 지닌 최봉석의 죄목은 첫째, 항일사상을 선동해서 국체를 어지럽게 했고, 둘째, 일본의 천황을 무시하고 하나님을 높였고, 셋째, 선교사를 통한 미국의 비밀 공작원으로 활동했다는 것이었다.

감옥에 갇혀있던 그는 1944년 3월 1일 인생의 마지막을 결심한 듯 40일 금식기도에 돌입했다. 의사의 만류에도 그는 고집을 꺾지 않았다. 결국, 그는 4월 11일 병보석으로 풀려나 평양 기홀병원으로 옮겨졌다. 산정현, 장대현, 서문밖 교회 성도들이 병원에 몰려들었다. 최봉석 목사의 안정을 위해 장기려 박사가 방문객들을 만류했다. "장 박사 그러지 마시오. 나를 위해 오는 형제들을 내가 기쁘게 맞이해야 하지 않겠소."

이미 눈동자가 풀린 최봉석은 병원에 입원해서 5일동안 지내다가 1944년 4월 15일 오후 1시에 하나님의 부름을 받았다. 부인과 아들과 딸, 며느리와 손자와 산정현교회 성도들이 마지막 순간을 지켜보았다. "하늘에서 전보가 왔구나. 하나님께서 나를 오라 하신다." 그의 마지막 말이었다.

"고생과 수고가 다 지난 후 광명한 천국에 편히 쉴 때 주님을 모시고 나 살리니 영원히 빛나는 영광일세" 그는 가족들과 찬송을 부르면서 하나님의 부름을 조용히 받아들였다. 그의 나이 75세였다.

'산 순교자'의 고백을 담은 "죽으면 죽으리다", 안이숙 1908-1997

- **1908.** 평북 박천에서 출생
- **1928.** 교토여자전문학교 가정과 졸업, 귀국 후 대구공립여자고등보통학교, 선천 보성여학교 근무
- **1939. 3.** 제74회 일본제국회의 중의원 회의장에 침투, 기독교 탄압 종교법안 반대 진정서 투척 후 현장에서 체포
- **1939 - 1945** 평양형무소 구금
- **1948.** 미국으로 건너가 로스앤젤레스에서 한인침례교회 개척
- **1968.** 《죽으면 죽으리라》 출판
- **1997.** 로스앤젤레스에서 소천

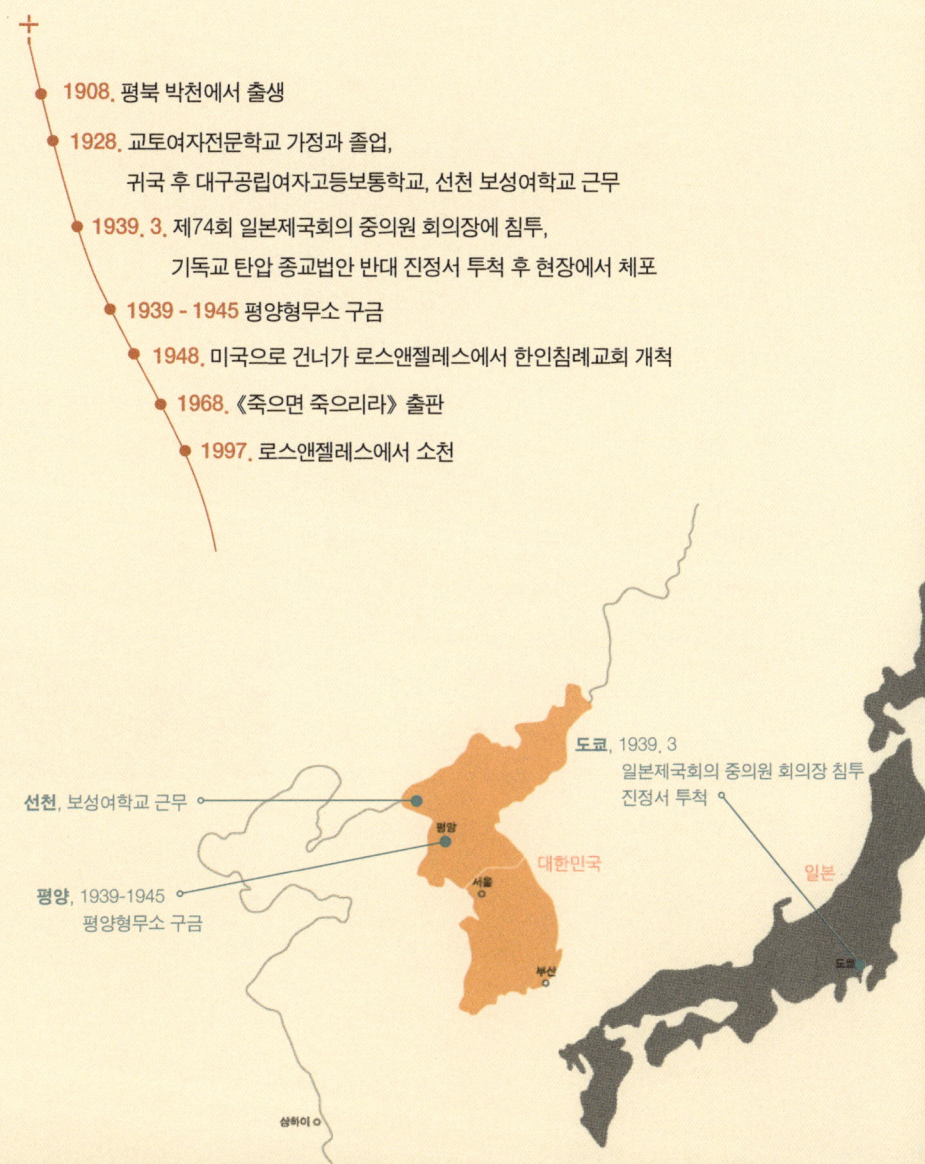

선천, 보성여학교 근무

도쿄, 1939. 3
일본제국회의 중의원 회의장 침투
진정서 투척

평양, 1939-1945
평양형무소 구금

평양
서울
대한민국
부산
일본
도쿄
상하이

아! 나는 죽어요, 할렐루야! 언젠가 당신도 죽어요. 그러나 기뻐하세요. 기다리세요.
죽음은 우리에게 고향의 문을 활짝 열어줄 테니까요.
내가 죽을 때마다 예수님이 내게서 살아나고, 범사에 승리가 이루어져요.
죽음은 내 신앙도 살리고 또 나를 영원한 본향으로 이끌어가요.
(《당신은 죽어요, 그런데 안 죽어요》 중에서)

| 박천 출신 교사 |

《죽으면 죽으리라》라는 책으로 한국기독교의 순교 열풍을 일으킨 안이숙은 1908년 평안북도 박천에서 태어났다. 평양서문학교를 졸업한 그녀는 1928년 일본 교토여자전문학교 가정과를 졸업하고 귀국한 후에 대구공립여자고등보통학교와 선천의 보성여학교에서 교편을 잡았다. 한반도가 신사참배문제로 요동치기 전까지 안이숙은 그런대로 큰 어려움 없는 삶을 살았다.

그런데 1930년대 들어 일본이 신사참배를 강요하게 되었고, 안이숙이 근무하는 선천 보성여학교도 매월 첫날 교사와 학생들이 신사참배에 참여하게 되었다. 보성여학교는 선교사가 세운 기독교 계열의 학교였지만 학교를 경영하기 위해 동방요배를 허용한 상태였다. 신사참배에 매번 참석하지 않던 안이숙에게 교장이 찾아와 신사참배에 동참할 것을 요구하자 그녀는 동방요배 행사에 참석해서 끝까지 고개를 숙이지 않음으로 신앙인의 모범을 보여주었다. 이로 인해 일본경찰에 연행되었지만 안이숙은 극적으로 탈출해 신의주로 몸을 피했다.

선천 보성여학교

| 일본 중의원 사건에서 평양형무소까지 |

안이숙은 1939년 2월 박관준의 제안으로 일본으로 건너가 일본에서 공부하던 박관준의 아들 박영창과 함께 일본 정계 요인들을 만나 신사참배 강요의 부당성을 설명하고 이를 저지해 줄 것을 호소했다. 만주와 경상도에서의 신사참배 반대자들이 조직적으로 거부 운동을 펼쳤다면 안이숙과 박관준의 방법은 일본 인사들을 만나 합법적으로 항의하는 것이었다. 안이숙은 그 해 3월 일본에서 종교단체 법안을 심의하던 74회 일본제국회의 중의원 회의장에 박관준 부자와 들어가 신사참배와 우상숭배를 강요하는 것에 항의하는 유인물을 뿌렸다. "내 몸을 폭탄같이 던져서 유창한 일본말로 일본인 지도자들에게 경고하고 주 예수의 이름으로 죽어보자."라고 마음을 먹었기 때문에 가능한 일이었다.

한국으로 강제 압송된 안이숙을 기다린 것은 평양형무소였다. 그리고 6년간 잔인한 일본의 고문과 심문을 견디며, 순교의 선을 넘지 못한 목회자들의 배역의 현장에서 외로움과 눈물의 감옥생활을 했다. 그러면서도 끝내 그곳에서 순교의 잔을 마시지 못한 자신을 "실격된 순교자"라고 고백하는 눈물의 시간을 보냈다. 그리고 결국 안이숙은 조수옥, 최덕지와 함께 평양형무소에서 마지막까지 신앙을 지킨 '출옥성도'의 한 사람이 되었다. 그곳에는 주기철, 박관준, 이기선, 주남선, 한상동 등 당대 한국교회의 양심 있는 지도자들이 수감되어 있었다. 안이숙이 갇혀있는 기간 평양형무소에서 2천명이 넘은 신앙인이 고문을 당했고, 감옥 안에서는 14명이 순교를 당했다. 오랫동안 신사참배 반대운동을 같이 해 온 박관준은 6년간의 감옥생활과 고문 끝에 결국 해방을 5개월 앞두고 순교했다.

| "죽으면 죽으리라" |

해방 이후 공산당의 탄압을 피해 남쪽으로 내려온 안이숙은 1948년 미국으로 떠나 로스앤젤레스 한인침례교회를 개척하고, 여러 곳을 다니면서 일제하 한국기독교의 수난 이야기를 나누었다.

1968년 미국으로 간지 20년 만에 한국에 돌아와 자신의 옥중 수기인 《죽으면 죽으리라》를 출간했다. 이 책은 원래 바이럼Byrum 선교사가 안이숙의 삶과 신앙을 *If I Perish, I Perish*라는 영어로 출간한 것이 계기가 되었다. 한국어의 출간에 이어, 그 해 4월 안이숙 자신이 직접 일본어로 일본 판을 내어 선풍적인 인기를 끌었다. 이 책은 손양원 목사와 두 아들의 순교기를 담은 《사랑의 원자탄》, 세계 최대 교회를 세운 최자실 목사의 이야기를 담은 《나는 할렐루야 아줌마였다》와 함께 한국기독교의 3대 대작으로 자리매김하였다.

《죽으면 죽으리라》에서 안이숙은 보성여학교 음악선생 시절에서 시작해, 신사참배 반항사건, 일본경찰을 피해 다니던 사건, 평양형무소 감옥생활, 공산당 지배하의 북쪽 상황, 남쪽으로 피신, 미국으로 이주 등의 이야기를 감동적이고 긴장감 있게 풀어냈다.

살아있는 순교자 안이숙은 인생의 마지막 순간까지 열정적인 선교활동을 하다가 1997년 10월 19일 로스앤젤레스에 있는 선한 사마리아 병원에서 소천했다. 안이숙은 《죽으면 죽으리라》, 《죽으면 살리다》, 《당신은 죽어요. 그런데 안 죽어요》, 《낫고 싶어요》 등의 주옥 같은 책을 남겼다.

《죽으면 죽으리라》

성결교회 최초의 순교자, 박봉진 1890-1943

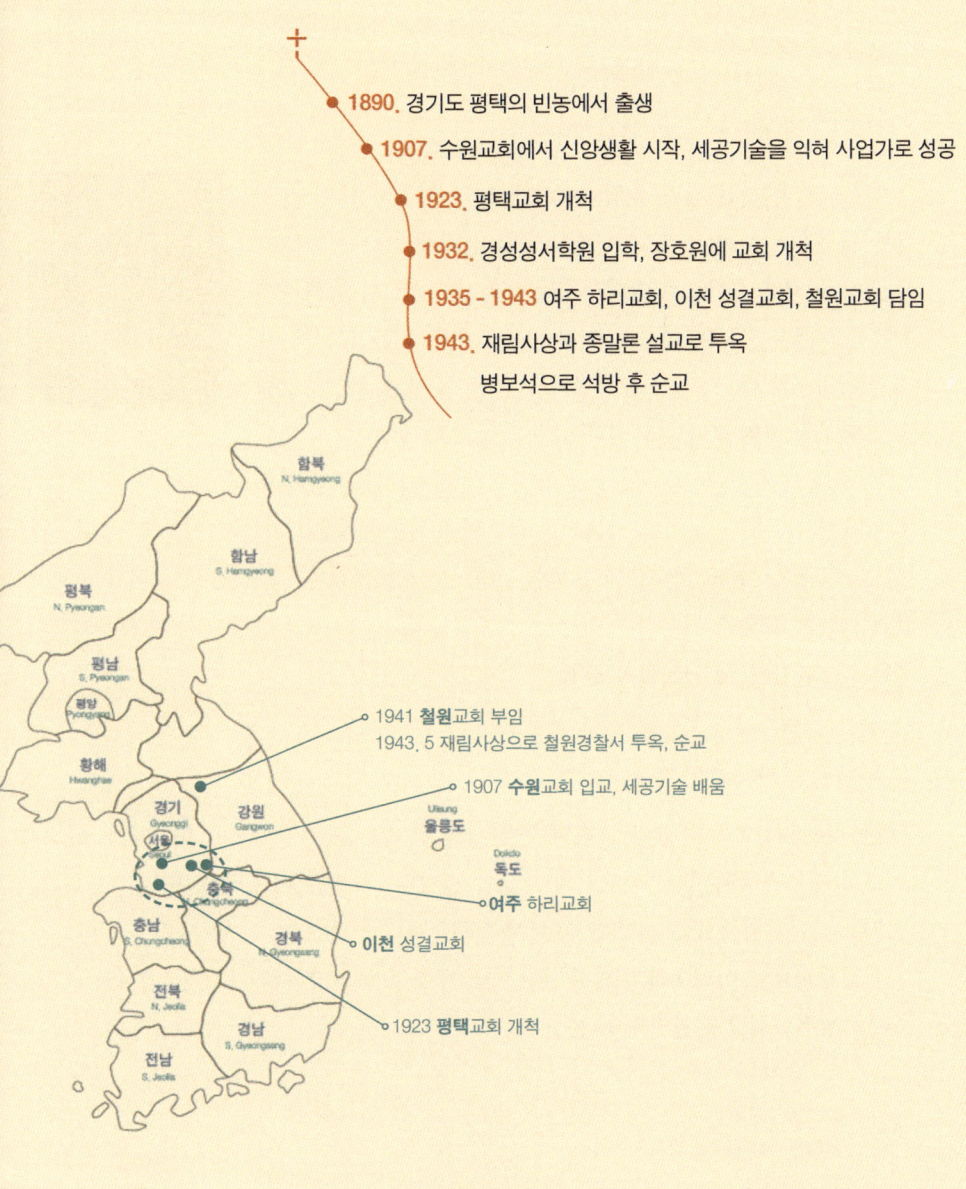

- **1890.** 경기도 평택의 빈농에서 출생
- **1907.** 수원교회에서 신앙생활 시작, 세공기술을 익혀 사업가로 성공
- **1923.** 평택교회 개척
- **1932.** 경성성서학원 입학, 장호원에 교회 개척
- **1935 - 1943** 여주 하리교회, 이천 성결교회, 철원교회 담임
- **1943.** 재림사상과 종말론 설교로 투옥
  병보석으로 석방 후 순교

○ 1941 **철원교회** 부임
  1943. 5 재림사상으로 철원경찰서 투옥, 순교
○ 1907 **수원교회** 입교, 세공기술 배움
○ **여주 하리교회**
○ **이천 성결교회**
○ 1923 **평택교회** 개척

> 난리와 난리 소문을 듣겠으나 너희는 삼가 두려워하지 말라 이런 일이 있어야 하되 아직 끝은 아니니라 그러나 끝까지 견디는 자는 구원을 얻으리라 마 24:6, 13
> (도립병원에서 성도들에게 마지막으로 권면한 말씀)

| 예수의 일꾼이 된 금은 세공장이 |

박봉진은 1890년 경기도 평택에서 빈농의 아들로 태어났다. 그는 농사를 짓다 별로 희망이 보이지 않자 17세가 되던 1907년에 고향을 떠나 수원으로 갔다. 거기서 그는 수원교회(현 종로감리교회) 청년들의 전도와 이들의 인간적인 환대로 처음 교회에 발을 들이게 되었다. 낮에는 공사장과 날품팔이, 저녁에는 기도하는 것이 박봉진의 초기 신앙생활이었다.

박봉진 목사

박봉진은 한 권사님의 제안으로 금은방에서 세공술을 익히게 되었다. 이 일에서 자신의 소질을 확인한 박봉진은 금은방을 7개나 세우는 등 사업가로 변신했다. 그리고 결혼도 하고 3년 후에는 교회 집사가 되었다. 그는 당시 교회가 없던 평택에 교회를 세우라는 하나님의 음성을 듣고, 1915년 성공한 사업가로 고향으로 돌아와 교회를 개척했다.

| 교회를 세우는 은사 |

박봉진은 1919년 11월에 평택과 안성에서 만세운동이 일어났을 때, 평택의 교회 지도자들과 함께 체포되어 고문을 받았다. 하지만 이에 굴하지 않고, 1923년에는 김협두 전도사를 도와 평택성결교회당을 지었다. 주변 사람들이 다들 경제적으로 어려워하자 박봉진이 자금 대부분을 담당하여 1923년 7월 23일 평택성결교회당을 완공하였다.

1932년 나이 42세가 되던 해에 그는 경성성서학원에 입학했는데, 신학을 공부하는 동안에도 장호원 지방에 나가 전도하여 장호원교회를 개척했다. 당시 신학교에는 이명직, 이상철, 이건 교수들이 있었는데, 박봉진은 1935년 신학교를 졸업하고 여주 하리교회와 이천교회를 동시에 담임했다.

박봉진은 1938년 9월 1일 성결교회 제5차 이사회에서 안수를 받았다. 하지만 그 시절은 한국교회에 대한 일본의 억압이 본격적으로 악화되던 시기였고, 장로교, 감리교, 성결교회가 교단차원의 신사참배 결의를 진행하고 있었던 시기이기도 하다. 그 당시 성결교회도 "천황을 받들어 모시고, 국헌을 중히 하며, 국법을 준수한다."라고 선언했다.

이천교회 직원일동(1936)

| 철원의 순교자 |

1941년 5월 박봉진 목사는 철원교회로 갔다. 철원 지역은 장호원 인근보다 분위기가 더 심상치 않았다. 철원에서는 감리교 목사 한 명이 이미 순교를 당한 후였다. 그는 철원교회에 부임하자마자 신사참배를 거부한다는 이유로 경찰에 체포되었고 이후 경찰서를 들락거렸다. 하지만 이러한 위협도 그의 복음을 향한 열정을 멈추게 하지는 못했다. 1941년 선교사들이 한국에서 철수한 이후에도 그는 거리에 나가 예수를 전했다. 재림과 종말 사상이 강했던 성결교의 특성상 그는 일본에 눈엣가시 같은 존재였다. 1943년 5월 24일, 전국의 성결교회에 검속령이 내렸다. 그리고 3 일째 되는 날 박봉진 목사도 체포되었다. 집안이 압수수색을 당하고, 두 상자 분량의 설교 노트와 교회 서류들을 빼앗겼다. 갇혀있던 유치장에서는 만주에서 들여온 콩과 좁쌀을 제공했다. 그런데 박봉진 목사는 이것마저 젊은이들에게 양보하고 바닥에 무릎을 꿇고 기도했다.

신앙적 정절을 지키는 그에게 일본의 고문과 박해는 가혹했다. 박봉진 목사의 아들 박해원 장로는 어머니의 말을 빌려 당시의 처절함을 다음과 같이 증언했다. "어머니는 면회와 사식을 넣어 들이기에 기진맥진하셨고, 어떤 때는 사식을 넣으러 들어가시는 중 장작 패는 소리같이 아버님을 패는 소리를 듣고 실신하시기도 했습니다. 물 먹이고 거꾸로 매달고, 개처럼 기라고 발로 차는 등 모질고 끈질긴 고문은 매일같이 계속되었습니다……."

| 진정한 승리자 |

1943년 8월 10일 철원경찰서에서 '남편을 데려가시기 바랍니다.'라는 통지서가 왔는데, 이것은 보통 죽기 직전에 보내는 통지서였다. 경찰은 장질부사가 걸렸다고 둘러대었지만, 사실은 참혹하게 고문을 당한 결과였다. 당시 평신도였던 한순희 권사의 증언으로는 혀가 풀리지 않아 힘든 말을 계속 하면서 성경 몇 구절을 풀어 교인들을 격려하고, 이웃의 감리교회 장 목사와 직원들이 병원에 찾아와 위로해 주니 "나는 주님의 고난에 참여하게 된 것을 하나님께 영광 돌릴 뿐이다."라고 말하며 기뻐했다고 한다. 그리고 며칠 후인 1943년 8월 15일 새벽 4시 박 목사는 하나님의 부름을 받았다. 해방을 이태 남겨둔 그의 나이 57세였다. 겉으로 보면 일본은 위대하고 강대한 나라처럼 보일지 모르겠으나, 실상은 키 작은 조선의 한 목사마저 굴복시키지 못했음을 알 수 있다.

철원교회 시무 시절 결혼식 주례

똥통을 진 절개, 최인규 1881-1942

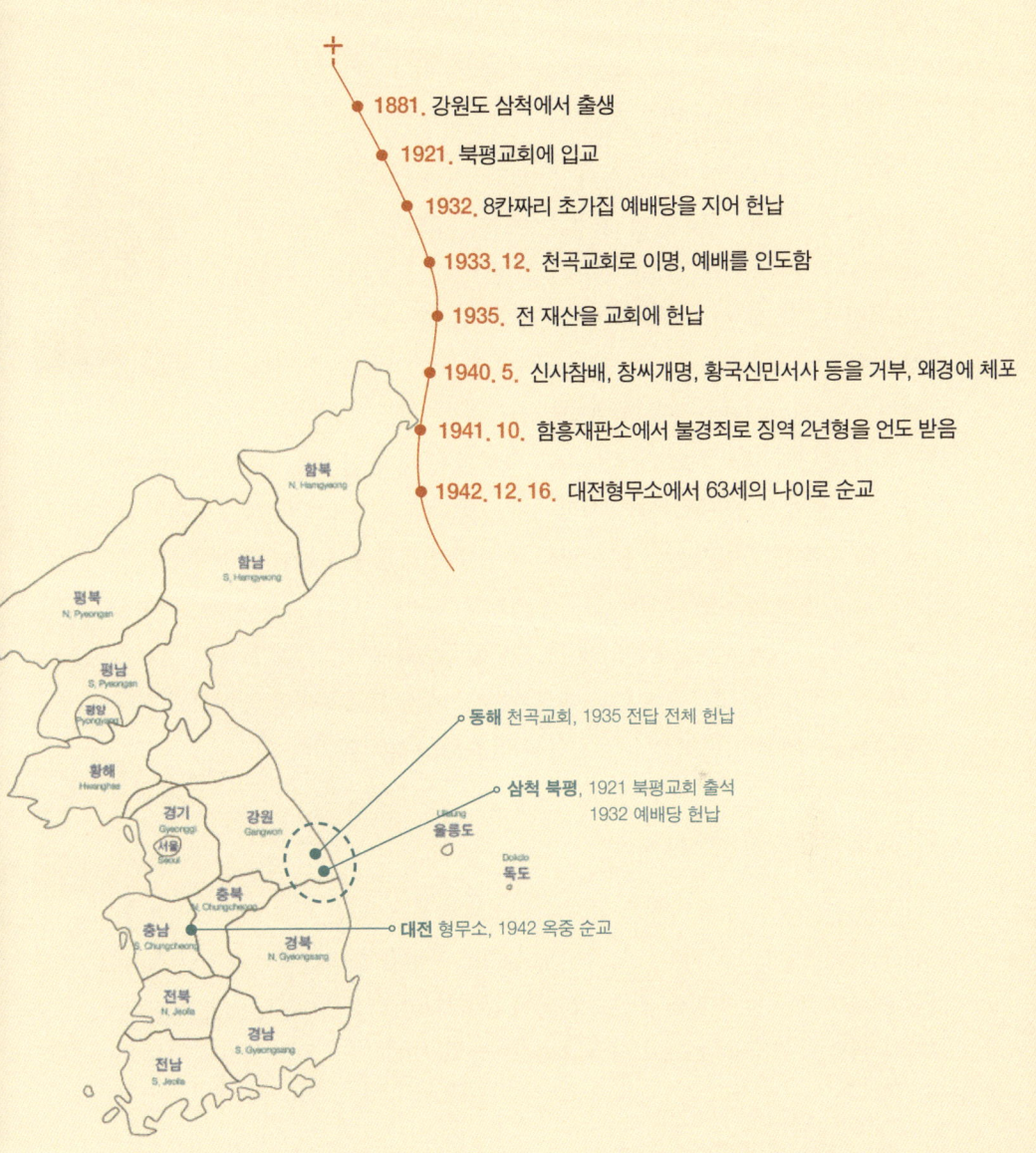

- **1881.** 강원도 삼척에서 출생
- **1921.** 북평교회에 입교
- **1932.** 8칸짜리 초가집 예배당을 지어 헌납
- **1933. 12.** 천곡교회로 이명, 예배를 인도함
- **1935.** 전 재산을 교회에 헌납
- **1940. 5.** 신사참배, 창씨개명, 황국신민서사 등을 거부, 왜경에 체포
- **1941. 10.** 함흥재판소에서 불경죄로 징역 2년형을 언도 받음
- **1942. 12. 16.** 대전형무소에서 63세의 나이로 순교

동해 천곡교회, 1935 전답 전체 헌납
삼척 북평, 1921 북평교회 출석 1932 예배당 헌납
대전 형무소, 1942 옥중 순교

> 내가 달려갈 길과 주 예수께 받은 사명 곧 하나님의 은혜의 복음을 증언하는 일을 마치려 함에는 나의 생명조차 조금도 귀한 것으로 여기지 아니하노라 행 20:24

| 체면보다 중요했던 신앙의 절개 |

최인규라는 사람이 액비통이라고 불리는 똥통을 지고 사람들이 많이 모인 강원도 바닷가 한 동네를 돌면서 외쳤다. "송정리 사람들아. 내가 바로 신사참배를 거부한 최인규요! 내가 바로 예수 믿는 최인규요." 그런데 사람들은 최인규를 멸시하거나 욕하는 것이 아니라 오히려 칭찬을 아끼지 않고 이구동성으로 말했다. "잘했소, 최인규, 당신이야말로 조선의 대장부요!"

최인규 권사

그는 조선의 대장부요, 강원도 동부지역의 신앙의 기개를 지켜낸 사람이었다. 그는 마을의 유지요, 많은 사람에게 모범적인 기독교인이었다. 이러한 최인규의 마음을 돌이키면 마을 사람들이 쉽게 신사참배에 참여할 것이라는 그릇된 계산에서 일본은 그에게 고문을 가하고 있었다. 특히 일본경찰이 최인규에게 똥통을 지게 한 것은 체면을 강조한 한국문화에서 그에게 크나큰 창피를 주려는 의도였다. 그러나 일본의 계산과 달리 어깨 뒤로 똥통을 짊어지고 경찰의 채찍을 맞으면서도 최인규는 신앙과 민족을 버리지 않았다.

| 교회와 민족을 사랑한 지도자 |

감리교 교세가 강한 강원도 동해와 삼척에서 똥통을 진 순교자로 유명한 최인규 권사는 1881년 11월 15일 강원도 삼척군 북평읍 송정리에서 태어났다. 그리고 나이 18세에 홍씨를 부인으로 맞아 두 명의 자녀를 두었다. 젊은 시절 방탕한 생활을 했지만, 40세가 다 된 1921년 북평감리교회(현 북평제일감리교회)에 출석해 예수를 믿었다. 비록 늦게 예수를 믿었지만, 그는 철두철미하고 불같은 신앙생활을 했다. 주일 성수, 가정예배, 주일학교, 전도자의 직책을 성실하게 수행했다.

그의 교회사랑은 유별났다. 평양에서 종을 주조해 우마차로 강원도 동쪽 끝자락까지 옮겨와 종을 세우고, 자신의 전답 전체를 동해시 천곡교회에 헌금했다. 평신도였지만, 여느 목회자 못지 않게 하나님과 교회에 충성했다.

| 그의 선택은 언제나 신앙 |

강원도 지역에 대한 신사참배 강요는 1940년에 들어서 본격적으로 이루어졌다. 우상 숭배를 완강하게 반대하던 최인규는 1940년 5월 천곡교회에서 일본경찰에게 체포되었다. 그가 다니던 교회는 폐쇄되었고 교인들은 뿔뿔이 흩어졌다. 일본경찰은 자신들에게 맞선 그의 손톱 밑을 대나무로 만든 꼬챙이로 찌르는 고문을 했다. 코에는 고춧가루를 퍼부었고, 하루에 50여 대씩 몽둥이질을 했다. 일본이 한국인들, 특히 신사참배에 반대한 기독교인들에게 가한 전형적인 고문방법이었다. 그러나 최인규 권사는 모진 고문과 학대에도 아랑곳하지 않고 아침저녁 찬송을 불러댔다.

| 죽음으로 뿌린 씨앗 |

대전형무소로 옮겨진 그는 수감 된 지 1년 여만인 1942년 12월 16일 오후 2시에 주님의 부름을 받았다. 그의 나이 63세였다. 분단과 고난의 땅 철원에서 성결교 박봉진 목사가 순교한 지 6개월 후에 강원도 동쪽에서 최인규 권사가 하늘의 부름을 받았다. 그리고 척박한 바닷가의 삼척과 강릉에 최인규 권사가 뿌린 순교의 씨앗은 많은 열매를 맺었다. 전천이라는 동해로 이어지는 강을 사이에 두고 최인규의 순교적 삶과 신앙은 동해와 삼척의 신앙적 사표로 자리매김

하고 있다.

　1946년 삼척읍교회 정문 우편에 안장되어 있던 그의 유해가 순교 44년이 지난 1986년 천곡교회로 이장되었다. 최인규 권사가 직접 만들어 사용하던 강대상을 본떠 기념비도 세워졌다. '고 최공 인규 순교기념비' 위에는 다음과 같은 글이 새겨져 있다. '나의 달려갈 길과 주 예수께 받은 사명 곧 하나님의 은혜의 복음 증거하는 일을 마치려 함에는 나의 생명을 조금도 귀한 것으로 여기지 아니하노라.' 그를 기리는 순교기념비는 삼척제일교회, 북평제일교회에도 세워져 있다.

순교기념비(천곡교회)

최인규 권사가 직접 만든 설교단
(천곡교회)

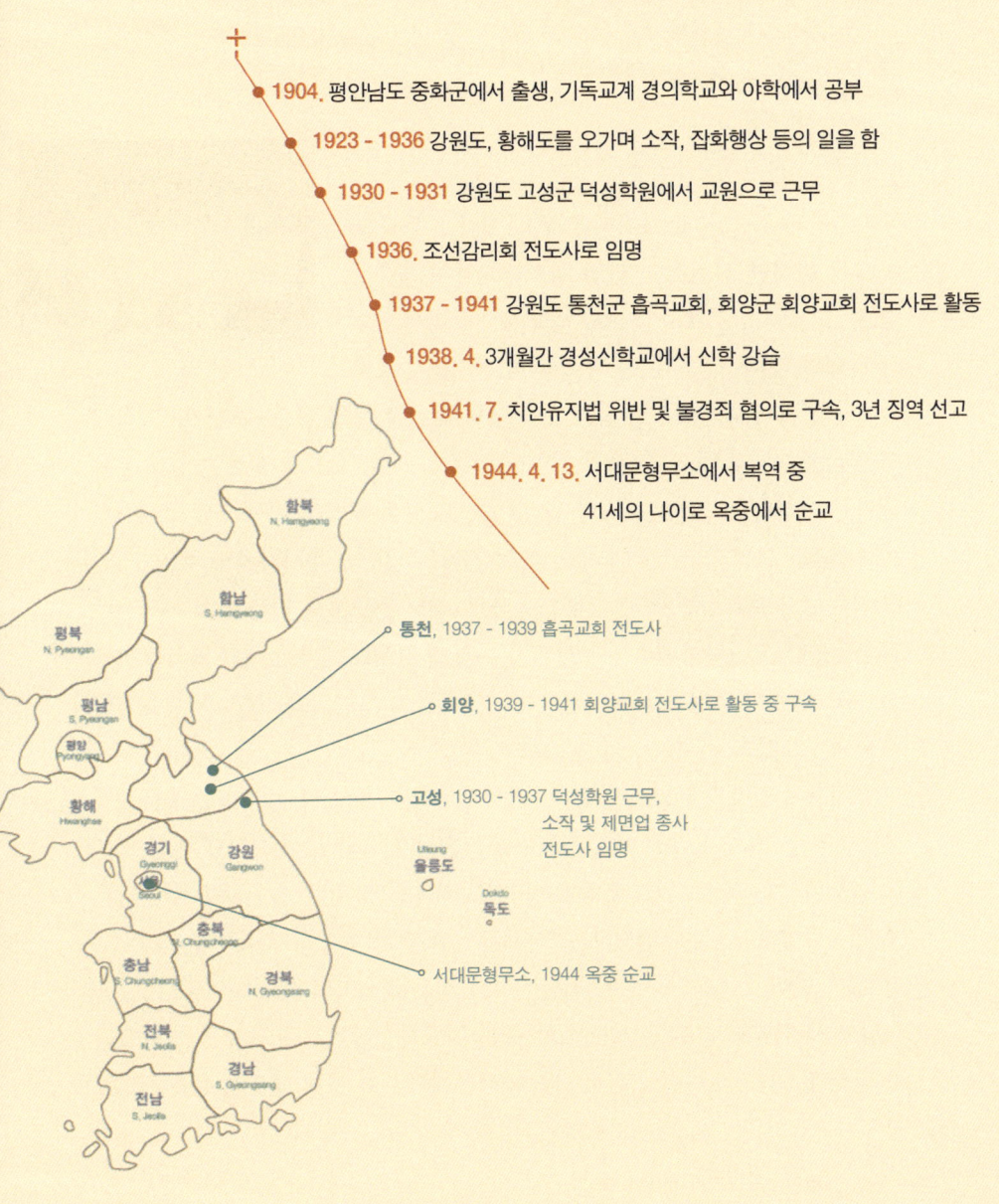

예수는 만왕의 왕이 되시므로 지금도 천국에서 이 세상을 지배하심은 물론,
일본 천황도 지배를 받게 됩니다.
그것은 예수는 만왕의 왕으로서 인류 최고의 신이기 때문입니다.
(제1회 피의자 심문조서 내용 중에서)

신앙과 민족사랑으로의 부르심

원산지방 교역자 수양회(1940)

과수원을 하는 장로 아버지를 둔 독실한 기독교 집안에서 태어난 권원호는 사립 경의학교에서 공부를 했다. 20세에 장로교파인 고향 중화예배당에서 세례를 받았다. 일본의 농지수탈과 경제적 착취때문에 생활이 곤란하여 각지로 전전하며 소작 및 잡화행상 등의 일을 하면서도 교회에서 열심히 봉사했다. 이후 처가가 있던 강원도 고성군으로 이사해 농업에 종사하면서 고성감리교회를 섬겼다. 권원호는 고성군에 있는 기독교계 덕성학원에서 1년간 교원으로 근무하기도 하고, 기계 제면업에 종사하기도 했지만, 점차 하나님의 부르심을 더 강하게 느꼈다. 그래서 전도사의 길을 걷기 시작하여 1936년부터 고성교회에서 시무하다가 이듬해 강원도 통천군에서 흡곡교회를 섬겼다. 복음의 열정과 애국적인 마음을 담은 그의 설교를 통해 그는 유명한 부흥사가 되었다.

'조선은 독립하지 않으면 안된다.'는 생각을 늘 가지고 있던 그가 통천군 흡곡예배당에서 근무하던 어느 날, 흡곡주재소 순사가 그를 불러 신사에 대한 생각을 물으며 "불교도도 신사에 참배하고 있는데 왜 기독교만 주저하고 있느냐?"고 질문하였다. 권원호 전도사는 "기독교 십계명에 우상을 숭배하지 마라."고 한 것이 있어서 기독교도로서 죄악시하기 때문이라고 말했다. 순사가 이것을 곧바로 서장에게 보고하여 권원호는 통천 경찰서장에게 호출되어 엄중한 심문을 받았다. 그는 이 사건이 결국 민족이 다름에서 나온 차별 대우라 생각하였고,

하루빨리 조선을 독립시키지 않으면 안된다는 생각을 더 굳히게 되었다.

| 하나님 아래 있는 신사와 일본 |

1940년 9월 어느 일요일, 강원도 회양군 읍내리 예배당에서 '신사참배 문제'라는 제목으로 권원호 전도사의 설교가 시작되고 있었다. "어떤 것이든지 손으로 만든 것은 모두 우상입니다. 신사도 사람이 만든 것이므로 우상입니다. 다시 생각해 보건대 예수는 세계 인류를 지배하시는 유일신입니다. 천조 대신은 일본국을 만든 신일지는 모르나, 여호와의 사자로서 일본국이나 지배할 신에 불과하므로 여호와 하나님과 그의 아들 예수 그리스도 이외의 신은 우상입니다. 우상인 신사를 숭배하라고 경찰관이 말하는 것은 종교 방해입니다."

권 전도사는 신사참배를 우상숭배로 단정하고 신도들에게 낙심하지 말고 끝까지 견뎌 달라고 요청했다. 그는 "가을이 되면 만물이 마르고 시드는 것과 같이 지금은 비상시국으로 우리 기독교 신도들은 수도 줄고 또 무거운 고통도 많지만, 이윽고 봄이 돌아와서 만물이 화려하게 되는 것처럼 평화의 시대가 올 것이다." 라고 설교했다.

하지만 권원호가 이 설교를 하던 시기는 조선의 지도자들이 종말과 재림 등의 주제로 설교하는 것을 일제가 기필코 막던 시대였다. 그러나 권원호는 예수의 재림을 바라보고 영원히 살아계신 예수 그리스도가 밝게 정치할 날을 고대하며 고난의 시간을 견뎌 나갔다. 권원호의 확고한 생각은 그가 쓴 '소화선조진우상昭和先祖眞偶像, 대명신주영불변大明信主永不變'이라는 한시에도 잘 드러난다. 이 구절은 '소화천황의 선조를 제사하는 신사는 우상이요, 더욱 밝은 예수는 영원히 살아계셔서 변함없이 밝게 정치를 하신다'는 뜻이다.

1941년 일본은 권원호를 체포했다. 감옥에 갇혀 심문을 받으면서도 일본이 한반도를 점령하고 통치하고 있는 것 같지만, 예수님이 만왕의 왕으로 세계를 통치하고 있으며 신사참배는 분명하게 우상숭배라고 역설하였다. 1941년 치안유지법과 불경죄 혐의로 구속된 권원호 전도사의 경찰신문조서 내용(경찰신문조서 제1회, 1941년 8월 1일)도 그러한 신념을 증언하고 있다.

> 문: 일본 천황이 현재도 장래도 어떻게 예수의 지배를 받고 있는가?
> 답: 예수는 만왕의 왕으로 지금은 천국에서 이 세상 사람을 지배하시기 때문에 물론 일본의 천황도 지배를 받는데, 재림하면 일본의 천황은 직접 지배를 받습니다. 그것은 예수는 만왕의 왕으로서 인류의 최고의 신이기 때문입니다.
> 문: 그대는 신사참배는 하는가?
> 답: 우상이기 때문에 참배하지 않습니다.
> 문: 황조皇祖를 제사하는 신사가 왜 우상이 되는가?
> 답: 천조대신과 역대 천황을 위시하여 국가 공로자를 제사하고 있는 것이 신사인데, 모두 죽은 사람을 제사하고 있기 때문에 우상입니다. 그래서 기독교 신도는 부모가 별세해도 그 영에 대하여, 즉 사체死體에 대하여 예배하지 않습니다.

1942년 1월 29일 치안유지법 위반으로 2년 형을 선고받은 그는 1943년 11월 10일에는 불경죄까지 더해져 독방에 감금되었다. 권원호는 예수님이 온 세계의 왕이시며 재림하여 밝은 정치를 실현할 것을 고대하며 일제치하 잔혹한 고통의 시간을 견뎌냈지만, 그렇게 바라던 광복을 보지 못하고 혹독한 고문과 영양실조로 1944년 4월 13일 하늘의 부름을 받았다. 그러나 그의 삶과 신앙적 절개는 자신이 고대하던 예수님과 같이 밝은 빛으로 어두운 땅을 비추었다.

죽음으로 침례교단을 대표한 '순종의 아들', 전치규 [1878-1944]

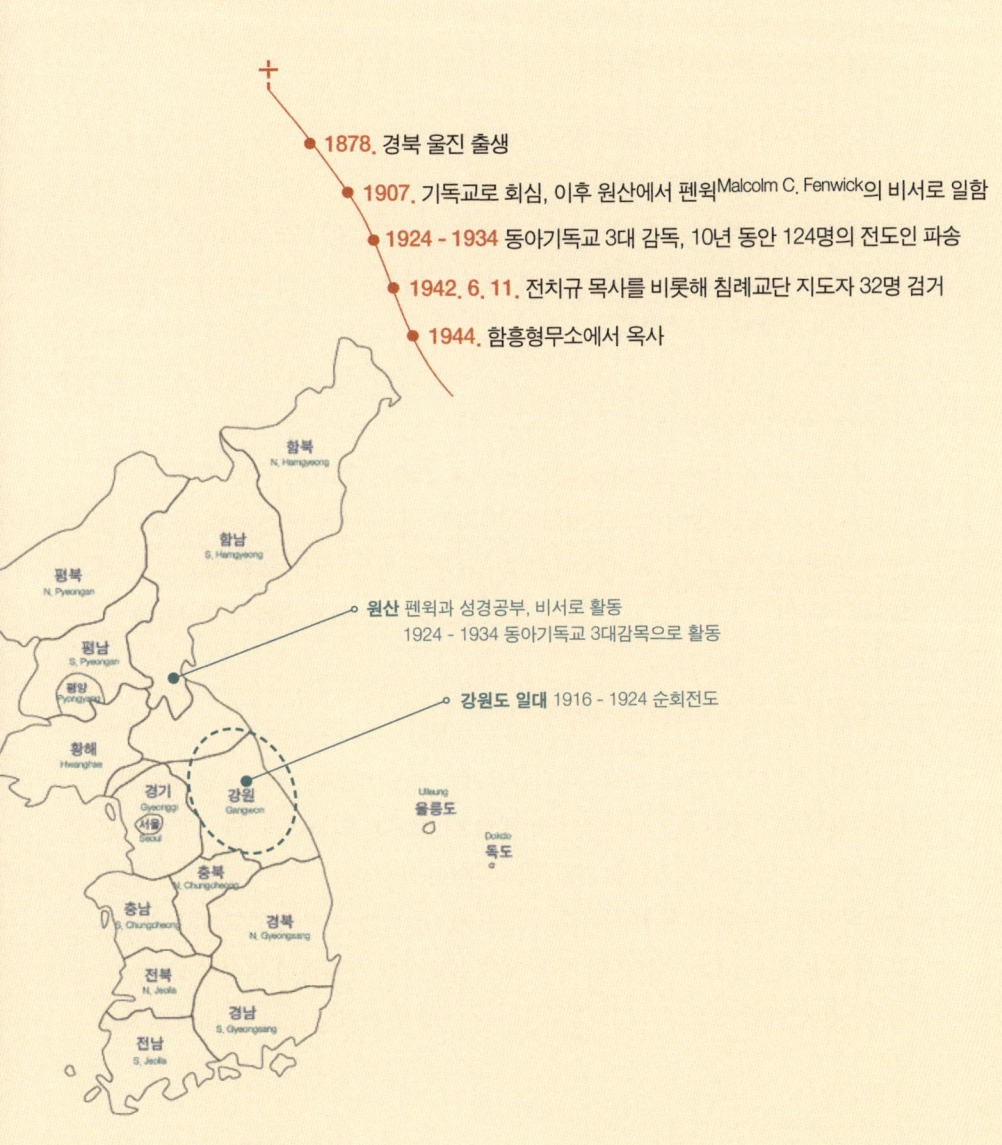

- **1878.** 경북 울진 출생
- **1907.** 기독교로 회심, 이후 원산에서 펜윅 Malcolm C. Fenwick의 비서로 일함
- **1924 - 1934** 동아기독교 3대 감독, 10년 동안 124명의 전도인 파송
- **1942. 6. 11.** 전치규 목사를 비롯해 침례교단 지도자 32명 검거
- **1944.** 함흥형무소에서 옥사

원산 펜윅과 성경공부, 비서로 활동
1924 - 1934 동아기독교 3대감목으로 활동

강원도 일대 1916 - 1924 순회전도

믿는 자가 전도하는 일은 하나님의 지상명령이며 사명이다.

| 큰 꿈 꾸고 작은 삶을 추구한 사람 |

한국에 대한 일본의 억압이 점증하던 1920-1930년 어간 경북 울진에서 블라디보스토크에 이르는 200여 개 교회를 돌보면서 평생 복음 전하기를 좋아했던 전치규는 엄격한 자녀교육으로 유명했다. "너희들은 먹고 입고 쓸만하거든 더 이상 바라지 말라.", "사회생활에 있어 이해관계로 인해 문제가 생기거든 언제든지 손해를 보는 편에서 해결하라.", "절대로 뒷거래를 하지 말고 저울 눈금을 속이지 말라."

아들 전인철에게 보낸 편지 속에서 시대의 거인, 전치규는 소박한 삶의 모습을 잃지 않았다. 또한 전치규는 순종의 사람이었다. 전치규가 '밭에 가서 무를 거꾸로 심으라.'는 상식적으로 이해가 안 되는 펜윅Malcolm C. Fenwick의 말을 그대로 따라 무를 거꾸로 심자, 펜윅이 그를 "순종의 아들"이라 부른 것은 그저 한 말이 아니었다. 전치규는 평생 그런 자세로 하나님을 믿고 전하며 살아갔다.

| 펜윅과 함께 한 《원산번역본》과 전도의 열정 |

전치규 목사는 1878년 1월 5일, 지금은 경상북도에 속해 있지만 당시 강원도에 편재되었던 울진군 근남면 행곡리에서 태어났다. 일찍이 인근 서당에서 공부를 하고 그곳에서 아이들을 가르치는 선생이 되었다.

전치규는 손필환을 통해 복음을 듣고 1907년 10대 후반에 기독교로 개종했다. 복음을 접한 그는 원산으로 가서 펜윅 선교사가 운영하던 성경학교에 등록해 6년간 신학을 공부했다. 동시에 그는 원산에서 펜윅의 조사 겸 비서로 그를 도와 성경을 번역하기 시작했다. 일반성도들이 이해하기 힘든 기존 한문성경 대신, 순수한 우리말로 된 성경이 필요했기 때문이다. 그래서 펜윅이 성경을 우리말로 일차로 번역하면, 전치규는 이를 다듬었다. 붓글씨로 성경번역본을 만드는 것은 손이 부르트고 수많은 날을 새야 하는 고된 일이었지만, 이러한 수고를 통해 1915년 신약성서 번역본이 완성되고, 1919년 《원산번역본》이 출간되어 침례교의 대표적인 성경번역본이 탄생했다. 신약성경이 완성될 때는 256페이지 분량의 《복음찬미》도 같이 출간되었다. 이 번역본은 침례교의 교단적 특징을 강하게 보여주면서 독특한 문체와 용어를 사용하고 있다.

전치규는 이후 복음전도인으로 전국을 돌며 교회를 돌보았고, 특히 강원도 일대를 오랫동안 돌면서 말씀을 가르치고 노방전도에 힘을 썼다. 그는 펜윅과 함께 성경을 번역하는 바쁜 일정 가운데도 "믿는 자가 전도하는 일은 하나님의 지상명령이며 사명"이라고 주장하면서 열정적인 복음전도자의 삶을 살았다.

전치규 목사가 침례교에서 가장 왕성한 사역을 한 때는 감목이 된 1924년 1월부터 10여 년간이다. 원로회를 조직해 은퇴목사들을 통한 교회단합을 도모하였고, 원로 펜윅과 이종덕 목사에게 복음사역과 교육을 맡기고, 조직을 정비해 간도와 만주를 비롯한 전국 17개 구역으로 전도지역을 확충하였다. 그의 지도하에 복음을 전하고 일본과 공산주의자들의 억압 아래 놓인 교우들을 위로하고자 124명의 전도인을 파송 했고, 블라디보스토크에서만 47개의 교회가 개척되었다.

| 순교에 이어진 교단 해체령 |

신사참배 반대자에 대한 억압이 본격적으로 시작되기 전부터 침례교단은 국내외에서 많은 박해를 받았는데, 특히 만주를 비롯한 북쪽지역에서 희생이 컸다. 1925년 9월 길림성에서 김상준, 안성찬, 이창희, 박문기, 김이주, 윤학영이

순교했고, 1932년 10월 14일에는 만주 종성교회 김영국과 김영진 두 형제와 정춘보가 순교를 당했다. 1936년에는 신사참배와 궁성요배를 반대한 전치규와 김영관 등 5명의 목사가 원산경찰서에 감금되기도 했다.

　1940년 이후 일본의 한국교회에 대한 억압은 더욱 거세졌다. 1942년 6월 11일 일본은 자신들의 말을 듣지 않은 전치규, 김영관 목사를 비롯한 침례교단 지도자 32명을 검거했다. 1년 여간 혹독한 고문을 당한 이들 32명은 1943년 5월 차가운 함흥형무소로 옮겨졌고, 1944년 2월 13일 60세 중반의 전치규 목사는 해방을 고작 1년 반 정도 남겨둔 상태에서 혹독한 고문과 박해의 관문을 넘어서지 못하고 하늘의 품에 안겼다. 침례교단에 대한 박해는 전치규의 순교로 끝나지 않았다. 일제는 1944년 5월 10일 침례교단 해체령을 내렸고, 각종 집회를 금지시키고, 교회 종과 재산을 몰수해서 국방헌금으로 사용했다.

섬진강의 순교자, 양용근 1905-1943

- **1905.** 전남 광양 출생
- **1922. 8.** 순천 매산학교에서 공부하던 중 일본으로 건너가 대학 입시 준비
- **1923.** 관동 대지진 경험
- **1925 - 1930** 니혼日本대학에서 법학공부
- **1930.** 귀국하여 고향에 오사학원을 세우고 한글과 성경을 가르침
- **1934 - 1939** 평양신학교 수학, 광양읍교회·여수 애양원교회·고흥 길두교회 시무
- **1940.** 구례읍교회 담임목사로 부임, 순천노회 교역자 검속, 광주형무소 수감
- **1943. 12.** 38세의 나이로 옥사

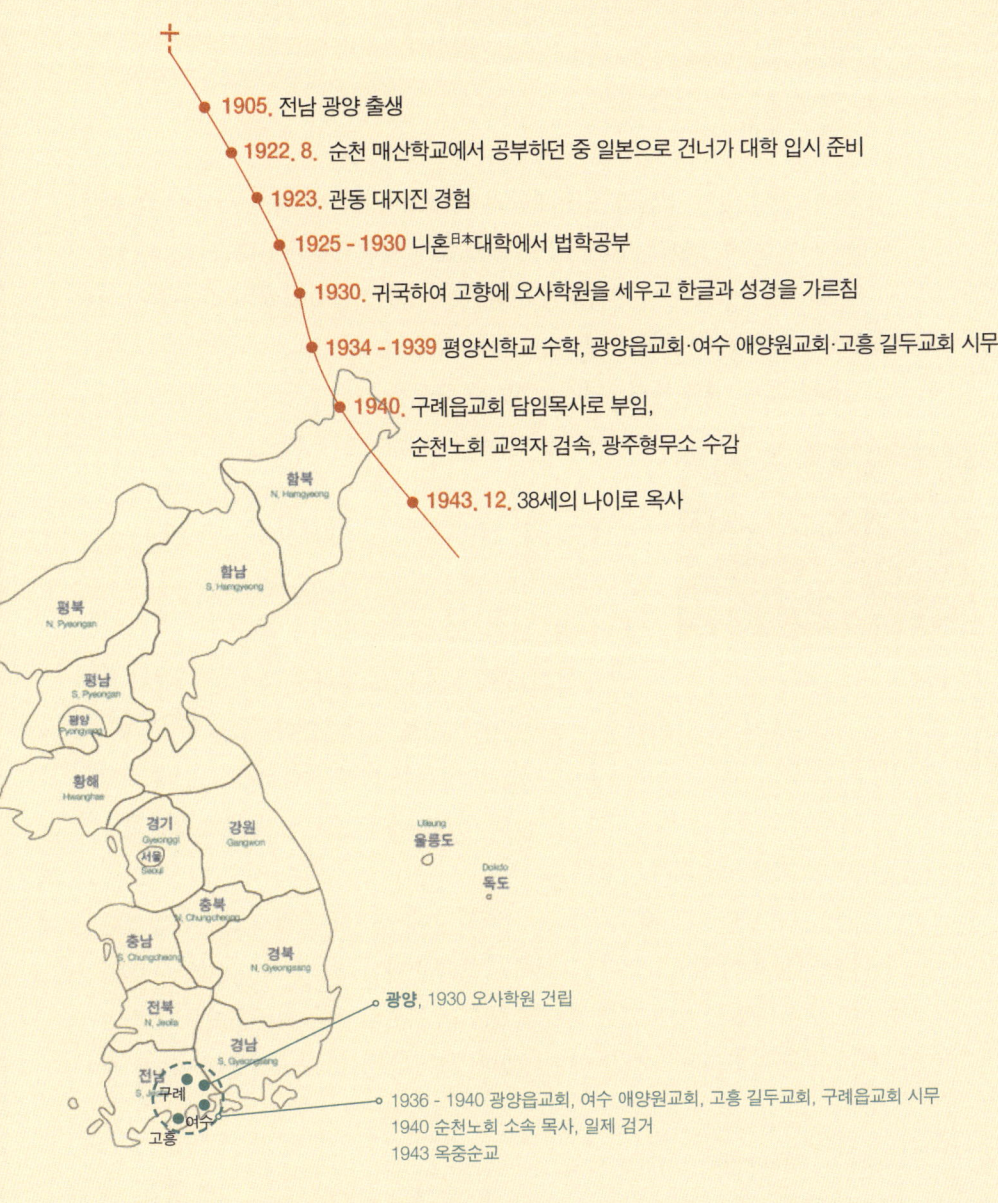

광양, 1930 오사학원 건립

1936 - 1940 광양읍교회, 여수 애양원교회, 고흥 길두교회, 구례읍교회 시무
1940 순천노회 소속 목사, 일제 검거
1943 옥중순교

그리스도는 사람의 아들로서 성신으로서 신랑으로서 만왕의 왕으로서 심판의 왕으로서 재림하실 것입니다. 신자로써 신앙을 돈독히 하여 그리스도의 재림에 의하여 반드시 건설될 천년왕국의 실현을 대망합시다.
(1940년 전남 고흥 송산리교회에서, 양용근의 설교)

| 일본 유학과 관동대지진 |

1905년 전남 광양 진월면 오사에서 출생한 양용근은 호적상으로는 양용환, 목사로 시무할 때는 용근, 또는 복근이라 불렀다. 양용근은 매산학교 고등과 1학년 때 세례를 받았는데, 매산학교를 다니면서 기독교 신앙을 갖게 되었다. 그는 매산학교 고등과 2학년 당시 졸업을 8개월 앞두고 자퇴했다. 당시 학제에 따르면 고등과 2년을 졸업하면 4년제나 5년제 중등학교의 3학년에 편입학을 해야 대학에 진학하거나 취업을 할 수 있는 자격을 얻는데, 진학하자니 비싼 등록금과 하숙비를 감당할 수 없었기 때문이다. 그는 독학으로 대학입학 자격 검정고시를 준비하기로 하고 스스로 학비를 벌어서 학원에 다닐 수 있는 일본으로 유학을 가기로 했다.

니혼대학 법학과 재학 시절(앞줄 맨 오른쪽)

양용근의 고향 오사리 오추마을 주민은 일제의 토지조사사업으로 인해 빈농이나 무농지 농민으로 전락하였다. 그는 법적 대응 한 번 해보지 못하고 무너져 버린 마을의 초췌한 백성들의 모습이 눈에 어렸다. 그래서 양용근은 법학도가 되어, 법의 혜택에서 제외된 백성의 억울함을 풀어 주는 법조인이 되기로 했다.

일본에 간 양용근은 공장에서 일하며 열심히 공부하여 검정고시에 합격한 후 니혼^{日本}대학에 입학하였다. 그런데 법학과를 다니는 동안 법이 형평성을 잃은 비민주적 악법이 되어 있는 것을 발견하고, 일본의 법은 제국주의 국가를 보호하기 위한 악법이라고 생각하게 되었다. 그러던 중 1923년 관동대지진을 직접 겪게 된다. 일본의 수천 명에 이르는 조선인 대학살에서 가까스로 살아남은 경험은 민족과 신앙을 되돌아보는 시간이 되었다. 그는 1930년 니혼대학 법학과를 졸업하고 고향으로 돌아와 고향의 이름을 딴 오사학원을 세우고 교육사업에 헌신했다.

| 교육과 목회활동 |

오사학원의 수업은 밤 7시에 시작했다. 학생은 집이 가난해서 이웃 보통학교나 심상소학교에 갈 수 없는 학생과 언문을 깨치지 못한 어른으로 구성되었다. 교사는 양용근과 그의 아내 정복향이었다. 매일 1교시는 언문 시간이었고, 다음으로 성경과 국사를 가르쳤다. 정 선생이 담당한 창가, 도화, 습자, 체조, 율동 시간 등도 수업 시간으로 정해 놓고 수업을 진행했다. 오사학원은 점차 소문난 학원이 되어서 학생들이 섬진강을 건너서 오기도 했다. 그래서 낮과 밤 2부제 수업을 하게 되었는데, 정규반과 성년반으로 나누어 각각 40여 명의 학생이 공부하는 규모로 성장하였다.

양 선생이나 정 선생은 항상 기도로 수업을 시작하고 마쳤다. 주일학교를 개설하여 일요일에는 아이들과 성인들이 합동해서 주일 예배를 드렸다. 양 선생은 우선 구원론부터 강해 설교를 시작했다. 이렇게 공부하는 동안 오사학원의 학생들은 자연스럽게 중생한 성도가 되어갔다.

오사학원에서는 매일같이 성경공부를 했다. 오사학원은 단순한 농촌계몽운동뿐만 아니라 학생들에게 하늘 문을 열어서 하늘의 진리를 공급해 주는 것을 본령으로 삼았다. 하지만 이같이 천국복음을 가르쳐 놓고도 학습과 세례식을 집전할 수 없던 양용근은 고민을 하게 되었다. 그래서 결국 1934년에 평양신학교에 입학해 목사의 삶을 준비하게 되었고, 그러는 동안 학원은 정 선생이 책임지고 운영하기로 했다.

| 순교의 이유, 그리스도의 재림사상과 희망을 준 것 |

나덕환, 안덕윤 목사와 함께 1939년 평양신학교를 졸업한 양용근은 광양읍교회, 여수 애양원교회, 고흥 길두교회를 섬겼다. 당시 의식있는 많은 지도자가 예수의 재림사상을 전하며 성도들이 민족의 서러움을 극복하고 희망을 갖도록 노력했다. 양용근도 이 주제를 피하지 않았다. "그리스도는 만왕의 왕으로서 만국을 심판하시는데 지상 7년간의 대환난 때에 회개한 자는 천년왕국의 백성이 될 수 있으므로 우리는 신앙을 돈독히 하고, 충실히 기독교를 전하여 천년왕국의 백성이 되지 않으면 안됩니다." 1939년 양용근의 설교였다. 이러한 설교는 1940년 음력 정월경 전라남도 고흥군 포두면 송산리교회에서 개최된 고흥 연합사경회 석상에서도 그대로 행해졌다.

구례읍교회 시무 시절(1942)

양용근 목사 순교비

1940년 순천노회 소속 목사와 지도급 전도사들이 두 번에 걸쳐 일제 검속되는 사건이 벌어졌다. 둥그런 원탁에서 교회의 목사들이 시국과 관련된 논의를 했다고 해서 소위 '원탁사건'으로 알려진 이 일로 양용근도 체포되었다. 양용근은 당시 일반적인 죄목인 말세신학과 재림사상을 가르쳤다는 이유에 반일사상과 불경죄 명목이 추가되어 징역 1년 6개월을 선고 받았다. 그리고 광주형무소에서 옥고를 치르다가 1943년 12월 5일에 하나님에 대한 절개를 지키면서 차가운 방에서 옥사했다. 그의 나이 한참 일할 수 있던 38세였다.

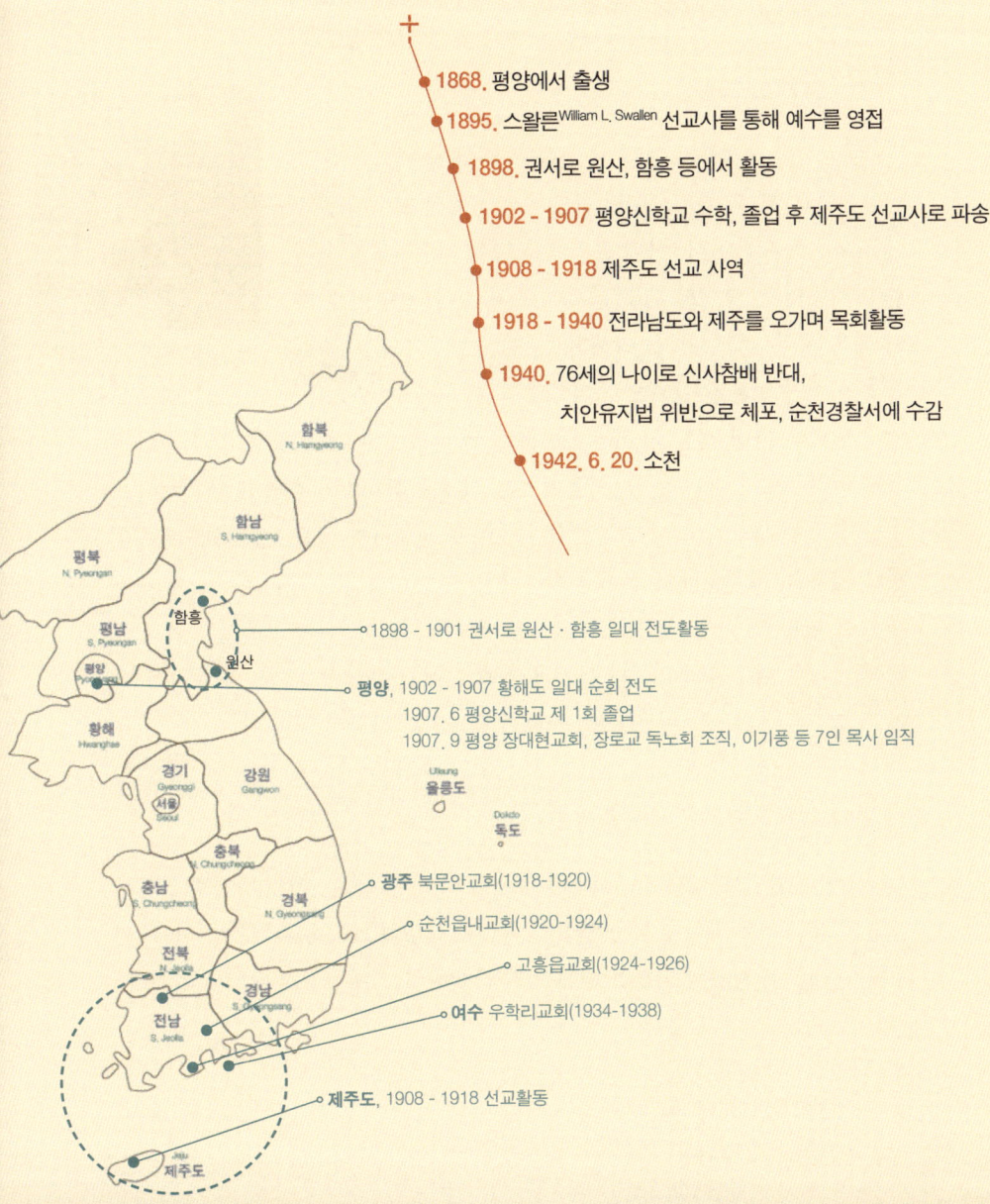

미쁘다 모든 사람이 받을 만한 이 말이여
그리스도 예수께서 죄인을 구원하시려고
세상에 임하셨다 하였도다
죄인 중에 내가 괴수니라 딤전 1:15

| 한국교회 최초의 선교 목사 |

한국교회는 출범부터 선교하는 교회가 되고자 해서, 1907년 평양신학교 제1회 졸업생부터 육지에서 떨어진 제주에 선교사를 파송하기로 했다. 아내 윤함애와 함께 제주선교를 자원한 이기풍의 눈 앞에서 온갖 생각이 스쳐 갔다. 풍운아로 자란 젊은 시절, 선교사들을 박해하던 시절, 김구와 함께 명성황후를 죽인 일본인 살해를 논의하던 시절, 예수의 부름을 받은 시절, 아이를 낳다가 죽은 아내 대신 지금의 반려자가 된 윤함애, 이제 죽음의 길과 같다는 선교지 제주도로 가는 뱃길, 기울어가는 시국을 목회자가 어떻게 대처해나갈 것인가 등의 생각이 앞에 어른거렸다. "마펫 선교사가 돌을 맞고서도 복음을 전한 것처럼, 제주도에서 일어날 박해를 참고 견디라."는 친구 길선주의 격려를 들으며 1908년 1월 11일 선교사 파송 예배를 드렸다. 쉽지 않았던 그의 결단 뒤에는 예수 때문에 죽음에서 살아난 황해도 여걸 윤함애의 기도와 눈물이 있었고, 그 결단 때문에 한국교회는 21세기 세계선교 강국이 되었다.

이기풍 목사와 아내 윤함애

| 평양 석전의 명수가 세례를 받고 |

1868년 평안남도 평양에서 출생한 풍운아 이기풍 목사는 어린 시절부터 사서삼경을 외우는 등 한학에 특출했다. 그림에도 특별한 재능을 가지고 있어서, 예수를 믿기 전에 생활이 궁핍할 때에는 긴 담뱃대에 그림을 그려 팔기도 하였다.

의협심도 강해서 일반백성을 괴롭히던 평양좌수를 혼내주기도 했고, 동학에도 잠시 몸을 담고, 서양 선교사들이 조선을 삼킨다고 해서 선교사들을 박해하기도 했다. 이기풍은 평양장터에서 복음을 전하던 마펫에게 석전놀이 하던 기술로 돌을 던져 그의 턱을 상하게 했는데, 역설적이게도 이 사건이 훗날 이기풍이 기독교를 받아들이는 데 중요한 역할을 하였다.

윌리암 홀 선교사가 1894년 평양에서 치러진 청일전쟁의 와중에 주민들을 돌보다가 전염병을 얻어 죽어갔을 때, 이기풍은 살아보겠다고 전쟁을 피해 원산으로 피신했다. 그런데 마펫과 비슷한 모습을 한 스왈른William L. Swallen 선교사를 보고 앞날 마펫의 턱을 상하게 한 일을 뉘우치게 되었다. 그날 밤 자신의 잘못을 회개한 이기풍은 1896년 스왈른에게 세례를 받았다. 마펫에게 용서를 빈 이기풍은 1898년 함경도 매서인으로, 1902년부터는 황해도의 조사로 활동하며 평양신학교에 입학했다. 그리고 길선주, 서경조, 양전백, 한석진, 방기창, 송린서와 함께 평양신학교 제1회 졸업생이 되어 한국교회의 지도자가 되었다.

1907년 평양신학교 1회 졸업생

| 마펫의 턱, 이기풍의 수난, 그리고 윤함애 |

1908년 2월 20일 아내 윤함애를 목포에 남겨두고 배를 탄 이기풍은 추자도 인근에서 난파를 당했지만, 구사일생으로 44일만에 제주도에 도착했다. 어렵게 도착한 제주도에서의 전도 상황은 녹록치 않았다. '이재수의 난'이라 불린 1901년의 '신축교난辛丑敎難' 때문에 제주 사람들은 종교에 대한 이미지가 좋지 않았다. 견디다 못한 이기풍은 임지를 바꾸어 달라고 마펫에게 부탁하였다. 그러나 마펫은 이기풍이 만든 자신의 "턱의 상처가 아물 때까지 인내하라."는 짧

은 편지를 보낼 뿐이었다. 수많은 어려움 가운데서도 포기하지 않은 이기풍의 진심 어린 사역은 점차 빛을 발하게 되었다. 이후 30여 개의 교회가 설립되고, 1930년에는 노회가 조직될 정도로 성장하였다.

이기풍의 제주사역의 가장 큰 조력자는 아내 윤함애였다. 윤함애는 산파역할, 기도, 장례식 도움으로 복음전파에 큰 도움을 주었다. 황해도 안악 출신 윤함애는 10대 때 불치병에 걸렸으나 언더우드의 조사 김채봉의 기도를 받고 기적적으로 살아났다. 집안의 박해를 피해 평양까지 홀로 도망 온 윤함애를 그레이함 리Graham Lee, 이길함는 양녀로 삼았고, 마펫의 소개로 윤함애와 이기풍은 결혼을 했다. 바로 그녀가 오늘의 이기풍이 있게 한 사람이었다.

제주 성내교회

| 한국의 사도바울, 이기풍의 고난의 길 |

이기풍의 열정적 선교사역 뒤에는 가정의 많은 고난이 있었다. 자녀 6남매 중 셋째 아들 사준은 10살 때 제주도에서, 넷째 아들 사영은 2세 때 광주에서, 첫째 딸 사라는 18세 때 순천 사역지에서 죽었다. 조금만 신경을 썼더라도 살았을 것인데, 이기풍은 "하나님 아버지의 은혜 감사합네다. 나는 죄인중에 괴수외다."라고 외치며 가슴만 칠 뿐이었다. 이기풍 역시 1915년 과로로 인해 관절염, 귓병에 실어증까지 걸렸다.

이기풍은 1913년부터 벌교를 필두로 전라남도 사역을 진행했다. 제주도에 이은 두 번째 거대한 선교여행이었다. 1918년 광주 북문안교회, 1920년 순천읍교회, 이후 잠시 제주도 성내교회를 담임한 것을 제외하고 고흥과 벌교에서 사역했다. 1921년 제10대 총회장으로 섬긴 것을 빼고는 중앙무대에 쉽사리 발을 들여놓지 않았다. 1934년 여수에서 지금도 배를 타고 한 시간을 넘게 들어가는 우학리에 70이 다 된 몸으로 파송되어 여러 섬을 돌면서 복음을 전했다. 천하의 이기풍도 평생에 걸쳐 섬으로, 지방으로 한없이 낮아지는 훈련을 하였다. 여기에는 긴 인내, 백번의 인내, 백인百忍의 정신이 필요했다.

 신사참배가 본격적으로 강요된 1936년부터 이기풍 목사는 이에 맞서 싸웠다. 그리고 1940년 11월 15일 일제는 신사참배 반대운동을 벌이던 이기풍, 노석주, 나덕환, 김상두, 김순배 등 순천노회 소속 목사 17명 전원을 검거하여 투옥했다. 특히 이기풍은 미국 선교사와 내통한 미 제국주의의 첩자, 요한계시록을 강해하면서 일본의 패망설을 유포한 불경죄 등의 죄목이 추가되었다. 막내딸 이사례는 신사참배에 반대하다 학교도 그만두었

다. 한국교회 선교의 거인 이기풍 목사는 1942년 6월 13일 75세의 허약해진 몸으로 병보석으로 풀려나와 남도의 끝자락 우학리에서 성찬을 거행한 후, 일주일 뒤인 6월 20일 주일 하늘의 부름을 받았다. 그의 시신은 화순에 위치한 광주 중앙교회 공원묘지에 안장되어 있다.

 우학리교회는 이기풍 목사 순교기념교회를 세웠으며, 순교기념관을 지어 손님을 맞고 있다. 또한, 한국고등신학연구원은 이기풍 목사 순교 68주년 때부

터 가칭 이기풍목사기념사업회를 만들어, 도서출간, DVD 작업 등을 진행하고 있다. 2012년 순교 70주년을 맞아, 영화 "순교보"를 새롭게 디지털로 꾸미고,《백번의 인내》란 책을 출간했다.

《백번의 인내》   순교보 DVD

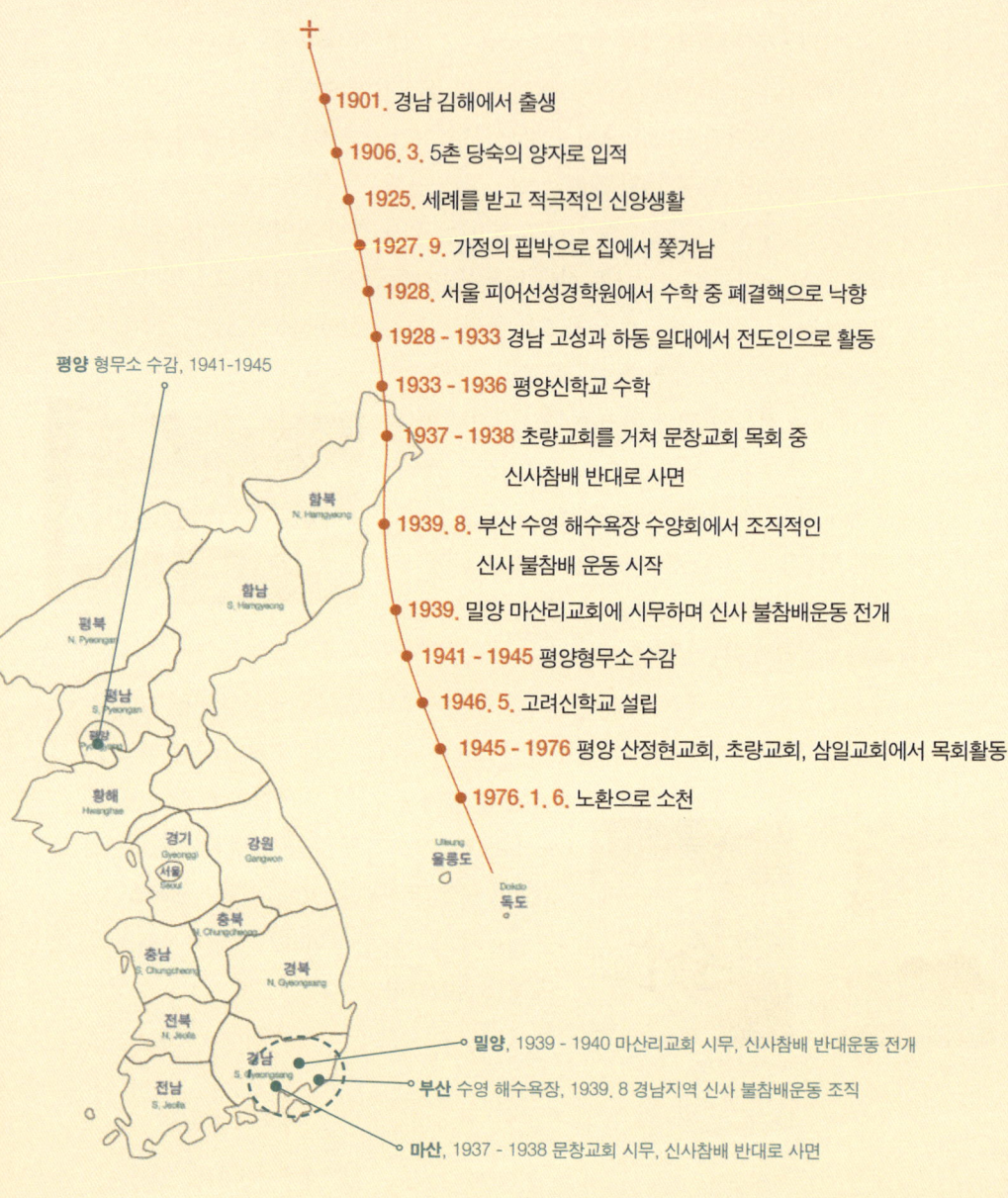

경남 유치장에 구검되어 차마 견디지 못할 어려움을 당할 때
저는 주님의 그 크신 사랑을 그 때 맛보았습니다. 그 사랑은 샘솟듯 하였습니다.
주님께로부터 오는 한없는 그 사랑, 나는 너무 감격에 넘쳐서 울었습니다.
(한상동 목사의 옥중기 《주님의 사랑》 중에서)

네가 해야 할 일이 있기 때문이다.

1945년 해방은 불현듯 왔고, 아무도 해방이 그리 빨리 오리라 생각하지 못했다. 한국의 모든 교단과 교회가 저들 스스로 간판을 내리고 일본기독교 조선교단으로 통폐합한 것이 해방을 불과 한 달 앞둔 1945년 7월 20일이었다.

감옥에 갇혀있는 시간이 길어질수록 신사참배 반대자들은 패배자가 되는 것처럼 보였다. 1944년 4월 15일 예수천당으로 유명했던 최봉석 목사가 순교하고, 4월 21일 주기철 목사가 순교했다. 이때 한상동 목사도 폐결핵이 재발하여 영양실조로 죽어가고 있었다. 폐결핵 때문에 피어선성경학원을 다니다 낙향해야 했던 시절이 있었는데, 힘든 감옥생활에 재발한 것이다. 그는 차라리 거룩한 순교를 위해 기도했다. "주님, 나의 영혼을 구하소서. 너무 괴로워서 견딜 수 없나이다." 그런데 그 순간 누군가 죄수 번호 '287번'이 아닌 자신의 이름을 불렀다. "상동아." 너무나 또렷했다. "너는 절대 죽지 않는다. 너는 살아서 나갈 것이니라. 네가 해야 할 일이 있기 때문이다."

이 음성을 듣자, 곧 죽을 것 같았던 지친 몸에 생기가 돌았다. 구미가 당겨 소금 주먹밥도 맛있게 먹었다. 살아서 출옥하게 된다는 확신과 하나님이 부여하신 일이 있다는 사명감에 감옥생활은 예전과는 비교할 수 없게 달라졌다.

파양 선고보다 예수를

한상동은 1901년 7월 30일 경남 김해군 명지면 명지에서 한재훈의 4남 4녀 중

한상동

넷째로 태어났다. 5세 때에 당숙 한금출의 양자로 입적해서 한문을 배운 후 6년 과정의 다대실용학교에서 수학했는데 이때에 김성권 선생에게 독립과 애국정신을 배웠다. 1916년에 동래고등보통학교에 입학했으나 마치지 못하고, 실용학교 임시교사 생활을 했다.

1921년 결혼 후 인생의 문제를 고민하던 중 1924년 4월경에 다대포교회에 출석하면서 신앙을 갖게 되었다. 1925년 3월 세례를 받고 신앙이 깊어졌지만, 집안의 반대는 더욱 거세져 예수를 믿는다는 이유로 2년 만에 한씨 집안에서 쫓겨나는 신세가 되었다. 하지만 이러한 파양선고의 경험은 이후 신사참배 반대운동의 저력이 되었을지 모른다.

한씨 가문에서 쫓겨난 한상동은 1927년부터 호주선교부 주선으로 알버트 라이트Albert Wright, 예원배 선교사가 교장으로 있던 진주광림학교에서 교사로 섬겼다. 목사가 되기로 한 그는 1928년 피어선성경학원에 입학했으나 예기치 않은 폐결핵으로 낙향해야만 했다. 고향에 있으면서 다대포에서 경남 여전도회 연합회의 파송으로 고성군 학동에 전도사로 일했는데, 이곳이 그의 최초 목회지였다. 건강을 회복한 그는 1933년 평양신학교에 입학해서 방지일 등과 함께 공부했다. 그는 졸업과 함께 1937년 부산 초량교회를 섬기다가 이듬해 마산지역 최초의 교회인 마산 문창교회로 사역지를 옮겨 시무했다. 마산 문창교회는 산정현교회로 옮겨간 주기철 목사가 섬기던 교회였다. 후에 한상동 목사도 해방 후 산정현교회를 잠시 섬겼다.

| '국가의 악의로 사용되는' 신사참배 |

한상동이 본격적인 목회를 시작하던 시기는 장로교총회의 신사참배 가결과 함께 일본의 강압이 고조되고 있던 때였다. 한상동은 1937년 초량교회에 있을 때부터 강력하게 신사참배를 반대해 왔다. 문창교회에 부임한 후 2달째인

1938년 3월 6일 '삼대 탄식'이란 설교를 통해 '국가의 악의로 사용되는' 신사참배에 대하여 분명한 반대의사를 표했다. 총회의 신사참배 가결과 함께 문창교회를 사임한 한상동은 본격적인 신사참배 반대운동을 전개했다. 1939년 8월 수영해수욕장에서 이인재, 윤용술, 조수옥, 김현수 등과 만나 신사참배요강을 만들고 조직적인 반대운동을 도모했다. 1939년 10월 말 밀양 마산교회를 섬길 때도 신사참배 반대운동을 지속하였다.

그러자 일제는 1940년 일제 검거를 통해 7월 3일 한상동 목사를 체포하여 1년 어간 경남도경 유치장에 감금했다가 1941년 7월 11일 평양으로 이송해 총 5년간 옥고를 치르게 했다. 그리고 여느 옥중성도가 겪었을 매우 어려운 감옥생활이 시작되었다. 그렇지만 한상동 목사에게 감옥은 고난의 장소만은 아니었다. 언제 출옥할지, 해방될지 몰랐지만, 한국교회가 어디로 가야 할지 생각을 다듬는 의미 있는 시간이었다. 한상동의 옥중기는 박윤선이 1953년 〈파수군〉에 연재해 세상에 알려졌다.

한상동 목사 옥중기
《주님의 사랑》

| 송도의 한줄기 빛-한국교회 영적 쇄신의 도구 |

해방이 되고 14명의 마지막 옥중 성도들과 함께 출옥한 한상동은 평양에서 소위 '교회재건운동'이라 하는 교회 쇄신운동을 전개했다. 한상동이 감옥에서 구상한 교회 쇄신방법은 (1) 새로운 신학교를 건립해 참된 교역자를 양성하고, (2) 전도인을 길러 교회를 세우고, (3) 수양원을 세워 신사참배로 더러워진 교직자를 새롭게 하는 것이었다. 이러한 계획의 중심에는 평양신학교의 맥을 잇는 신학교 재건이 있었다.

하지만 어머니 배봉매의 죽음으로 인해 1946년 3월 고향으로 내려온 한상동은 남북의 분열로 다시 평양에 돌아가지 못했다. 하지만 한상동은 자신이 있는 자리에서 부산-경남 지역의 교회 쇄신운동에 주력하였다. 그는 교회의 영적 재건운동에서 신학교육의 재건이 가장 중요한 요소라고 생각하고, 초량교회를 섬기면서 신학운동을 시작했다. 그리고 그 결과 고려신학교가 설립되었다. 한상동은 '신학교를 설립하여 한국교회를 위한 희생의 제물이 되어줄 수 있는 목사를 기르는 사업'을 강조했다. 특히 신학교 설립을 강조한 한상동과 주남선은 현실 타협적이며 진보적인 조선신학교에 해방 후 한국교회의 미래를 맡길 수 없다고 생각했다. "가장 중요한 일은 성경이 살아계신 하나님의 말씀임을 부정하는 사람들이 신학교의 주인이 되어 신학교육을 담당하고 있었습니다. 아무리 생각해도 한국교회를 저들의 손에 맡길 수가 없다는 결론뿐이었습니다." 라는 말에서 한국교회가 신사참배에 굴복한 것이 신학교육이 실패했기 때문이라고 생각했음을 알 수 있다.

왼쪽부터 한상동, 박윤선, 한부선, 박형룡

1946년 봄 박윤선, 주남선, 한상동, 손양원 등이 새로운 신학기관 설립에 협력을 동의하고 신학교설립기성회를 조직했고, 그해 가을 9월 20일 박윤선을 임시교장으로 하고 일신여학교 교사에서 고려신학교를 시작했다. 그렇게 시작한 고려신학교는 배척, 통합, 환원의 역사를 거쳐 발전해갔다. 심군식의 말에 따르면 고려신학교를 세상에 존재하게 하는 일은 한상동 목사만이 할 수 있었던 일이고, 고려신학교가 안정적인 형태를 갖추어가자 하나님은 그를 부르셨다고 말했다. 한상동 목사는 1976년 1월 6일 하나님의 부르심을 받았다.

고아의 대모가 된 마지막 옥중 성도, 조수옥 1914-2002

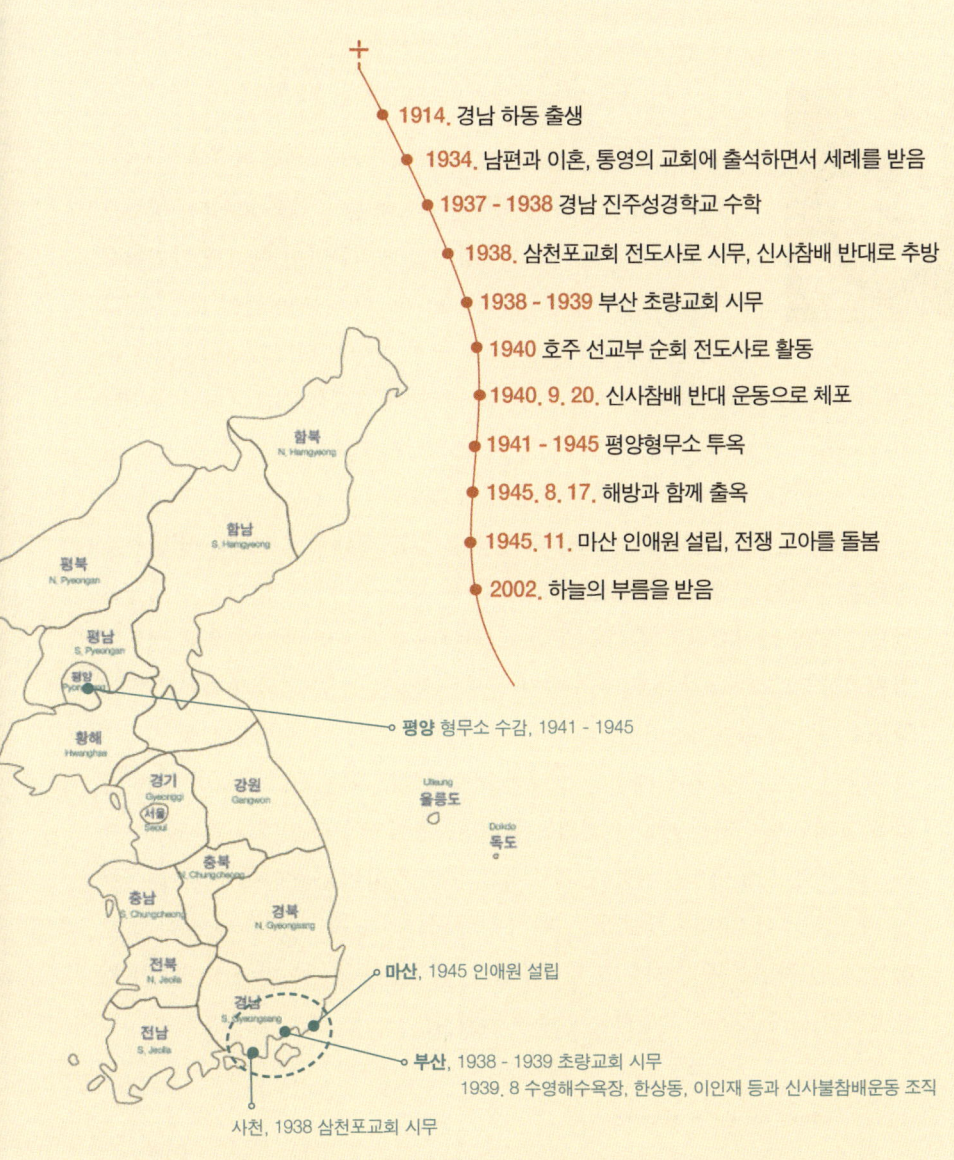

- 1914. 경남 하동 출생
- 1934. 남편과 이혼, 통영의 교회에 출석하면서 세례를 받음
- 1937 - 1938 경남 진주성경학교 수학
- 1938. 삼천포교회 전도사로 시무, 신사참배 반대로 추방
- 1938 - 1939 부산 초량교회 시무
- 1940 호주 선교부 순회 전도사로 활동
- 1940. 9. 20. 신사참배 반대 운동으로 체포
- 1941 - 1945 평양형무소 투옥
- 1945. 8. 17. 해방과 함께 출옥
- 1945. 11. 마산 인애원 설립, 전쟁 고아를 돌봄
- 2002. 하늘의 부름을 받음

평양 형무소 수감, 1941 - 1945

마산, 1945 인애원 설립

부산, 1938 - 1939 초량교회 시무
1939. 8 수영해수욕장, 한상동, 이인재 등과 신사불참배운동 조직

사천, 1938 삼천포교회 시무

주님은 죄인인 나를 위해서 십자가 지시고 그 부끄러운 고난을 지셨는데
그 주님을 생각하니 내가 주님 위하여 당하는 부끄러움을 마다 할 수 있겠습니까?
나도 주님 위하여 고난 받게 하심을 감사합니다.
(조수옥 친필원고 중에서)

조수옥 권사

| 마지막 옥중 성도 조수옥에게 감동을 준 고아 |

신사참배를 중심으로 일본의 강압적인 제국주의에 평생 신실하게 맞선 조수옥이 평양형무소에 갇혀 있을 때였다. 형무소에는 어른들, 사상범, 신사참배 반대자들만이 아니라 아이들도 들락거렸고, 아이 중 유독 한쪽 부모만 둔 아이들이 많았다. 그 중 몇 번이나 형무소를 오고 간 한 아이가 있었다. 어린 것이 무슨 죄가 있어 자주 감옥에 들어오는지 알아보았다. "감옥에는 그래도 주먹밥이라도 주고요. 추운 겨울에는 그래도 바람도 막아주고요. 어차피 갈 곳도 없고요." 아이의 대답이 조수옥의 가슴을 깊이 찔렀다.

신사참배문제로 인해 모진 고난 다 당하고 있는 상태에서 언제 풀려날지도 모르는 그녀는 언젠가 풀려나면 이러한 갈 길 잃는 고아들과 버려진 아이들을 돌보는 일을 해야겠다고 결심을 했다. 신사참배 반대자로 마지막 옥중 성도의 일원, 그리고 고아들의 대모, 조수옥의 인생을 둘로 나누는 역사적 사건은 평양형무소 안에서 이루어졌다.

해방된 후 조수옥의 인애원은 그렇게 시작되었다. 해방되고 가족이 있는 자들은 그래도 이리저리 헤매다 재회를 했지만, 맨 마지막 남는 것은 언제나 부모를 잃어버린 어린아이들이었다. 조수옥은 버려진 아이들을 안아 국가에서 주는 배급을 얻어 먹이며 돌보았다. 더러운 아이들의 몸을 씻긴 후에 옷이 부족하자, 일단 자신의 옷을 하나씩 입혀주었다. 한국전쟁을 겪으면서 고아들이 폭증했지만, 조수옥의 이웃사랑은 멈추지 않았다.

| 기왕에 예수를 제대로 믿어 보려면 |

　조수옥은 1914년 12월 1일 경남 하동군 하동읍 읍내동에서 출생했다. 20세에 결혼을 했으나 2년 후 남편의 외도 때문에 이혼했다. 그러나 남편과 이혼을 한 것이 계기가 되어 할아버지 조동호를 통해 1934년 22세의 나이에 예수를 믿게 되었다. 통영에서 간호사와 봉제 교사로 일하다가, 기왕 예수를 믿으려면 제대로 믿어보자고 진주여자성경학교에 들어가 공부한 후, 1938년 6월 25세 나이에 사천군 삼천포교회에서 전도부인으로 사역을 시작했다.

　1936년부터 불기 시작한 일본의 신사참배강요가 삼천포에도 매섭게 찾아왔다. 특히 1938년 조선예수교장로회 총회가 '신사참배는 종교의식이 아니다.'라고 주장하며 신사참배를 결의하자, 지방의 일개 교회가 논리적으로 이에 맞서기란 더욱 어려웠다. 그 해 10월 일본의 강압적인 신사참배에 맞서다 조수옥은 일본경찰에 의해 삼천포에서 추방당했다. '하나님 말씀의 첫 계명에 우상을 섬기지 말라고 했는데, 산 사람인 천황을 신처럼 여기고 절한다는 것은 있을 수 없는 것'이라는 생각으로 이마저도 달게 받아들였다. 그런데 이때부터 조수옥의 고난은 해방될 때까지 계속되었다.

　초량교회는 갈 곳 없는 조수옥을 받아들였다. 이곳에서는 그래도 은밀하게 신사참배 반대운동을 할 수 있었고, 1939년 8월 부산 수영해수욕장에서 한상동, 한정교, 이인재, 김현숙 등과 함께 적극적인 신사참배 반대 결의를 하기도 했다. 이 역사적인 결의 현장에 조수옥이 함께 했고, 이후 그녀는 고신의 상징적 인물이 되었다.

| 평양형무소의 마지막 옥중 성도 |

　이후 조수옥은 1940년 1월 호주선교부 부산순회 전도부인으로 신사참배 반대운동과 운동자금을 모금하는 일을 했다. 그러다 1940년 9월 20일 새벽 일본

의 일제 검거령에 따라 초읍동 자택에서 체포되어 북부산 경찰서에 감금되었다가 1941년 8월 25일 평양형무소로 이송되어 사상범으로 혹독한 고문과 심문을 받았다. 이 대대적인 일제 검거로 많은 이가 잡혀 들어 왔는데, 초량교회 출신 중 주기철, 방계성, 한상동, 손명복 등이 있었다. 이 외 주남선, 최봉석, 최상림, 안이숙 등도 포함되어 있었다.

이후 1945년 8월 17일 해방과 함께 출옥될 때까지 기나긴 고난과 형극의 시간을 형무소에서 보냈다. 벌레와 빈대가 만연한 여름, 맨바닥에서 자야 했던 혹독하게 춥고 긴 겨울, 그리고 한겨울에도 찬물을 뒤집어씌우는 고문과 협박이 이어졌다. 조수옥은 1감방에 있었고, '죽으면 죽으리라'로 옥중 고난을 증언했던 안이숙은 3감방에 있었다. 1943년 최덕지가 합류하자, 세 여전사는 감옥 안이었지만 힘을 내어 기도하고 찬송을 드렸다. 그들은 형무소에 있었지만, 오히려 이런 상황에서 예수가 진 십자가 사랑과 하나님의 동행하심을 느꼈다.

"때로는 '더는 견딜 수 없습니다.' 라고 심중에 부르짖을 때도 있었지만, 사정이 호전되지 않아도 하나님이 함께해 주시고 십자가의 주님이 동행해 주시는 것을 생각하면 무한한 위로가 되고, 그리스도의 고난이 넘치는 것처럼 심중에 위로가 넘쳐서 감격의 눈물을 흘리며 감사했습니다." 조수옥의 고백이다. 고난 중의 위로와 감사를 경험하던 조수옥은 5년 만에 마지막 출옥 성도로 형무소를 나오게 되었다.

| 인애원에서 경남사회복지관으로 |

해방된 후 조수옥은 평양형무소 안에서 한 자신과의 약속을 지켰다. 1945년 12월 이약신 목사의 권면으로 조수옥은 자신의 사재를 털어 마산 구암동에 인애원을 설립하고 불우한 청소년들과 고아들을 돕는 사업에 본격적으로 뛰어들었다. 해방 이후 거리를 떠돌던 불쌍한 아이들을 거두어 먹인 것이 반세기의 시

인애복지재단

간이 흘렀다. 조수옥은 2천여 명의 고아들을 키워내면서 고아들의 어머니가 되었다. 작은 인애원은 시간이 지남에 따라 탁아시설인 인애 어린이집, 영세민을 돕는 경남사회복지관, 복지사업자들을 교육하는 경남사회복지 교육원, 경남 보육시설 교육훈련원, 노인들을 무료로 진료하는 인애의원으로 확대되었다.

그녀는 고아사업과 함께 여성기독교 지도자들의 양성에 힘을 기울였다. 고신 교단 전국 여전도회 활동에 남달리 애착을 갖고, 여전도회를 전국단위로 활성화하는데 크게 공헌하고, 경남 창녕에 있는 여전도회관 건립 추진위원장을 맡아 저력을 발휘했다. 그리고 각종 정부단체 및 사회단체의 위원과 위원장으로 왕성한 사회활동을 병행했다. 고아들의 대모 조수옥은 2002년 제1회 유관순상을 수상했고, 이어 일가 김용기상을 수상했다. 자신을 그렇게 괴롭힌 일본을 돌면서 신사참배의 부당성을 일본 현지 기독교인들에게 전했다. 심지어 그녀의 삶을 담은 책《신사참배를 거부한 기독교인 조수옥 일본 통치 저항 증언》イエスの証しを守った人-趙壽玉勧事の生涯-이 2000년 일본 작가에 의해 출간되기도 했다

"당시 교계 인사들은 신사참배가 죄가 아니라고 강변했습니다. 물론 일제의 혹독한 탄압을 피하려는 방편으로 보지만 어쨌든 우상을 섬기도록 부추긴 책임을 회피할 수는 없습니다. 당시의 잘못을 시인하고 참회하면서 부도덕한 일본의 행태를 비판해야

조수옥 권사의 모습

모두가 수긍할 것입니다." 조수옥 권사의 항변이다. 이 고백은 조수옥이 생각하는 올바른 그리스도인으로 사는 삶이 무엇인지 분명하게 보여주고 있다. 잘

못한 것은 덮어 버리는 것이 아니라, 인정하고 회개하는 것이다. 그것이 하나님의 말씀이다.

그렇게 평생 십계명의 제1계명과 이웃을 사랑하라는 예수님의 계명을 몸소 행해 온 조수옥은 2002년 10월 28일 오후 4시 30분에 하나님의 부름을 받았다. 그녀의 마지막 고백은 다음과 같았다. "하나님께서 다윗을 들어 쓰셔서 골리앗을 무너뜨린 것처럼 어려운 시대에 하나님께서 나를 들어 쓰셔서 사용하셨다."

조수옥 권사의 친필 원고

피어보지도 못하고 옥중에서 사그라진 순교의 꽃,
허성도 1902-1944

- **1902.** 경북 영덕 출생
- **1914.** 대구 계성학교 입학
- **1919. 3. 8.** 3·1운동 대표로 참가, 10개월간 징역 생활
- **1921.** 연희전문학교에서 수학 중 사회주의에 경도, 학업을 중단하고 상해로 망명
- **1925.** 간도와 시베리아를 거쳐 국내로 귀국, 일본유학
- **1927 - 1930** 도쿄 간다神田신학교 수학, 졸업 후 시청공무원으로 일함
- **1936.** 경주 운대리교회, 경산 사월교회 전도사 시무
- **1938. 9.** 신학교 편입을 포기하고 도청 직원으로 근무
- **1939. 9.** 청주성경학교 교수로 재직
- **1941 - 1943** 청주 제2교회 설립, 괴산 연풍교회 담임
- **1943. 9. 13.** 계시록 설교로 일경에 체포
- **1944. 6. 4.** 43세의 나이로 대전형무소에서 순교

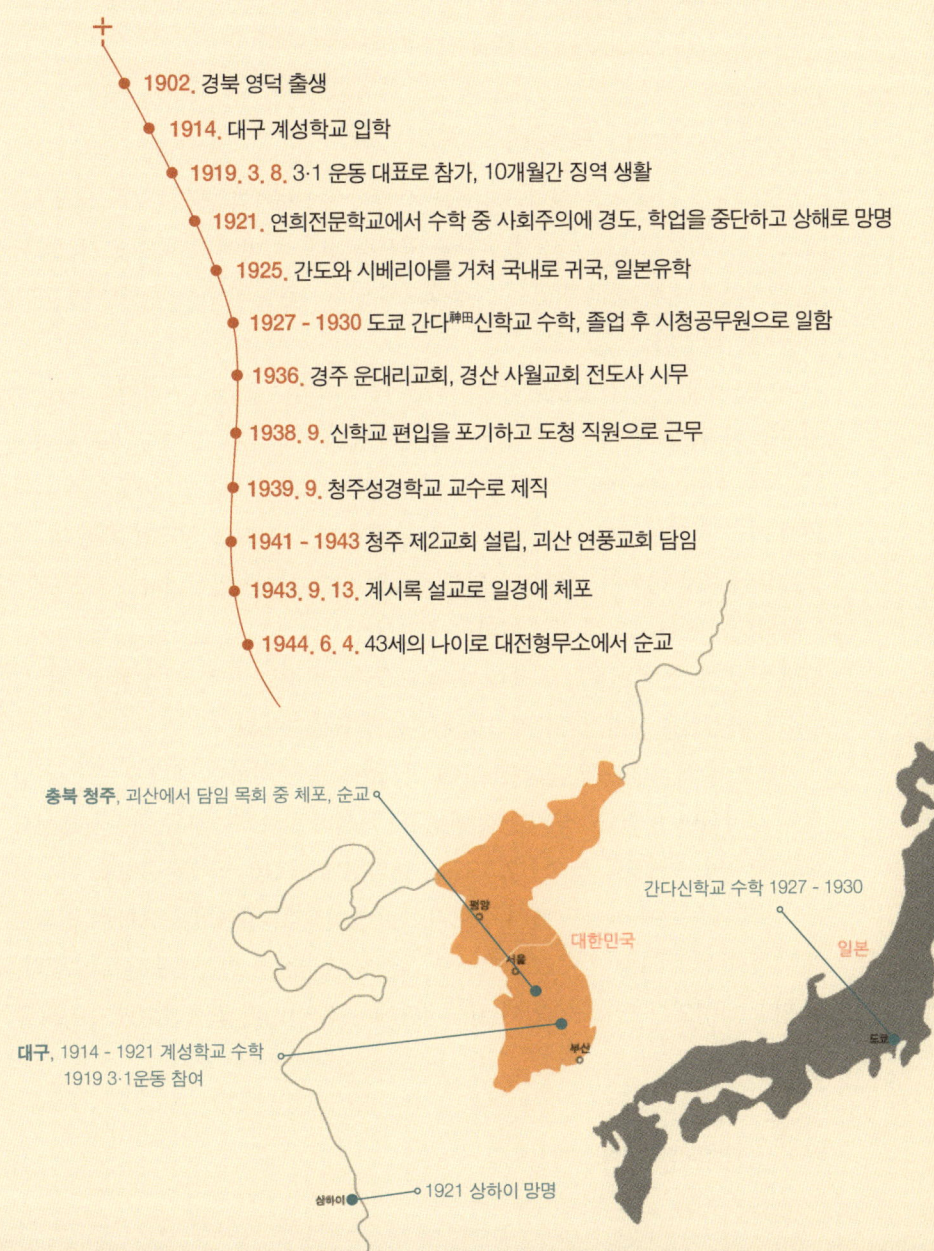

충북 청주, 괴산에서 담임 목회 중 체포, 순교

간다신학교 수학 1927 - 1930

대한민국

일본

대구, 1914 - 1921 계성학교 수학
1919 3·1운동 참여

1921 상하이 망명

예수께서 말씀하여 이르시되
나는 세상의 빛이니 나를 따르는 자는 어둠에 다니지 아니하고
생명의 빛을 얻으리라 요 8:12

| '성도'로 자신의 이름까지 바꾼 열정의 젊은이 |

1902년 8월 27일 경북 영덕군 강구면 삼사동에서 허주와 남금수 사이에서 3남으로 태어난 허성도는 어려서 한학을 공부하였다. 아버지는 그에게 신식교육을 받게하기 위해 대구에 있는 계성학교에 입학시켰는데, 이곳에서도 그는 두각을 나타내었다.

허성도에게 신앙적 영향을 미친 사람은 그의 어머니 남금수 권사였다. 남금수 권사는 아담스James E. Adams, 안의와 선교사의 노방전도를 듣고 예수님을 영접했다. 이후 어머니는 1907년 3월 3일 자신의 집에 교회를 세우고, 이웃으로 다니면서 가는 곳마다 교회를 설립해서 총 12개가 넘는 교회를 인근에 세웠다. 이것은 사명으로 이뤄가는 헌신과 희생이 있었기에 가능한 일이었다.

허성도는 몸이 성장해 감에 따라 민족정신과 신앙이 더욱 깊어졌다. 학교에 다니던 어느 날 자기 이름을 '도鍍에서 '성도聖徒'로 바꾸고, 방학 때 고향에 내려가서도 민족정신을 고취시키고 복음을 전하는 집회를 열었다.

1919년에 계성학교를 중심으로 3·1 만세운동을 준비하던 백남채 교장이 일찍이 검거되어 버렸다. 하지만 만세운동은 3월 8일 오후 1시경 서문시장에서 시작되어 밤이 늦도록 계속되었고, 8월 10일까지 격렬한 만세운동으로 이어졌다. 이 만세운동에 허성도 역시 주도적으로 참여했다. 일경의 체포망이 좁혀오자 그는 안동과 고향 영덕으로 장소를 옮겨서 그곳에서 만세운동을 주도했다. 이 일로 허성도는 1919년 4월에 궐석재판에서 징역 10개월을 선고받고 옥고를 치르기도 했다.

| 나라 잃은 민족의 슬픔을 보고 |

1921년 아담스 선교사가 세운 계성학교를 졸업하고 4월에 연희전문학교 문과에 입학했다. 그런데 재학 중 사회주의에 빠지게 되면서 학업을 중단하고 상해로 건너가게 되었다. 임시정부 청사를 자주 찾은 그는 투쟁 자금도 확보하지 않은 채 언쟁만 벌이는 상황을 보고 실망감을 감출 수 없었다. 그래서 만주와 간도 지방의 동포들의 삶을 살피고, 블라디보스토크를 통해 모스크바로 들어가 나라 잃은 백성의 서글픈 삶을 보면서 사회주의에 대한 깊은 회의를 느꼈다. 이러한 현장 경험을 통해 그는 독립에 대한 필요성을 절감하고, 1925년 1월 귀국했다. 그리고 결혼 후 일본 메이지대학으로 유학을 떠나 영문학을 공부했다.

| 경주에서 청주로 |

성경학교 졸업기념, 앞줄 맨 오른쪽(1941)

일본에서 공부하던 중 부인의 제안에 따라 1925년 9월 허성도는 도쿄 간다(神田)신학교 야간부에 입학해서 낮에는 일하고, 밤에는 신학을 하면서 1930년에 졸업했다. 목회를 하지 않고 시청 공무원 생활을 하던 그는 1936년 어머니의 유언과 권면에 따라 본격적인 목회의 길로 접어들었다. 경주 서면 운대리교회 등을 돌보면서, 야학을 통해 문맹 퇴출과 계몽운동을 시작했다. 일본에서 신학을 한 그가 목사 안수를 받는 문제가 발생하자 잠시 목회를 포기하고 청주에서 시간을 보내기도 했지만, 청주제일교회 구연직 목사의 도움으로 1941년 6월 목사 안수를 받고, 청주 제2교회(현 청주중앙교회)를 개척해 시무하다 1942년 10월 괴산군의 연풍교회로 사역지를 옮겼다.

신사 참배 반대자들 † 221

| 갈 곳 잃은 순교자 |

연풍교회를 섬기던 어느 날 주재소에서 교회당을 '농민청장년 보충병 양성소'로 사용하겠다는 제안을 했으나 허성도 목사는 이를 반대했다. 하나님께 예배 드리는 처소를 청소년 훈련소로 쓴다는 것을 허락할 수 없었던 것이다. 이에 일본 경찰은 허성도 목사를 옭아맬 기회를 노리고 있었다. 그러던 어느 날 '아멘, 아멘' 하면서 자신을 놀리며 따라오던 아이들에게 허성도 목사가 호통을 쳤는데, 그 소리에 놀란 한 아이가 도망가다 넘어져 얼굴에 찰과상을 입게 되었다. 일경은 이 일을 기회 삼아 허 목사를 피의자 신분으로 끌고가 다친 아이의 부모를 회유하여 그를 고소하게 하는 한편, 성도들을 협박해 말세론을 주제로 설교 한 사실을 시인토록 했다. 결국, 허성도는 종말론적 설교와 민심 혼란 죄로 징역 10개월을 선고받았다.

허성도 목사가 청주형무소에 복역하는 동안 교회는 허 목사의 가족에게 사택을 비우라고 했다. 교회의 임 집사가 헛간 방을 내어주었지만, 가족들은 생존을 위해 잡부 일을 하며 힘들게 살아가게 되었다. 허 목사는 감옥에서 한 달에 한 번 교회에 믿음을 독려하는 편지를 보냈지만, 교회가 헐려 초등학교 부속건물로 사용하고 있는 줄은 몰랐다.

청주 동부교회 앞 순교 기념비

청주형무소에서 대전형무소로 이감된 허성도 목사는 밤마다 찬송가 95장을 묵상했다. 그러던 중 모진 고문과 굶주림으로 1944년 6월 4일 출소를 39일 앞두고 하늘의 부름을 받았다. 허성도 목사의 죽음을 두고 굶주림과 고문으로 순교했다는 이야기와 옥에서 독살당했다는 이야기가 있지만, 분명한 것은 허성도 목사가 43세의 나이에 그리스도를 위해 옥에서 생을 마쳤다는 것이다.

열 번이나 감옥에 갇혀 봉천에서 순교한 사람, 김윤섭 1905-1943

- **1905.** 평북 정주 출생
- **1925.** 20세에 예수를 믿고 선천 성경학원에서 공부한 후 박천 덕인교회 개척, 의주 월하교회 부임
- **1938.** 신사참배 반대로 수 차례 투옥
- **1940. 1.** 브루스 헌트 선교사와 '언약문서' 작성, 만주지역 신사참배 반대운동 전개
- **1943.** 심양형무소에 10번째로 투옥
- **1943. 5.** 37세의 나이로 옥사

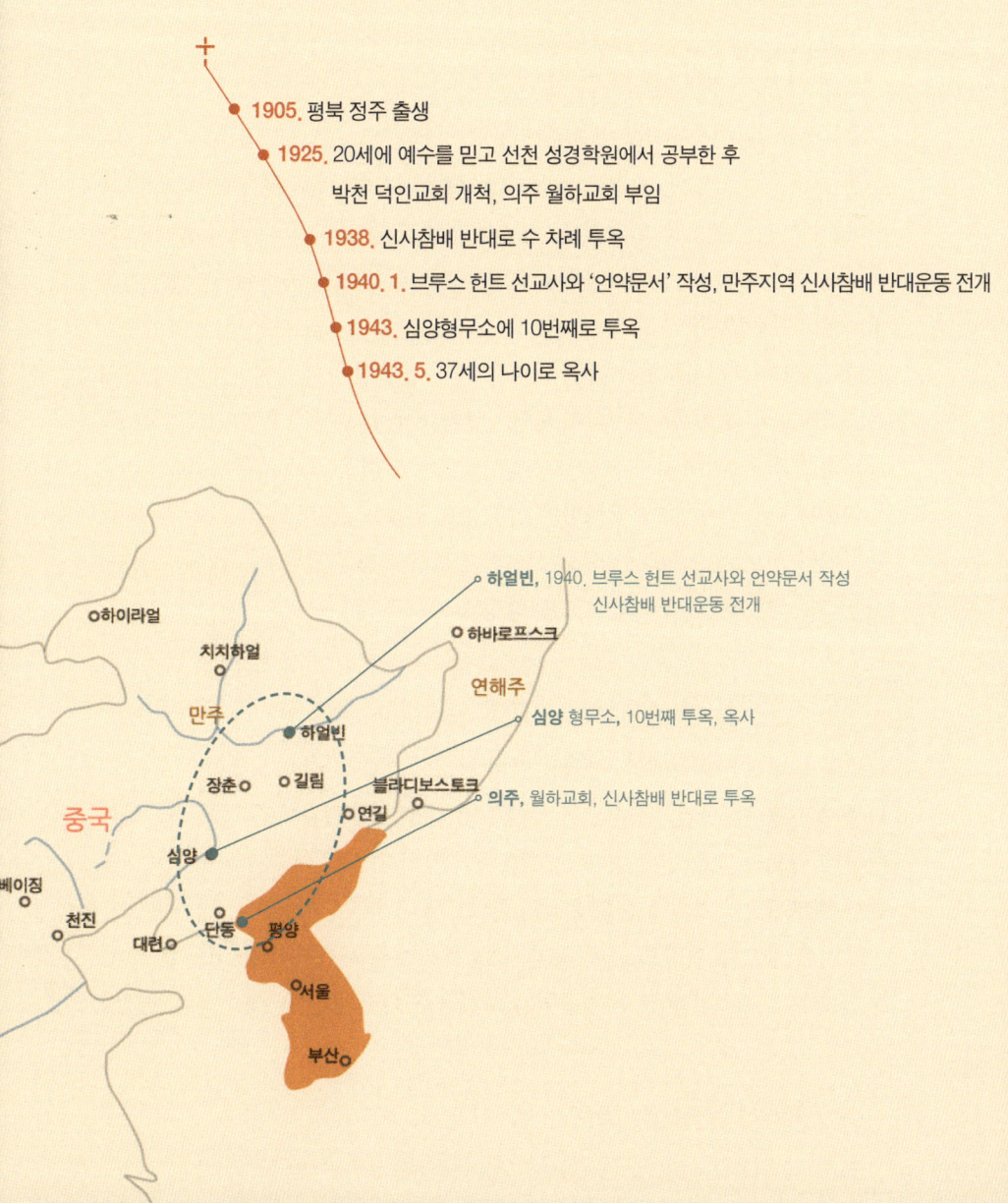

하얼빈, 1940. 브루스 헌트 선교사와 언약문서 작성 신사참배 반대운동 전개

심양 형무소, 10번째 투옥, 옥사

의주, 월하교회, 신사참배 반대로 투옥

예수를 믿는다면 죽는 것도 값싼 것입니다.

| 무명의 옥중 성자 |

김윤섭은 1905년 평안북도 정주에서 태어났다. 남동생의 이름은 김경섭, 여동생 김순옥이 있었다. 순옥은 한국전쟁이 터지자 월남을 해서 재건교회를 다니다 미국에 간 것으로 알려졌다. 김윤섭의 세 명의 자녀 중 첫째와 둘째는 이미 하늘나라에 갔고, 남아있던 아들은 김화원이었는데, 김윤섭이 순교할 때 그의 나이 10살이었다.

'옥중 성자', '임마누엘'이라는 별명을 가진 김윤섭은 기골이 장대하고 풍채가 좋았다. 20세에 예수를 믿어, 평북성경학교에서 공부한 후 박천에 있는 덕인교회를 개척, 후에 의주 월하교회에 부임하여 교회를 크게 부흥시켰다.

1938년 9월 조선예수교장로회가 신사참배 수용을 결정하자, 김윤섭은 '다니엘의 입지불변'이란 설교를 하고 신사참배 반대투쟁의 전면에 나서게 되었다. 이후 그는 열 번이나 구속되어 모진 악형과 고문을 당했다.

| 찌를 테면 찌르시오 |

브루스 헌트Bruce F. Hunt와 사역을 같이 한 김윤섭은 자신에게 찾아온 모든 고난과 시련을 '끝까지' 견디었다. 그를 고문하는 일본경찰이 무명의 김윤섭이 독하게 나오는 것을 참다 못해 군도를 빼어 그의 가슴에 대고 위협했다. "찌를 테면 찌르시오." 기개에 찬 김윤섭의 한마디였다.

어떠한 강요와 협박도 듣지 않자, 경찰서장까지 나서서 그를 고문했다. 브루스 헌트의 기록에 따르면 김윤섭은 고난을 견디던 중 차라리 죽음이 낫겠다는 생각에 숨을 참고 자살을 시도하다가, 정신을 차린 후 심문에 불려 갔다. 김윤섭은 당시 이미 한 번 죄를 지었으므로, 하나님께 기도로 도움을 구하지 않았고, 결국 신사참배에 동의한다는 시말서를 작성했다. 완전히 자의로 한 것은 아니지만, 감옥을 나온 김윤섭은 깊은 실망과 죄책감에 빠져들었다. 아무리 힘들다 하더라도 왜 마지막까지 거부하거나 따지지 못했느냐는 생각에 마음이 무거워 며칠을 중환자처럼 누워있었다. 그의 친구 박의흠과 김린희는 견일동교회에 가서 김윤섭을 위로하고 용기를 북돋아 주었다. 이후 김윤섭은 새끼공장을 운영하면서 생계를 유지했다.

| 나를 잡아가시오 |

한번은 만주의 영적인 선생인 브루스 헌트를 찾아 자신의 괴로움과 죄책감을 이야기했다. 브루스는 조용히 요한 1서 1장 9절을 읽어 주었다. "만일 우리가 우리 죄를 자백하면 저는 미쁘시고 의로우사 우리 죄를 사하시며, 모든 불의에서 우리를 깨끗하게 하실 것이요." 이 말에 힘을 얻은 김윤섭은 의주경찰서에 편지를 써서 이전의 시말서는 자신이 직접 서명한 것이 아니니 원한다면 자신을 잡아가라고 전했다.

이 일로 그는 관동군 사령부 산하의 일본 경찰에 의해 하얼빈에서 9번째로 구속되었다. 하얼빈 감옥에서 이제는 자신의 용기와 힘이 아닌 하나님이 주신 믿음으로 담담하게 옥중생활을 이어갔다. 정신적 고문은 참을 수 있었지만, 육체적 고문은 상상을 초월했다. 그렇게 장대했던 기골이 피골이 상접 되어 말라만 갔다. 죽음 직전에 경찰은 가족에게 "집으로 데려가시오."라는 전문을 보냈다. 아내의 부축을 받고 집으로 돌아온 김윤섭이 자신을 찾아온 브루스 헌트에게 한 첫 번째 말은 "임마누엘, 할렐루야"였다. 그리고 그는 다시 일어섰다.

| '장로교 언약문서', 길 잃은 자들의 헌신 |

신사참배 문제와 관련해 조선예수교장로회가 일본의 신사참배 강요에 무릎을 꿇은 상황에서 조국을 떠나 만주와 연해주에 머문 교포들을 지켜줄 교회나 나라는 존재하지 않았다. 유독 평안도와 함경도 출신이 많은 만주지역 교회도 마찬가지였고, 봉천노회는 신사참배 반대에 주도적인 역할을 한 브루스 헌트를 제명하기까지 했다. 그곳에 흩어진 23개 교회 800여 명의 성도들은 신앙과 고백을 스스로 지켜나가야 했다.

이런 상황에서 브루스 헌트는 교회지도자들과 함께 흩어진 교우들을 위해 장로교 '계약문서'를 만들었는데, 여기에 핵심적인 역할을 한 인물이 김윤섭과 박의흠이다. 서론과 전 7장으로 이루어진 '계약문서'는 신사참배가 우상숭배임을 밝히고, 장로교 언약의 핵심이 무엇인지를 성경 구절을 통해 조목조목 밝히면서, 이것을 따르고자 하는 사람들은 스스로 서명을 하게 했다. 여기에 서명한 사람 중 70여 명은 일본의 일제검거에 모두 잡혀 형무소에서 감옥생활을 해야 했다.

수많은 신학박사와 지식인, 자칭 지도자들이 신사참배는 국가의식이라는 핑계로 신앙의 지조를 팔고, 때로는 일본에 적극 협조하던 시절에 황량한 만주벌판에서 죽음을 목전에 두고 방랑하던 김윤섭과 브루스 헌트, 그리고 힘없는 백성은 한국기독교 역사에 길이 남을 '장로교 신앙고백문'을 그들의 목숨을 걸고 남겼다.

| 십자가를 내가 지고 주를 따라가리라 |

장로교 신앙고백인 '계약문서'에 서명한 기독교인들 70여 명이 조직적인 신사참배 반대운동 혐의로 잡혀 들어갔다. 1942년 2월 3일 선고 공판에서 신사참배에 동의한 두 명은 현장에서 석방되었지만, 김윤섭과 박의흠은 각각 15년과

13년이 선고되었다. 그리고 2월 9일 심양 제2형무소에 갇혔다. 영하 30도를 오르내리는 감옥에서 죄수복 하나 입고 시작한 감옥생활은 참혹했다. 맨발로 시멘트 바닥을 걸으며 죄수들 사이에 '하나님의 사람'이란 명칭을 받은 김윤섭은 그렇게 순교의 길을 한 걸음 두 걸음 걸었다. 궁성요배에 반대한 그에게 한겨울에 눈으로 덮인 뜰을 맨발로 밟아 길을 만들라는 고문, 독방 감금, 심한 매질과 구타는 그저 순교의 길로 나가는 과정일 뿐이었다.

"더 살 것 같지 않으니 신병을 인수해 가시오." 일본 경찰의 통지문을 받고 형무소를 찾은 김윤섭의 아내는 시체실에서 남편의 차디찬 몸을 힘들게 찾아냈다. 혼자 시신을 가져올 수 없어 형무소에 화장을 맡겼건만, 일제는 그의 유해를 인근 절의 납골당에 안치해 버렸다. 죽어서까지 김윤섭의 결의를 꺾겠다는 의도였을 것이다.

37세의 나이로 삶을 마감한 김윤섭과 그와 같이 심양 제2형무소에 갇힌 사람들 대부분은 살아나오지 못했다. 김윤섭이 종종 읊조렸던 것 같이, "예수를 믿는다면 죽는 것도 값싼 것"이라고 생각하며 신앙의 절개를 지켰기 때문이다.

심양형무소에서 십자가를 진 사람, 박의흠 1901-1943

- **1901.** 평북 의주군 출생
- **1930.** 30세에 예수를 믿고 정주 천태동교회, 곽산 동호동교회 시무
- **1937.** 평양신학교 입학, 신사참배 반대로 학교가 폐교되어 학업 중단
- **1938.** 신의주 상단교회 부임
- **1940.** 이기선 목사와 함께 신의주와 만주 일대에서 신사불참배 운동 전개
  브루스 헌트 Bruce F. Hunt 선교사를 중심으로 김윤섭, 박의흠 등 하얼빈에서 '언약문서' 작성
- **1943.** 단동에서 체포, 13년 형을 언도 받고 심양형무소 수감 중 순교

하얼빈, 1940. 브루스 헌트, 김윤섭과 언약문서 작성
이기선 목사와 신사참배 반대운동
신의주, 상단교회 시무

내 주의 지신 십자가 우리는 안 질까
뉘게나 있는 십자가 내게도 있도다

| 이기선과 함께 신의주의 상단교회를 섬기고 |

평북 의주에서 출생한 박의흠은 30살에 예수를 믿고 이후 평양신학교에 입학하기 전부터 정주 천태동교회 등에서 교회를 섬겼다. 안타깝게도 그의 어린 시절이나 성장과정에 대한 자료는 찾기 힘들다. 박의흠은 이후 평양신학교에 입학했으나, 신사참배 문제로 학교가 폐교 당하자 이기선 목사의 요청에 의해 당시 분규를 겪고 있던 신의주 상단교회에서 교회를 섬겼다. 동시에 신의주를 중심으로 신사참배 반대운동을 전개했다.

박의흠이 섬기던 상단교회에서는 여러 기적들이 일어났는데, 등창이 심한 의사 부인이 낫고, 교인들에게 횡포를 부리던 지주의 앉은뱅이 아들이 일어나는 등 적지 않은 이적이 일어났다. 그러나 신의주에서 일제의 박해와 반대가 심해지자, 박의흠은 중국 심양으로 활동장소를 옮길 수 밖에 없었다.

| 만주의 박의흠과 '계약문서' |

심양은 중국에 속한 이방 지역이었지만, 신앙적으로 외롭지만은 않았다. 수많은 동포 기독교인이 있었고, 그 중심에 한국인 목사보다 한국인들을 더 사랑한 브루스 헌트 선교사가 있었기 때문이다. 박의흠은 하얼빈, 심양, 단동지방의 교회를 섬기면서 신사참배가 잘못되었다는 것을 가르쳤다. 무엇보다 신사참배는 제1계명을 범하는 것으로 죽음을 각오하고 지켜야 하며, 신사참배를 하는 교회에는 나가지 말 것을 강력하게 주장했다.

박의흠은 단동지역에서 활동하다가 일본경찰에게 체포되었다. 체포의 주요 이유는 브루스 헌트, 김윤섭과 함께 작성한 '계약문서' 때문이었다. 만주에 흩어진 성도들을 영적으로 지도하기 위해 이들은 성경에 기초한 일종의 신앙고백서를 만들었다. 총회나 국가가 지켜주지 못하는 자신들의 신앙을 스스로 지키기 위해 멀리 만주에서 만들어낸 한국교회 역사상 유래를 찾기 힘든 값진 신앙고백이었다. 이 계약문서를 만들고 서명한 대부분의 사람들은 시골교회의 목사와 전도사, 그리고 이름없는 평신도들이었다. 당대 유명한 목사와 지도자들이 신사참배에 침묵하거나 일본에 협력할 때 멀리 이국땅에서 이름없는 기독교인들이 한국기독교의 양심과 신앙의 축을 지켜나갔다. 이 문서에 서명한 70여 명의 사람들은 이후에 모두 체포되었다. 그리고 '계약문서'를 만드는 일에 결정적인 역할을 했던 김윤섭과 박의흠도 체포되었다. 일본경찰에 잡혀 강제로 트럭에 실려가면서 박의흠은 찬송을 불렀다. "내 주의 지신 십자가 우리는 안 질까? 뉘게나 있는 십자가 내게도 있도다……"

| 심양형무소에서 진 십자가 |

박의흠은 13년 형을, 김윤섭은 15년 형을 언도 받고 심양의 형무소에 수감되었다. 심양형무소는 평양형무소보다 상황이 열악했다. 식사와 의료상황은 형편 없었고, 전염병으로 사람들이 쓰러져갔다. 아무리 건강한 사람도 몇 달만 지나면 피골이 상접하여 얼굴을 알아보기 힘들 정도였다. 죄수들은 마치 에스겔 골짜기의 해골들 같았다. 선교사 브루스 헌트도 이 감옥에서 많은 고생을 했지만, 주권 없는 한국인의 경우는 더했다.

이러한 상황 속에서도 박의흠은 "오 주님, 나 같은 죄인이 그리스도의 십자가 고통에 동참하게 하시니 이 은혜 어찌 말로 다 표현할 수 있겠습니까?"라고 고백했다. 열 번이나 감옥에 갇혔던 김윤섭 전도사가 순교하고, 일주일 후 박의흠 전도사도 순교의 길을 걸었다.

어린 시절 아버지를 면회했던 딸 박신자 전도사는 아버지 박의흠이 사용하던 성경책을 지금도 간직하고 있다. 외손자 김종길 목사는 칠레에서 선교사로 활동하고 있다. 단동에서 형무소로 끌려갈 때 박의흠이 부른 노래는 아직도 우리에게 유효하다.

박의흠 전도사의 성경을 펼쳐보고 있는 박신자 전도사

…….
내 몫에 태인 십자가 늘 지고가리다
그 면류관을 쓰려고 저 천국 가겠네
저 수정 같은 길에서 면류관 벗어서
주 예수 앞에 바치며 늘 찬송하겠네
뭇 천사 소리 높여서 늘 찬송할 때에
그 좋은 노래 곡조가 참 아름답도다.
그 면류관도 귀하고 부활도 귀하다
저 천사 내려 보내사 날 영접하소서.

조만식
백인숙
김순호
김익두
이도종
손양원
김정복
문준경
김방호
조상학
유재헌
김응락
남궁혁

제5장

분단의 아픔을
예수의 심장으로 안고
살아간 사람들

해방과 한국전쟁 기간

시대배경

■■■ 분단의 아픔을 예수의 심장으로 안고 살아간 사람들 　해방과 한국전쟁 기간

기적처럼 다가온 해방과 놓쳐버린 기회

결코 쉽게 올 것 같지 않았던 일본으로부터의 해방이 1945년 8월 15일 기적처럼 다가왔다. 해방되기 불과 한 달전부터 한국개신교의 모든 교단은 '일본기독교조선교단'이란 명칭 아래 통폐합되었다. 평양형무소를 비롯해 전국에 수감되어 있는 50여 명의 기독교 지도자들을 8월 17일 일괄 처형한다는 비밀문서가 일본경찰에 의해 작성되었다는 소문이 돌았다. 신사참배문제로 기독교 지도자들은 대거 구속되어 순교를 당하거나, 국외로 빠져나갔다. 한국기독교는 문자 그대로 '절망의 골짜기'를 지나고 있었다. 그러나 그 절망의 한 가운데서 일본으로부터의 해방이 하나님의 선물로 주어졌다.

기적처럼 주어진 해방의 자유를 만끽하기 위해서는 오랜 세월 수많은 희생이 필요했다. 공적 일본을 대항하는 과정에서 크게 드러나지 않던 좌익과 우익의 갈등이 일본이 물러간 자리를 대신했다. 제주 4·3 항쟁과 여수-순천 사건은 이러한 혼란의 일부에 불과했다. 미국과 소련의 한반도 진입은 이후 한국역사와 기독교의 전개과정에서 일본지배 못지않은 '분단'이라는 과제와 역기능을 다음 세대에 남겨주었다. 외세가 아니라 같은 동족간의 비극이라는 면에서 더 깊은 상처를 남겨준 한국전쟁과 한국교회의 분열상은 돌이킬 수 없는 상처를 입혔고, 전쟁 후 회복과정에서 등장한 교회 내의 '성장 신학'과 분단을 등에 업은 '반공신학'은 한국기독교의 정신성 자체를 뒤틀어버렸다.

순교자의 폭발적 증가

해방 후부터 한국전쟁의 와중에 기독교 순교자의 숫자는 폭발적으로 증가했다. 36년간 교묘하게 진행된 일제강점기에도 그렇게 많은 순교자가 나오지 않았다. 그러나 해방부터 한국전쟁 초기에 이르는 6년 어간 한국교회는 기나긴 순교의 행렬을 이어갔다.

이 시기 가장 큰 순교의 원인은 공산주의자들과 이에 동조한 좌익 세력 때문이었다. 기독교를 민중의 아편으로 본 공산주의자들은 기독교인을 미국의 앞잡이요 첩자로 보았다. 그

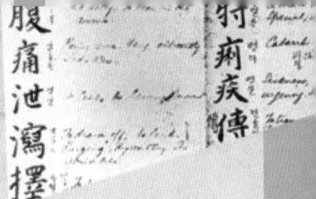

래서 공산주의자들은 기독교인들을 지주와 지배세력만큼 혐오하고 가차 없이 죽였다.

해방 후 전쟁이 시작되기 전에는 북쪽 지역의 희생자들이 많았다. 자기만 살겠다고 남쪽으로 내려오기를 거부한 사람들의 희생이 컸다. 민족의 스승이자 산정현교회 장로인 조만식, 산정현교회 세 명의 담임목사의 순교를 지켜본 백인숙, 최초의 여자 선교사 김순호, 한국교회 기적의 대명사 김익두는 분단의 비극과 공산주의자들의 기독교 혐오감 위에서 순교의 잔을 마셨다.

남쪽 지역 희생자도 만만치 않았다. 해방 후 1950년 전에도 좌익과 우익의 갈등 아래서 손양원 목사의 두 아들이 희생되었고, 제주도 이도종의 순교는 당시 남쪽의 분열과 갈등을 여실히 드러내 준다. 한국전쟁은 수많은 개인과 집단 순교자들을 양산해냈다. 200명이 넘는 영광의 집단순교와 천사의 섬 신안지역의 순교는 그 일례에 불과하다. 증도의 문준경, 소록도의 김정복, 애양원의 손양원 등도 전쟁 와중에 희생당한 순교자이다. 한편 전쟁의 와중에서 많은 목회자와 성도들이 하나님을 배반하고 공산주의의 앞잡이가 되어 일제강점기의 부정적인 모습을 반복함으로써 우리 순교역사에 뼈저린 아픔을 남겼다.

유산과 과제

한국전쟁 자체가 수백만 명의 사상자를 내었기 때문에 유독 기독교 순교자만을 강조할 필요는 없을지 모르지만, 신앙적 이유와 타인들을 지키기 위해 자신의 목숨을 내던진 순교자들의 피의 가치를 과소평가할 수는 없다.

다만, 한 가지 아쉬운 것은 잔인한 전쟁이 일제 청산과 한국교회가 나갈 길을 진지하게 물어볼 기회를 박탈했다는 것이다. 교단은 빠르게 분열되고, 교회는 민족의 진로를 묻는 대신 성장 신화에 갇혀버렸다. 한국교회는 일제와 분단을 직접 대면하는 대신, 일반 사회에 못지않은 분단과 반공이데올로기 속에서 빠져나오지 못했다. 일제와 한국전쟁은 여전히 끝나지 않는 과제를 우리와 한국교회에 던져주었다.

기개와 멸사(滅私)의 정신, 한국의 간디, 조만식 1883-1950

- **1883.** 평양에서 출생, 성장하여 포목점 경영
- **1905 - 1913** 평양숭실학교, 도쿄 메이지(明治) 대학 법학과 수학
- **1911.** 재일 한국인 교회 설립
- **1913.** 졸업 후 평북 정주 오산학교 부임
- **1919. 3. 3.** 모락장 만세사건 참여, 상해로 망명 중 검거
- **1919 - 1920** 평양형무소 투옥
- **1920. 8. 23.** 조선물산장려회 발기
- **1921.** 평양 YMCA 총무 취임
- **1922.** 조선 민립대학 기성회 운동 중앙집행위원, 평양 산정현교회 장로 피택
- **1927.** 신간회 창립, 중앙위원 겸 평양지회장
- **1932.** 조선일보 사장 취임
- **1937.** 수양동우회 사건으로 체포
- **1944.** 일제의 압박을 피해 평남 강서군으로 은거
- **1945.** 평양으로 귀환, 평남 인민정치위원회 위원장 피선, 조선민주당 창립
- **1946.** 신탁통치 반대 의견 표명, 소련군에 의해 평양 고려호텔 연금
- **1950. 10. 18.** 퇴각하던 북한군에 의해 사망

평북 정주, 1913 - 1926
오산학교에서 교육활동

평양, 1905 - 1908 평양숭실학교
1919 - 1920 평양형무소 투옥
1920. 물산장려회 창립
1927. 신간회 창립, 평양지회장
1945. 평남 인민정치위원회 위원장
       조선민주당 창립
1946. 고려호텔 연금

예수 보배로운 피 모든 것을 이기니
예수 공로 의지하여 항상 이기리로다

| 공부해서 하나님의 일을 하겠소 |

  사업에 실패한 조만식이 홧김에 놀음에 빠져있을 때였다. 숭실학교에 입학하여 신학문을 공부해보라는 주변 사람의 권고에 마음이 끌려 숭실학교 입학을 결심했다. 그리고 친구들을 불러 마지막 이별주를 밤새워 마셨다. 다음 날, 비틀거리는 몸을 이끌고 숭실학당의 교장인 베어드William M. Baird, 배위량를 찾아가 입학을 시켜달라고 간청했다. 마지못해 핀잔을 주려는 듯 베어드가 물었다. "공부는 무엇하러 하시오?" 조만식이 대답하였다. "공부해서 하나님의 일을 하겠소." 1905년 23살 조만식의 배포와 결심을 보여주는 일화이다.

베어드 선교사

숭실학당

  기개와 멸사滅私의 정신을 강조한 고당 조만식은 1883년 2월 1일 평양 진향리에서 태어났다. 일찍이 결혼해 평양에서 포목상을 열고 수완이 뛰어나 사업이 곧 확장되었다. 그러나 불안한 시국 속에서 부인 박씨와 아들을 잃고 방황하던 중 친구요 동업자인 한정교의 도움으로 기독교에 입교하고 숭실학당에 들어가게 되었다. 평양의 이름난 한량이요 술꾼 조만식은 술과 담배를 단칼에 끊고 심기일전하여 40년간 절제된 삶을 살았으며, 일생을 하나님과 민족을 위해 일했다. 조만식은 태극서관의 안태국, 안창호 등을 통해 교육, 애국, 민족계몽, 신앙의 가치를 배우게 되었으며, 그가 메이지明治대학에 유학을 떠난 것도 '하나님의 일'을 좀 더 준비하기 위함이었다.

| 오산학교에서 본 예수의 눈물과 땀과 피 |

오산학교의 설립자 남강 이승훈이 105인 사건으로 투옥되자 고당 조만식이 오산학교에 초빙되었다. 처음에 석 달만 있기로 약속하고 온 것이 전후 세 차례 9년 어간을 선생과 교장으로 섬기게 되었다. 그는 사감, 사환, 교목의 역할까지 도맡아 하며 학생들에게 신앙훈련과 인격훈련을 강조했다. 학생들과 장작을 같이 패며 눈을 쓸었고, 기도회와 설교를 통해 그들에게 경건한 신앙, 높은 이상, 민족을 위한 헌신을 가르쳤다. 한경직 목사는 조만식 선생이 애국 사상, 현대과학, 신앙의 3대 원칙을 강조했다고 추억했다. 남강이 돌아와 조만식과 힘을 합치면서 오산학교는 황금시대를 맞이하였다. 이들의 인격적인 삶에서 주기철, 함석헌, 한경직, 백병원의 설립자 백인제, 독립운동가 김홍일 등 수없이 많은 인물이 배출된 것은 결코 우연이 아니었다.

조선사람의 생활이 궁핍하여진 것은 '스스로 깨닫지 못해 제 것을 천시하고 사랑하지 않기 때문'이라고 생각하고 물산장려운동을 일으켰으며, 기독교 정신에 입각한 사회운동으로 금주, 금연, 폐창운동을 전개하여 민중의 호응을 얻었다. 그는 학생들에게 먼저 새사람이 될 것을 강조하면서, 동시에 예수 믿고 나라 사랑하는 애국자가 될 것을 가르쳤다. 가르칠 뿐 아니라 자신이 먼저 수목 두루마기와 갖신을 신었으며 양복을 입거나 외국 제품을 쓰지 않았다. 조선일보 사장과 오산학교 교장을 지내는 등 다양한 사회활동을 했지만 어디서건 월급 받는 일을 사양했고, 음식 그릇엔 밥알 한 톨 남기는 일이 없었다고 한다. '좋은 신앙이 좋은 인격을 낳는다.'라는 신념을 지니고, 본인이 신앙의 모범을 보이려고 했던 것이다. 그는 민족을 사랑하였고, 나라를 위해 땀 흘려 일했으며 최후에는 나라를 위해 희생당했다. 이러한 삶의 모범은 '예수의 눈물과 땀과 피'를 떠올리게 한다.

| 순교의 삶을 산 주기철과 순민順民의 삶을 산 조만식 |

조만식 선생은 1922년 평양 산정현교회 장로가 되어 교회를 섬기면서, 복음과 결합한 애국신앙으로 믿음과 행동이 일치하는 신앙을 지켜왔다. 일본이 신사참배를 강요하기 시작한 1936년 산정현교회는 담임목사를 찾고 있었고, 조만식은 청빙위원이 되어 자신이 한때 오산학교에서 가르친 주기철 목사를 마산 문창교회에서 데려왔다. 학교로는 조 장로가 선생이었고, 교회로는 주 목사가 선생격으로 서로가 아름다운 관계를 형성했다.

특히 주기철 목사의 수차례 검속으로 교회가 수난을 당하자 오윤선, 방계성, 유계준 등 동료 장로들과 단결하여 교회를 이끌어 나갔다. 대표적인 민족지사로 자리매김한 조만식에게 일본의 협박과 억압이 지속되었지만, 창씨개명을 끝까지 거부하고 조선인의 학병을 독려하는 강연 요청도 단호히 거부했다. 한편 감옥에서 신앙의 순결과 민족의 정조를 지키는 주기철 목사를 격려하고 사찰의 생활비를 지원하는 등 감옥 밖에서 옥중의 순교자들과 같이 신앙의 절개를 지키며 교회와 민족의 버팀목이 되어주었다.

평양산정현교회 제직원 일동 (앞줄 왼쪽부터)조만식 장로, 김동원 장로, 박정익 장로, 주기철 목사, 유계준 장로, 김봉순 장로, 오윤선 장로, 김찬두 장로

조만식과 주기철이 있었기 때문에 산정현교회는 강압적인 일본의 식민통치 하에서 신사참배를 반대하고 신앙적으로 승리한 모범적인 교회가 될 수 있었

고, 교계의 거성이 된 강규찬 목사, 박형룡 박사 등의 인물도 배출할 수 있었다.

| 어찌 나만 피신하라고 |

바람 앞의 등불과 같은 민족의 현실에서 살아온 조만식의 활동은 해방 이후 혼란한 한반도 상황에서도 지속되었다. 그는 1945년 8월 17일 평남 건국준비위원회에 참여했으며, 11월 3일 조선민주당을 결성했다가 다음 해 초 공산당에 의해 고려호텔에 감금되었다. 해방 이후 북한에 진주하기 시작한 소련군은 신탁통치만 찬성해 주면 대통령이라도 시켜준다고 조만식을 꾀었지만, 조만식은 이를 거부했다. 남하해서 자신을 도우라는 이승만의 편지에도, 감금당한 자신을 구하러 온 청년들에게도, "어찌 나 혼자만 살기 위해 이곳에서 고생하는 동포들을 버리고 떠날 수 있겠는가?"라고 반문했다. 무력을 앞세운 소련과 북한군에 맞서 조만식이 취할 수 있는 방법은 무저항 불복종 운동밖에 없었다.

평안남도 인민정치위원회 위원장 시절

한국전쟁이 일어나자 평생 민족을 위해 일해온 조만식의 심정은 이루 말할 수가 없었다. 심장병과 늑막염은 나이 든 조만식을 더욱 괴롭혔다. 전쟁 직전 남한에서 체포된 남로당 거물 김삼룡과 조만식을 교환하자고 북한이 제안했지만, 계획된 전쟁이 시작되자 북한은 1950년 10월 18일 조만식 선생을 학살했다. 선생의 나이 67세, 그렇게 세상을 떠났다.

평생 민족과 교회를 사랑하고 자랑스러워했던 조만식 선생은 다음과 같은 찬송을 늘 즐겨 했다.

내가 걱정하는 일이 세상에 많은 중
속에 근심 밖에 걱정 늘 시험하여도
예수 보배로운 피 모든 것을 이기니
예수 공로 의지하여 항상 이기리로다.

일제의 억압과 무신론을 강조한 공산당을 이기고 극복하는 것은 예수 그리스도의 보배로운 피밖에 없다는 것을 선생은 알았던 것이다.

지조와 절개의 여인, 백인숙 1917-1950

- **1917.** 평북 신의주에서 출생
- **1934.** 평양여자신학교 졸업
- **1939.** 요코하마橫浜 여자신학교 졸업
- **1939.** 평양 산정현교회 전도사로 부임, 신사참배 반대로 수차례 검속
- **1940 - 1945** 산정현교회 폐쇄, 지하교회를 조직해 교인을 돌봄
- **1945 - 1950** 기독교도연맹 가입을 끝까지 거부하며 교인을 돌봄
- **1950. 6.** 내무서원에 체포, 이후 순교

평양, 1931 - 1934 평양여자신학교 수학
1939 - 1950 산정현교회 전도사로 활동
일제의 신사참배 요구와 공산당의 기독교도연맹 가입을
거부하며 교인을 돌봄

요코하마, 1934 - 1939 여자신학교 수학

대한민국
일본

주님 당신은 감당하지 못할 은혜도 감당하지 못할 시련도 주시지 않습니다.
바라옵기는 어떠한 경우에라도 주님만 찬송하게 하소서.
주님만 감사하게 하소서.

| 해방의 감격과 산정현교회 |

1945년 8월 17일 오전 9시 평양형무소 문이 활짝 열렸다. 일제치하 신사참배를 거부한 옥중 성도들이 풀려 나와 해방과 자유의 기쁨을 만끽했다. 산이며 굴에 숨어 신앙을 지키던 성도들도 평양성 거리로 나와 찬송을 부르며 행진했다. 5년 동안 굳게 닫혔던 산정현교회 문이 다시 열리고 해방 후 첫 주일, 한상동 목사의 인도로 감격과 눈물의 해방 경축 예배를 드렸다. 설교가 끝나고 주기철 목사를 기념하는 통성기도를 제의하자 예배당은 울음바다가 되었다.

산정현교회는 당회를 복구하고 한상동 목사를 후임 담임목사로 청빙하였으며, 방계성 전도사와 주영진 전도사를 산정현교회 전도사로 시무토록 결의했다. 한상동 목사의 리더십 아래 산정현교회는 안정을 찾아갔다. 또한, 주기철 목사의 영향을 받고 신사참배 반대운동을 주도한 이기선, 채정민, 김의창, 방계성 등 출옥 성도들이 몰려들었다. 그러나 해방 이후 산정현교회의 회복과 부흥을 누구보다 기뻐했던 한 사람은 백인숙 전도사였다.

백인숙 전도사

| 주기철 목사를 떠나 보내고 |

백인숙은 평양신학교와 요코하마橫濱신학교를 거쳐 1939년에 산정현교회 전도사로 부임했다. 담임목사 주기철은 이미 신사참배 반대로 여러 차례 구속된 바 있었다. 그녀 또한 산정현교회에 시무하며 신사참배 반대로 구속되기도 했지만, 거룩한 순교는 허락되지 않았다. 대신 죽음과 일사각오의 신념으로 찬란

한 빛이 된 주기철 목사의 옥중생활을 두 눈으로 지켜볼 수밖에 없었다. 그리고 마침내 1944년 4월 21일, 하나님의 나라를 위해 같이 헌신해 보고 싶었던 주기철 목사를 하늘로 떠나 보내야 했다.

백인숙 전도사는 5년 4개월이나 감옥에 있던 주 목사를 대신해 오정모 사모와 발이 부르트도록 교인들을 돌보았다. 교인들과 목사님이 행여 약해질까봐 여장부로 우뚝 서서 교회를 섬겼다. 교회에서 쫓겨난 주 목사의 사모와 가족을 위해 먹을 것과 쓸 것을 챙겨드리고, 일경의 단속이 강화되자 천여 명의 성도들을 일곱 구역으로 나누어 신발이 닳도록 돌보아주었다. 산정현교회가 해방 후 빠르게 교회를 수습하고 예전의 명성을 회복할 수 있었던 것은 감옥 밖에서 신사참배에 저항하며 교회를 지킨 이름없는 성도들이 있었기 때문이다. 그리고 그 중심에는 성도들의 생활을 살피고 신앙을 붙잡아 주었던 백인숙 전도사가 있었다.

| 시련에서 받은 은혜 한없이 귀하고 |

해방의 기쁨도 잠시, 백인숙 전도사는 순교하기까지 더 어려운 시절을 보내야 했다. 일본이 물러간 자리는 공산 정권이 차지했고, 교회 탄압은 가중되었다. 공산당은 기성교회를 회유하고 말살하기 위해 기독교도연맹이라는 어용단체를 만들어 교회의 가입을 강요했다. 1948년 산정현교회에 부임한 김철훈 목사는 기독교도연맹 가입을 끝까지 거부하고 공산주의를 공박하는 설교를 계속하다가 공산당에게 연행되어 행방불명 되었다. 후임 정일선 목사 또한 공산정권과 맞서다 평양형무소로 끌려가, 이후 순교한 것으로 알려졌다. 한국전쟁을 앞두고 예배당은 공산당에게 넘어가 버리고 교인들은 교회에서 쫓겨나는 신세가 되었다.

백인숙 전도사는 또다시 김철훈 목사와 정일선 목사의 순교를 지켜보며 이

때에도 김철훈 목사의 부인 연금봉 여사와 숙식을 같이하며 아픔을 함께했고 교인들이 끝까지 신앙을 지킬 수 있도록 그들을 돌보고 격려했다.

그리고 1950년 6월 20일경 그녀 역시 34살의 나이에 백합화처럼 순결하게 살다가 공산당에게 생매장을 당해 천국의 부름을 받았다. 주기철 목사라는 큰 이름에 묻혀 그 신앙과 행적이 가려진 백인숙 전도사는 그녀만의 신앙적 절개와 지조를 가지고 살았다. 1917년 평안북도 신의주 사마전동에서 태어나 아버지 몰래 교회를 다니며 가족에게 전도했다가 집에서 쫓겨났던 백인숙 전도사는 만주여자중학교, 평양신학교, 요코하마여자신학교를 졸업한 당대의 인재였으며, 평양신학교 시절 장수은, 이영숙과 삼총사를 이루어 평생을 결혼하지 않고 주님께 인생을 헌신하였다. 여름에는 검정치마와 모시 적삼 한 벌, 겨울엔 검정치마에 무명저고리를 입고 단출하게 살았던 그녀의 기도가 오늘날도 우리의 심장을 울린다.

> 주님, 전에는 철이 없어 은혜가 시련보다 좋은 것으로 생각했고 또 시련이 없어지기를 기도했습니다. 그러나 이제야 깨달았습니다. 은혜만이 축복이 아니라 시련도 축복이라는 것을, 시련에서 받은 은혜 한없이 귀하고 시련보다 보배로운 것이 없다는 것을, 은혜와 시련, 이 둘은 마음대로 오가지 못하고 주님이 축복하고 교육할 때 찾아옵니다. 당신은 감당하지 못할 은혜도 감당하지 못할 시련도 주시지 않습니다. 바라옵기는 어떠한 경우에라도 주님만 찬송하게 하소서. 주님만 감사하게 하소서.

예수의 죽음을 짊어지고 북으로 향했던, 김순호 1902-1951

- **1902.** 황해도 재령에서 출생
- **1921.** 정신여학교 졸업
  - 이후 평양여자신학교, 요코하마橫濱 여자신학교에서 수학
- **1931 - 1938** 중국 산동성 선교
- **1939 - 1945** 길림성 쌍양현에 파송, 이후 용정을 중심으로 동만주 지역 선교활동
- **1947.** 평양신학교 여자부 교수로 부임
- **1949 - 1951** 신의주 제2교회 전도사로 활동 중 공산당에게 체포되어 순교

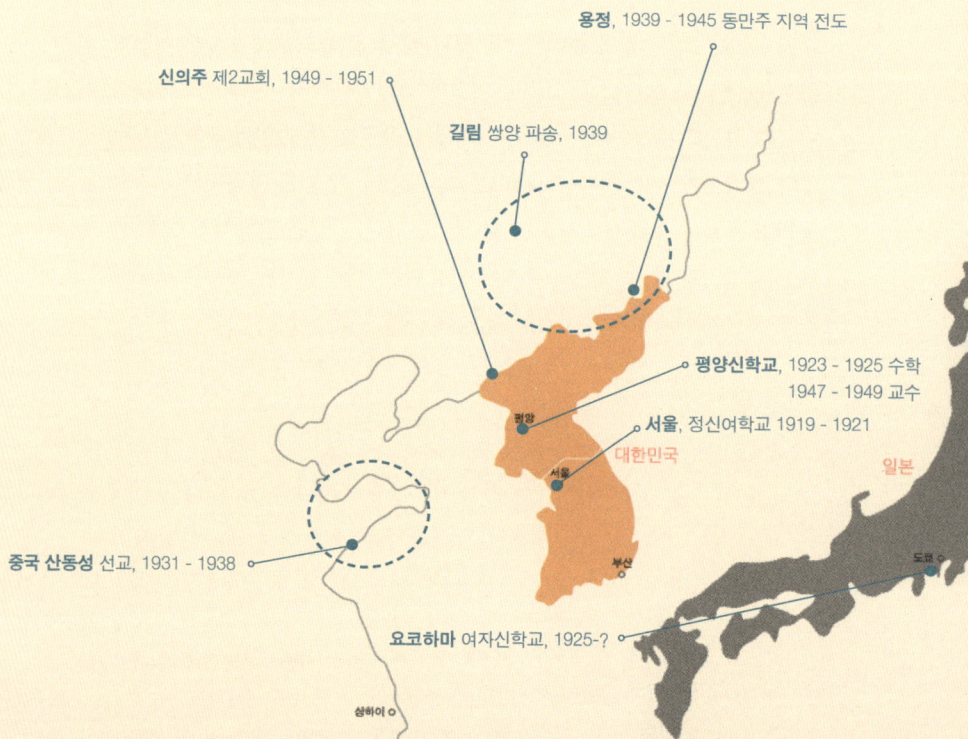

용정, 1939 - 1945 동만주 지역 전도
신의주 제2교회, 1949 - 1951
길림 쌍양 파송, 1939
평양신학교, 1923 - 1925 수학
1947 - 1949 교수
서울, 정신여학교 1919 - 1921
대한민국
일본
중국 산동성 선교, 1931 - 1938
요코하마 여자신학교, 1925-?
평양
서울
부산
도쿄
상하이

모두가 살기 위해 남으로 가지만
나는 복음을 위하여 죽으러 북으로 간다.

| 재령읍교회가 배출한 여걸 |

한국교회 최초의 여자 선교사 김순호. 그녀는 중국에서 선교사역을 감당하다 2차 세계대전 종료와 함께 귀국했다. 그리고 평양신학교 여자부 사감을 거쳐 신의주 제2교회를 섬기다, 1951년 새벽에 공산군에 체포되어 순교했다.

김순호 전도사

김순호는 1902년 5월 15일 황해도 재령군 재령읍 재령 동부교회 김두한 장로의 딸로 태어났다. 김순호는 아버지의 영향으로 경건하고 엄숙하며 고매한 인격자로 성장했다. 재령 동부교회는 재령 선교의 아버지라 부르는 윌리엄 헌트William B. Hunt, 한위렴와 연결되어 있었다. 윌리엄 헌트는 일제치하 한민족을 사랑한 브루스 헌트의 아버지이다. 재령 지역은 원래 천주교가 활발한 지역이었지만, 이들 선교사의 노력으로 이곳에 재령읍교회와 명신학교가 세워졌다. 김순호는 여기서 교육을 받고 다시 서울로 유학을 떠나 정신여학교에서 공부하고 1921년에 졸업했다. 그 후 평양신학교에서 수학하고, 다시 일본 요코하마橫濱여자신학교에 입학했다. 당대의 기준으로 김순호는 탁월한 능력의 인물이었다.

| 최초의 여자 선교사 |

졸업 후 고향인 황해도 재령으로 돌아와 모교회인 재령 동부교회에서 4년간 교회를 섬겼다. 이 시기 한국교회는 본격적으로 해외선교에 대한 논의가 이루어지고 있었다. 감리교에서는 1902년 인천 내리교회가 하와이 농업이주민을 위해 홍승하 선교사를 처음 파송했다. 장로교의 경우 1908년 이기풍의 제주전 도로 선교의 깃발을 높였지만, 본격적인 해외선교는 이 무렵 시작되었다. 1913년 조선예수교장로회 총회가 열렸을 때 '해외선교사 활성화'라는 안건을 통과시키고, 김영훈, 사병순, 박태로 세 선교사를 산동성으로 파송했다. 이어 1916년 방효원 목사, 1918년 박상순 목사, 1923년 이대영 목사, 1927년 방지일 목사에 이어 마침내 최초의 여자 선교사 김순호 전도사가 1931년 파송되었다. 선교 현장에서 여성들이 필요했기 때문에 선교사들은 여자선교사 파송을 요구했고, 이에 총회는 여자 선교사를 물색하다가 김순호를 낙점하게 된 것이다.

총회가 파송하고 여전도회 전국연합회가 선교비를 부담하기로 하고 김순호는 1931년 9월에 중국선교사로 파송되었다. 예나 지금이나 언어와 풍습의 차이, 외로움과 공포심 등은 김순호가 생각한 것 이상이었다. 그럴 때마다 하나님은 다음과 같이 그녀를 위로하셨다. "네가 무엇을 하려고 하느냐? 너 받은

김순호 선교사 산동 파송을 결의한 제4회 여전도회 총회(1931.9)

사명이 무엇인지를 아느냐? 힘써 기도하여 새 힘을 얻어야 하느니라." 민족과 고국의 교회가 외세의 지배와 억압을 받는 상황에서 김순호의 마음은 더욱 괴로웠다. 그녀는 3층 다락방에 올라가 3개월 동안 금식 기도를 했다.

현지적응이 어느 정도 이루어지던 1938년이었다. 중일전쟁의 여파로 김순호는 청도로 잠시 피했다가, 1939년에 만주 길림성으로 선교지를 옮겼다. 일제의 강압과 만주에 대한 진격 때문에 가는 곳마다 국내 못지않은 어려움이 있었으며, 1943년까지 어려움은 더욱 커졌다. 일제 말기에 국내상황도 여의치 않아서 선교비도 중단되었다. 그래도 김순호는 동만주 일대를 누비면서 순회전도와 부흥집회를 쉬지 않았다.

| 한국교회 여성지도자들을 잉태해 낸 어머니 |

일제가 망하고 2차 세계대전이 끝났다. 그러나 중국의 공산화의 여파로 김순호는 중국을 떠나야 했다. 특별히 여성의 몸으로 고난의 연속이었다. 그녀는 서둘러 귀국해서 평양으로 왔다. 그리고 평양신학교 여자부 사감과 교수를 병행했다. 여기서 그녀는 서울장로회 신학대학 대학원장을 역임한 주선애, 경민교육재단 이사장 이연옥을 비롯하여 이동선, 조순덕을 길러 냈다. 한국여성지도자들을 길러낸 한국교회 산모였고 어머니였다. 시간이 지날수록 공산화가 진행되고 있던 북한 내의 어려움은 줄어들지 않았다. 평양신학교도 2년을 견디지 못하고 강제로 폐교되었다.

이후 김순호는 신의주에서 교회를 섬기게 되었다. 적지 않은 사람이 공산화를 피해 남쪽으로 내려갔지만 그녀는 오히려 북쪽으로 나아갔다. "모두가 다 살기 위하여 남으로 가지만 저는 복음을 위하여 죽으러 북으로 갑니다." 그러던 1951년 어느 날 새벽기도회에서 기도하는 중에 공산당 내무서원에게 끌려나가서 매를 맞고 쓰러져 순교했다. 그녀의 나이 49세였다.

치유와 기적의 대명사, 김익두 1874-1950

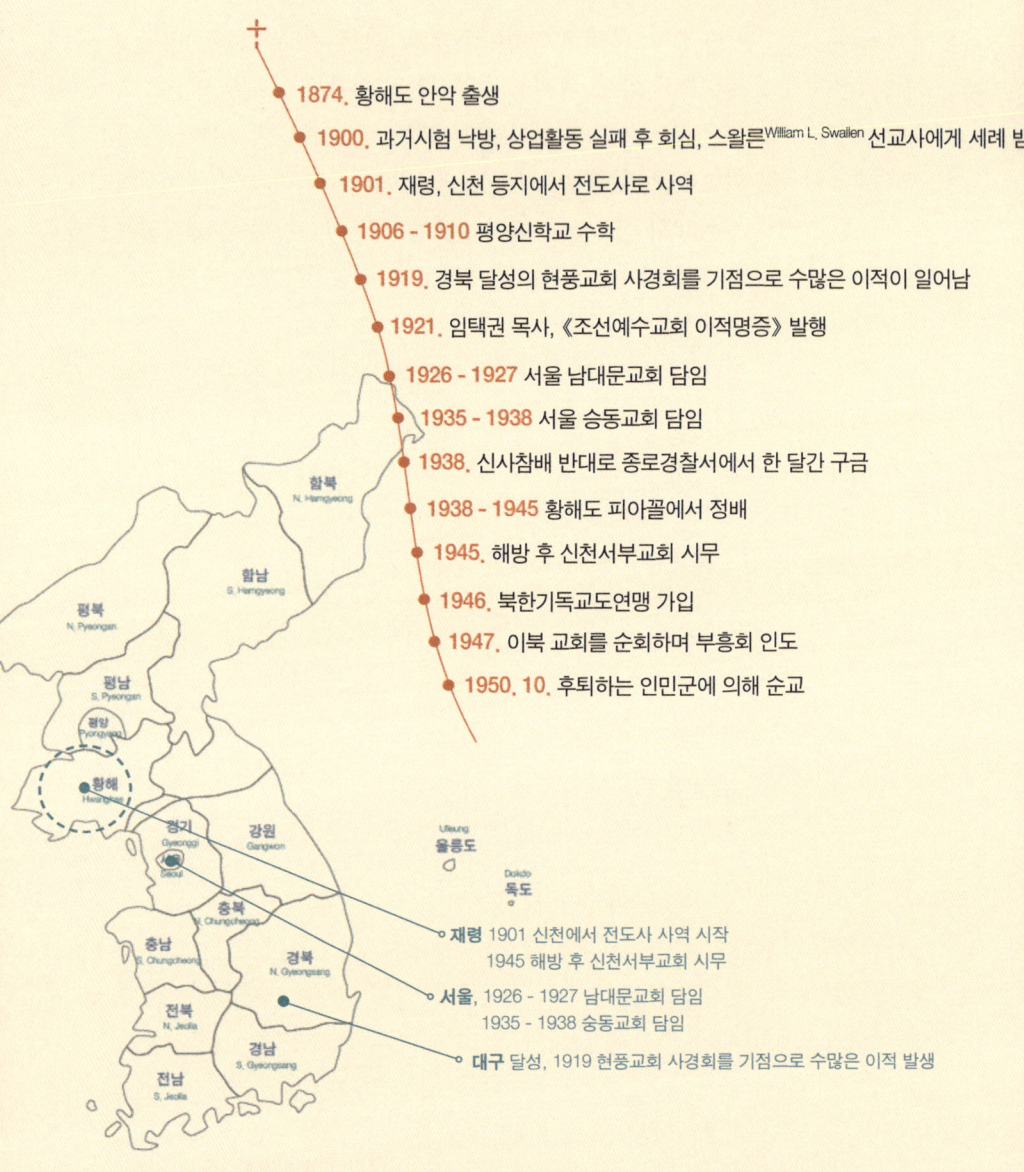

- **1874.** 황해도 안악 출생
- **1900.** 과거시험 낙방, 상업활동 실패 후 회심, 스왈른 William L. Swallen 선교사에게 세례 받음
- **1901.** 재령, 신천 등지에서 전도사로 사역
- **1906 - 1910** 평양신학교 수학
- **1919.** 경북 달성의 현풍교회 사경회를 기점으로 수많은 이적이 일어남
- **1921.** 임택권 목사, 《조선예수교회 이적명증》 발행
- **1926 - 1927** 서울 남대문교회 담임
- **1935 - 1938** 서울 승동교회 담임
- **1938.** 신사참배 반대로 종로경찰서에서 한 달간 구금
- **1938 - 1945** 황해도 피아골에서 정배
- **1945.** 해방 후 신천서부교회 시무
- **1946.** 북한기독교도연맹 가입
- **1947.** 이북 교회를 순회하며 부흥회 인도
- **1950. 10.** 후퇴하는 인민군에 의해 순교

재령 1901 신천에서 전도사 사역 시작
1945 해방 후 신천서부교회 시무

서울, 1926 - 1927 남대문교회 담임
1935 - 1938 승동교회 담임

대구 달성, 1919 현풍교회 사경회를 기점으로 수많은 이적 발생

좁은 문으로 쉬지 말고 나아갑시다. 그 끝은 영생이니 기쁩니다.
넓은 길의 마지막은 좁아지며 그 끝은 사망이니,
어서 좋은 길로 주님이 가르치신 명령대로 나아갑시다.
(김익두 목사 설교문 "좁은 문으로 들어가라" 중에서)

| 죽어도 양 떼와 같이 죽어야지 |

김익두 목사

1950년 10월 14일 그날따라 새벽종을 보통 때보다 오랫동안 쳤다. 한 명이라도 예배에 더 참석하게 할 요량이었다. 남하를 권유하는 사람들에게 "죽어도 양 떼와 같이 죽어야지 목자만 살겠다고 월남하겠나!"라고 말하면서 북한 전역을 돌아다니며 복음을 전했던 김익두 목사였다. 김익두는 3·1 운동 이후 좌절과 한탄에 잠긴 한국교회를 위로하기 위해 수많은 기적을 베풀다가 적지 않은 오해와 비판을 받았다. 일제에 의해 고문과 억압을 받아가면서 신사참배를 거부했지만, 일본의 조작으로 오해를 받기도 했다. 새벽종 치기를 마치고, 새벽예배와 함께 어제 일어난 신천의거에 이어 곧 입성할 국군을 환영하자는 광고를 마치고 예배를 마쳤다. 이제 김익두와 20여 명의 일부 교인들이 남아 기도를 계속했다. 그런데 교회당 담 밑에 숨어서 이러한 광경을 지켜보고 있던 공산군이 교회로 치고 들어와 총을 난사했다. 김익두를 포함해서 6명이 그 자리에서 순교했다. 얼마든지 마음만 먹으면 남쪽에 굳건한 기반을 잡을 수 있었던 김익두는 그렇게 파란만장한 76세의 삶을 마감했다.

| 신앙으로 거듭난 '안악골의 호랑이' |

기적과 치유로 일제강점기 한국교회를 위로했던 김익두 목사는 1874년 황해도 안악군에서 태어났다. 초기 한국기독교 지도자들처럼 김익두도 원래 선비

을 즐기고 유학에 심취해 있었으나 과거시험과 사업의 실패, 아버지의 죽음을 접한 후에 특히 술과 완력을 좋아하게 되었다. '안악골의 호랑이'라 불린 김익두를 하루라도 직접 대면하지 않는 것이 인근 주민들의 소원이 될 정도로 그는 건달행세를 했다.

그런데 그러한 방탕한 삶에 종지부를 찍게 해 준 것이 선교사 스왈른이었다. 김익두가 사는 안악에는 청일전쟁 이후 교회가 생겼다. 1900년 친구 박태준을 따라 교회에 나간 김익두가 스왈른 선교사의 영생에 대한 설교를 듣고 깨달은 바가 있어 3주 만에 기독교 신앙을 받아들였다. "사람은 죄를 지은 대로 보응을 받습니다. 그래서 죄인은 지옥으로 의인은 천국으로 갑니다." 평양 깡패 이기풍에게 복음을 전한 것도 스왈른 선교사였다. 그는 1892년 선교사로 내한하여 48년동안 한국교회를 섬겼으며, 1901년에는 마펫 선교사와 그레이함 리 선교사와 같이 평양신학교를 설립했다. 그리고 한국교회 수많은 순교자가 불렀던 "하늘가는 밝은 길이…"를 작사한 사람이 바로 이 스왈른 선교사이다.

| 한국교회 기적과 이적의 대명사 |

김익두의 기독교 입문과정에서 두 가지 흥미로운 일화가 있다. 첫째는 김익두가 신앙을 갖기로 하고 집에 돌아왔을 때 그의 어머니는 다음과 같은 꿈 이야기를 했다. "지난 밤 꿈에 내가 섬기는 천자대감 귀신이 나타나서 '익두가 방망이로 나를 때려죽이는구나.'라고 외치기에 깜짝 놀라 깨어났다. 참으로 이상한 꿈이었어." 예수 방망이가 김익두 가족이 모신 귀신을 몰아낸 것이다. 둘째로는 예수를 믿은 지 3개월 정도 되어 김익두는 다시 술을 입에 대고 기생집을 찾을 정도로 신앙이 퇴보했다. 그런데 불현듯 '이래서는 안 되겠다. 예수를 다시 믿어야겠다.'라고 회개하고 깊은 산 속에 들어가 새벽까지 회개의 기도를 드렸다. 새벽에 집에 돌아와 잠을 자는데 비몽사몽 간에 거대한 불덩어리가

가슴 속으로 안겼다. "아이고. 벼락이야!" 김익두의 비명 소리에 식구들이 달려왔다. 바로 그 사건은 3·1 운동 이후 최고의 기적-부흥사 김익두가 성령의 불세례를 받은 첫 사건이었다. 그리고 그는 스왈른의 부탁을 받고 자신이 평생 섬기게 될 신천서부교회를 개척했다.

예수를 믿고 전도사 생활을 하다 1910년 평양신학교를 3회로 졸업하고 본격적인 목회자와 부흥사의 길을 걸었다. 1919년 경북 달성의 현풍교회 사경회 때 박수진의 턱이 빠진 것을 기도로 고친 것을 기점으로 수많은 기적과 이적을 일으켰으며, 평생 1만여 명의 병자들을 하나님의 기적으로 치유했다. 그의 활동 반경도 중국, 시베리아, 일본까지 확장되어 평생 150개 이상의 교회를 세웠다. 김익두가 일으킨 수많은 이적은 적지 않은 도전과 비판에 직면하기도 했지만, 임택권 목사를 포함한 황해노회는 '이적명증회'를 만들어 김익두의 이적을 총정리하고 변증한 《조선예수교회 이적명증》이라는 가치 있는 책을 1921년 출간했다. 한국 최고의 기적을 담은 한국교회신앙유산의 보배가 그렇게 탄생하였다.

이후 남대문교회, 승동교회 등을 담임했고, 해방 이후에는 북한전역을 돌며 부

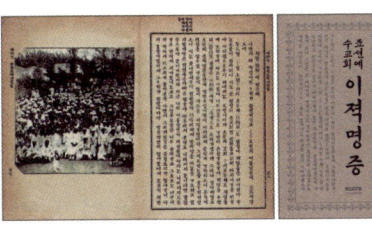

《이적명증》

흥회를 인도했던 김익두 목사는 1950년 10월 14일 고향 신천에서 새벽예배를 마치고 나오는 길에 퇴각하던 북한군에 의해 총살 순교를 당했다. 이 때 임성근 전도사를 비롯한 6명의 교우가 현장에서 함께 순교했다.

김익두 목사는 《신앙의 로》(1924), 《김익두 목사 설교집》(최인화 편집, 1940)등의 작품을 남겼다. 그리고 그의 기적을 모은 《조선예수교회 이적명증》(1921)이 최근 영어와 한글 합본으로 출간되었다. (KIATS, 2008)

비록 하늘에나 땅에나 신이라 불리는 자가 있어 많은 신과 많은 주가 있으나 그러나 우리에게는 한 하나님 곧 아버지가 계시니 만물이 그에게서 났고 우리도 그를 위하여 있고 또한 한 주 예수 그리스도께서 계시니 만물이 그로 말미암고 우리도 그로 말미암아 있느니라 고전 8:5-6

| 이기풍의 첫 번째 알곡 목사 |

이도종은 지역 이장이자 부농 이덕련의 장남으로 1892년 9월 13일에 북제주군 애월읍 금성리에서 태어났다. 그의 가족은 1908년 이기풍 목사가 제주도 선교를 시작하던 해, 그의 전도를

이도종 목사와 가족

받고 예수를 믿었으며 이덕련은 자신의 집에 예배처소를 세우고 이후 권서로 활동하며 제주 일대에 복음을 전했다. 또한, 자식들을 평양 숭실학교(이도종), 평북 오산학교(둘째 의종, 셋째 기종), 광주 수피아여학교(딸 자민)에 보내 교육했다. 이기풍 목사의 권유와 아버지의 배려로 이도종은 숭실학교에서 공부하였고, 비록 3년 후 집안 사정으로 학업을 중단하기도 했지만, 다시 평양신학교에 입학하여 1926년 34세의 나이로 졸업해 이듬해 목사안수를 받았다. 제주도 출신 첫 번째 교역자요, 이기풍 목사의 첫 번째 알곡 목사가 된 것이다.

| 고향으로 돌아온 첫 번째 제주도 목사 |

신학교 입학 전부터 전도인으로 활동하며 협재교회를 세우기도 했던 이도종은 평양신학교 재학 중에도 제주도(삼양교회)와 김제(월성, 봉월교회)에서 전도사로 활동했다. 신학교를 졸업한 후에는 김제읍교회의 청빙을 받았는데 교회신축으로 인한 분립사태로 어려움을 겪기도 했다. 예배당이 완공되고 교회도 안정

을 찾아가는 듯했으나 어느 날 지역 유지의 결혼식에서 축사하다가 일제하 시국과 관련된 말을 하게 되면서 결국 2년 여간을 섬긴 김제읍교회를 떠나게 되었다. 이도종은 1919년 3·1 운동을 전후해 상해로 보낼 군자금을 모금하는 소위 독립군자금 모

제주노회 제1회 교역자 수양회(1934)

금 사건에 연루된 적이 있었는데 조사과정에서 이 사실이 밝혀지면서 사태가 심각해지자 경찰서장이 이 목사를 교회에서 내보낼 것을 강요했다. 그리하여 제주도 1호 목사 이도종은 고향 제주로 돌아오게 되었다.

1930년 11월 14일, 제주 성내교회에서 제주노회 창립예배가 열렸다. 그동안 전남노회에 속해있던 제주노회가 분립하는 역사적인 날이었다. 1929년 제주도로 건너온 이도종은 그간 노회 설립에 힘쓰던 중 서기로 선출되었다. 초대 회장에는 자신의 땅을 기증해 광주 나병원을 설립한 최흥종이, 부회장에는 제주 출신 제2호 목사인 김재선이 선출되었다.

성경학원 설립을 위해 만주에 갔을 때

이도종 목사는 제주도로 온 다음해부터 본격적으로 제주교회의 중심적 역할을 수행하기 시작했다. 그는 제주도의 여러 교회를 구석구석 순회하면서 전도를 하는 등 수많은 교회(서귀포, 고산, 금성, 남원, 용수, 협재, 삼양, 표선, 중문교회)를 돌봤다. 또한, 제주지역 교회의 자립을 위해서는 성경학원 설립이 시급했는데 이를 위해 국내와 만주를 오가면서 운영자금을 마련하기도 했다. 이러한 열정 때문에 네 번이나 노회장을 맡아 제주교회를 돌보게 되었다.

제주도를 위해 목숨 바쳐 헌신한 그였지만 신사참배 요구가 강화되자 1938년 제9회 제주노회에서 회장으로

피선되어 신사참배를 결의하기에 이른다. 이후 이 목사는 1942년부터 노회 및 교회와 관계를 끊고 귀농생활에 들어갔다.

| 한국 현대사의 아픔, 제주 4·3 항쟁과 이도종의 순교 |

해방이 되었지만 제주도는 좌우의 대립이 그 어느 지역보다 치열한 가운데 1948년에는 4·3 제주항쟁이 일어났다. 4·3 항쟁을 진압하기 위해 파견된 경찰들은 양민과 폭도를 동시에 제압했고, 해방의 혼란기에 육지에서 밀려 제주도로 들어온 남로당이 시위와 파업을 주도하고 있었다. 교회의 상황 또한 열악했다. 일제시대 제주도 일대 교회는 문을 닫고 활동하던 목사들도 거의 다 쫓겨났다.

현역으로 제주도에 홀로 남아있던 조남수 목사는 교회재건을 위해 이도종을 찾아갔지만, 그는 은퇴했다는 이유로 이를 거절했다. 제주노회 노회장으로 제주도의 교회를 끝까지 지키지 못한 죄책감 때문에 목회에 선뜻 나서지 못한 것인지도 모른다. 그러나 조남수 목사의 간청으로 이도종 목사는 신변의 위협을 무릅쓰고 제주교회 재건에 나서게 되었다. 한라산 이북은 이 목사가, 이남은 조 목사가 담당했다. 자신의 지난 삶을 회개하며 이번에는 주님 뜻대로 죽기로 한 것은 아닐까?

1948년, 남한 단독정부 수립을 위한 선거가 확정되자 제주 남로당 지부는 무장을 하고 4월 3일 폭동을 일으켜 경찰서와 도청을 습격했다. 신변의 위협이 증가하는데도 이도종은 6월 어느 날 성경과 찬송가를 실은 자전거를 끌고 화순교회로 향했다. 산을 넘어 비탈길을 자전거를 끌고 가고 있는데 남로당 무장대가 갑자기 나타났다. 그들에게 끌려 무장대의 막사로 가보니 실종된 것으로 알고 있던 화순교회 이 집사도 끌려와 있었다. "예수교가 그렇게 좋다면 공산인민이 이 싸움에서 이기도록 간절히 기도 좀 해 주시겠습니까?" 그들은 조롱하듯이 이 목사에게 물었다. "나는 하나님의 존재를 인정하지 않고 죄없는 양민을 죽이는 무신론 집단의 승리를 위해 기도할 수는 없습니다." 이 목사는 조금도 흔들림이 없었다. 남로당 무장대는 잡혀있던 다른 10여 명의 사람들과 같이 이도종 목사를 막사 밖으로 끌고 나가 이미 크게 파 놓은 구덩이에 밀어 넣었다. "주여, 저들을 불쌍히 여기소서." 이 목사의 마지막 읊조림이었다. 민족의 비극과 아픔을 안고 하늘의 부름을 입은 그의 나이 58세였다.

그의 유해는 아내 김도전 사모의 유해와 함께 자신의 마지막 목회지인 대정

대정교회와 이도종 목사 순교비

교회에 있는데, 이곳에 그를 기리는 순교기념비가 있다.

사랑과 순교의 참된 본을 보인, 손양원 1902-1950

1902. 경남 함안에서 손종일 장로의 장남으로 출생
1919. 서울 중동중학교 입학,
       손종일 장로가 독립만세운동으로 구속되어 자퇴
1921 - 1923 일본 유학, 도쿄 스가모(巢鴨) 중학교
1924. 정양순 여사와 결혼
1926 - 1934 경남성경학교 수학, 부산 감만동교회, 남부민교회 시무
1935 - 1938 평양신학교
1939. 여수 애양원교회 부임
1940 - 1945 신사참배 거부로 투옥
1948. 여수-순천사건으로 동인, 동신 형제 순교
1950. 9. 28. 한국전쟁 중 공산군에게 검속, 순교

교도소 수감
3 - 1945

광주 형부소 수감
940 - 1943

부산, 감만동교회, 1926 - 1932
      남부민교회, 1932 - 1934

여수, 애양원교회 1939 - 1950
      순교 1950. 9. 28

순천, 동인·동신 순교 1948. 10. 21

깨어나십시오. 기도하십시오. 이기십시오. 순전한 기독자가 되십시오.
율법주의, 인본주의, 인과 사상, 민족 사상, 신신학, 유물주의를 다 버리십시오.
이 모든 사상을 십자가로 사로 잡으십시오.
십자가로 율법을 완성했으니 십자가 아래만 복종하십시오.
(손양원 목사 설교문 "모든 것을 사로잡아 그리스도께 복종하라" 중에서)

| 원수사랑의 참된 표본, 아홉 가지 감사 |

"첫째, 나 같은 죄인의 혈통에서 순교의 자식들이 나게 하시니 감사합니다. 둘째, 허다한 많은 성도 중에서 이런 보배를 나에게 주셨으니 감사합니다. 셋째, 3남 3녀 중에서 가장 아름다운 맏아들과 둘째 아들을 바치게 하시니 감사합니다······."

1948년 10월 28일 여수-순천 사건 때 좌익학생들에게 순교를 당해 싸늘한 시신이 되어 앞에 놓여있는 두 아들의 장례식장에서 손양원 목사가 아홉 가지 감사의 기도를 읊어갔다. 모여든 애양원의 식구들이 손양원 목사가 자기 아들들을 죽인 학생을 용서한 것도, 가지고 있던 대부분의 돈을 분에 넘치도록 하나님께 감사헌금으로 드린 것도 이미 알고 있었다. 하지만 장례식장에서 읽어 내려가는 손양원 목사의 감사의 기도문은 아들들을 가슴에 묻고 남편의 기도문을 듣고 있는 어머니 정양순의 심정은 차치하더라도 원자탄이 터지는 것 만큼 모든 사람의 마음에 충격적이었다.

손양원 목사

| 아, 한센인이여 |

손양원 목사는 1902년 6월 경상남도 함안군 칠원면 구성리에서 손종일 장로와 김은수 집사의 장남으로 태어났다. 신앙심 깊은 가정에서 자랐지만, 일본의

지배하에서 아버지가 3·1 운동의 주동자로 옥고를 치르는 등 국내외에서 이곳저곳으로 학교를 옮겨가면서 어렵게 젊은 시절을 보냈다. 그러던 중 1924년 정양순과 결혼을 했다. 1926년 감만동의 한센인들을 접한 손양원 목사는 1939년 여수 애양원으로 부임하면서 평생 한센인 사역을 하게 되었다. 신사참배를 강력하게 반대하던 그는 애양원 시절의 절반을 감옥에서 보냈다. 1945년 해방과 함께 한국교회와 사회의 유명인사가 된 그였지만, 1948년 여수-순천사건에서 두 아들을 하루아침에 잃었다. 그리고 1950년 한국전쟁 초기에 애양원의 한센인들을 위해 헌신하다가 공산군에게 잡혀 9월 28일 총살 당해 순교하였다.

| 손양원을 기억하는 다섯 가지 이유 |

손양원 목사는 49세의 짧은 삶을 살았지만, 20세기 한국사회와 교회가 맞닥뜨린 일제지배와 한반도 분단이라는 중요한 문제들을 정면으로 받아들여 자신의 삶과 신앙고백으로 답을 하며 살아갔다. 한 인간이 받아들이기에 너무나 큰 시대의 주제들을 그는 기꺼이 받아들였다. 그의 삶과 신앙에서 우리는 다섯 가지 중요한 주제를 들 수 있다.

첫째, 일본으로부터의 독립을 비롯한 민족의 현실적 문제를 직접 맞닥뜨렸다. 신앙의 모델을 보여준 아버지 손종일 장로는 칠원읍의 3·1 운동을 주도하다가 1년 반 정도 옥고를 치른 애국지사였다. 해방 이후 김구가 자신의 교육활동을 물려주고자 할 정도로 손양원은 민족의 상황을 제대로 통찰하고 있었다. 이후 아버지 손종일과 손양원은 한국정부에 의해 애국지사로 추서되었다.

둘째, 감옥에 갇혀 온갖 고문을 당하면서까지 일본의 신사참배 정책을 정면으로 거부하여 한국교회의 양심을 지켜내었다. 그는 "꽃피는 봄날에만 주의 사랑 있음인가?"를 물으면서 신사참배로 인한 옥중생활을 견디어 내었다.

셋째, 당대 한국사회의 가장 소외된 사람들이었던 한센인들을 위해 평생을 바쳤다. 14호실이라 불린 중환자실의 환자들을 얼싸안고 한센병 환자들의 피고름을 입으로 빨아낼 정도로 그들을 위해 헌신했다. 한센인 시각장애자로 성경 전체를 암송했던 양재평 장로의 말대로 손양원 목사는 자신이 순교를 당하기 전에 이미 '사랑의 원자탄' 그 자체였다.

넷째, 남북 이념의 갈등과 분열의 상징인 여수-순천 사건에서 두 아들을 잃었지만, 자기 아들들을 죽인 학생을 자신의 양아들로 삼고 하나님께 아홉 가지 감사의 기도를 드리면서 남북의 분열과 갈등을 예수의 사랑으로 극복하고자 했다.

다섯째, 한국전쟁 중에도 끝까지 한센인들을 지키려고 애양원에 남아있다가 자신마저 공산군에 잡혀서 고문을 당하고 총살을 당해 순교했다. 잠시 몸을 피해 목숨을 건질 수 있었지만, 그는 하나님의 시간표에 정해진 자신의 순교 일정표를 담담하게 피하지 않고 받아들였다.

| 열정과 사랑의 사도 손양원 |

짧은 생애에 드라마틱한 삶을 살았던 손양원 목사는 열정적이고 탁월한 설교자였다. 그의 별명이 '손-불'(불같은 손씨)일 정도로 성령에 사로잡힌 열정의 사도였다. 그리고 손양원 목사는 진정한 화해와 사랑의 화신이었다. 그는 경상남도 함안에서 태어났으나 전라남도 여수에서 십자가를 지면서 한국사회의 고질적인 문제인 동-서 문제를 자신의 삶을 통해 화해시켰다. 남쪽의 민주주의를 신봉하면서도 좌익과 공산주의마저 용서하고 사랑한 남북화해의 본을 보여주었다. 또한, 그는 독실한 기독교 지도자였고, 한센인 사랑을 비롯한 인류애를 실천하며 한평생을 살아갔다.

그렇게 살다간 손양원 목사를 홍정길 목사는 자신이 나병에 걸리기까지 하와이의 한센인들을 사랑했던 성 다미안 St. Damien 보다 이탈리아 아씨시의 프란시스 St. Francis보다 손양원 목사가 더 위대할 뿐만 아니라, 2천 년 기독교 역사에서 가장 위대한 신앙의 사표라고 주장했다.

손양원 목사의 사랑과 헌신의 삶은 《사랑의 원자탄》을 비롯한 책, 영화, 뮤지컬, 오페라, 만화 등 매우 다양한 매체를 통해 끝없이 성도들과 일반인들의 사랑을 받아왔다. 그를 기리는 순교기념관이 1994년 여수 애양원에 지어졌고, 그의 생가를 기리는 기념관이 2015년 완공예정으로 경남 함안군 칠원에 건립되고 있다.

손양원 목사의 위대함은 자신이 믿고 옳다고 생각하는 바를 미루거나 피하지 않고 바로 '오늘' 실천했다는 점이다. 그는 '오늘이 내 날이다'라는 시를 통해 관념과 머리로만 하나님을 믿는 한국교회와 성도들에게 참된 목사요 참된 신앙인의 모델을 생생하게 보여주었다.

손양원 목사 내외와 두 아들 묘   순교기념관

오늘은 내 날이요, 주님 만날 준비 생활도 오늘뿐이다.
어디서 무엇을 가지고, 무엇을 하다가 주님을 만날 것인가?
범죄치 말라.
기도, 성경읽기를 등한히 하고,
책임을 게을리 하다가 주를 만날까 두렵다.
오늘에 만족하게 살고 준비하라. 어둔 밤 되기 전에 준비하라.

별 따라 순교의 피여
십자가 제단 앞에 쪼개 들려서
산 제물로 주님 뒤를 따라가리라.
('샛별' 중에서)

| 1950년 8월 28일 굴날뿌리 기도굴 |

  민족의 독립을 염원하고 주님의 교회를 돌보면서 평생을 보낸 김정복 목사는 그날도 소록도 신생리에서 구북리로 넘어가는 모퉁이에 위치한 절벽 아래 굴날뿌리 기도굴에서 기도하고 있었다. 썰물 때는 바닷물이 빠져 굴속에 들어가 몸을 굽혀 기도할 수 있지만, 밀물 때는 갑작스레 바닷물이 불어나 기도하는 중에도 신경을 써야 했다. 젊어서는 나라를 지키는 군인으로, 멀리 하와이 수수밭 일꾼으로, 목사로, 선생으로 쉴새 없이 달려온 그였다. 해방 후 나이 60 중반이 다 되어 남은 인생을 한센인들을 돌보기 위해 소록도에 들어와 열심히 성도들을 섬기면서 이제 부흥도 되고 있는데, 6월 25일 한국전쟁이 일어났다. 더군다나 이곳 소록도에도 10대로 구성된 40여 명의 공산군이 진입하면서 소록도의 모든 평화가 깨져버렸다. 성도들이 잠시 피난하라고 권고했지만, 사회에서 아무도 거들떠보지 않는 한센인들을 두고 떠날 수 없었다. 그런데 올 것이 왔다. 평소 김정복이 기도굴을 자주 찾는다는 것을 안 소록도 한 원생의 밀고로 공산군이 여기까지 밀어닥친 것이다. 그날이 1950년 8월 28일 자신의 순교 한달 전이었다.

| 종지리, 제주, 고흥 |

  김정복은 1882년 7월 24일 충남 서천군 한산면 종지리에서 태어났다. 종지리는 바로 기독교 민족 지도자 월남 이상재가 1850년 10월 26일 태어났던 곳이

김정복 목사와 아내

다. 잠시 군인생활도 했던 김정복은 1905년 하와이로 이민을 가서 수수밭에서 노동했다. 그리고 이때 하와이에서 예수를 받아들이고, 고향으로 돌아와 이상재가 태어난 마을의 교회에 출석하면서 20대를 보냈다.

김정복은 1916년 34살의 나이에 평양신학교에 입학하여 8년 만인 1923년에 졸업했다. 신학교를 마치고, 26년까지 제주도 성내교회를 섬기면서 영흥학교와 영신학교에서도 가르쳤다. 1926년부터 10여 년간 벌교읍교회, 이후 고흥읍교회, 길두교회와 길두사숙, 그리고 한동교회 등을 섬겼다. 제주도-전라남도, 섬에서의 순교로 이어진 그의 사역은 흡사 이기풍 목사의 사역과 같았다.

순천노회 지도자들이 신사참배를 비롯한 어려운 시국을 논했다는 이유로 일제 검거를 당한 소위 '순천노회 원탁사건' 때 김정복 목사도 일본경찰에 의해 1940년 검거되었다. 그리고 1941년 광주형무소로 이감되어, 1943년 9월에 3년 6개월의 형을 선고 받고 기나긴 감옥생활을 시작했다.

| 내 늙은 목숨 살자고 |

6월 25일 북한의 침략이 시작되었다. 8월 5일경 보성을 점령한 인민군이 소록도에 들어와서 약 2주간 머물다 녹동항으로 철수하였는데, 이후 지방 좌익이 소록도 병원을 접수하고 소록도 한센인들의 성분조사를 벌였다. 한센인들로 구성된 소록도에 큰일이 있겠느냐고 생각했던 사람들은 공산군이 들어오자 놀랄 수밖에 없었다. 소록도 내에도 인민위원회와 청년동맹위원회가 구성되었다. 그들은 찬송과 기도를 중지시키고, 교회를 좌익 세력의 교육장으로 사용했

다. 교회에서는 북한의 국가와 김일성 장군의 업적을 교육했다.

　김정복 목사는 모든 활동을 정지 당했다. 공산군이 들어오기 전부터 피신논의를 해 보았으나 정상인도 피하기 어려운 상황에서 별수가 없었다. 1차로 육지로 피신 갔던 병원 원장도 다시 소록도로 돌아왔다. 소록도의 절대다수를 차지하는 교우들이 김정복 목사에게 간청했다. "목사님은 살아야 합니다. 피난을 가셔야 합니다." 평생 민족과 성도들을 위해 살아온 김정복 목사의 대답은 간단했다. "내 늙은 목숨 살자고 도망갈 수 없소. 하나님이 내게 맡겨주신 연약한 양 떼를 버릴 수가 없소." 결국, 기도굴에서 체포된 김정복은 "사랑하는 소록도 성도들아, 신앙의 절개를 굳게 지켜서 천국에서 만납시다."라는 마지막 말을 남기고 고흥내무소로 끌려가 9월 28일경 총에 맞아 순교했다. 그의 나이 69세였다.

| 한국교회 회복과 부흥의 원천으로 |

　공산군이 물러가고 1951년 고대작 목사가 부임해서 3월 3일에 김정복 목사 추모예배를 드렸다. 그리고 오랫동안 가려진 김정복 목사의 삶과 신앙은 김두영 목사와 천대성 목사를 중심으로 한 기독교십자성선교회에 의해 본격적으로 다루어졌다. 오늘의 소록도 교회를 있게 한 김두영 목사는 1977년 9월 30일 김정복 목사의 순교 27년 만에 순교기념비를 중앙교회 앞 뜰에 세웠다. 천대성 목사는 1978년 김정복 목사의 일대기를 담은 영화 "사랑의 뿌리"를 제작했고, 오랫동안 잊혀졌던 김정복 목사의 유해를 고흥읍 도로변 기슭에 안치해서 소록도로 들어가는 길목을 지키게 했다. 1978년 5월 17일에 소록도 병원당국은 선착장에 순록탑을 세우고 김정복 목사와 병원을 지키다 순직한 11명의 이

순교기념비

름을 새겼다. 중앙교회 앞뜰에 세워진 순교기념비는 김정복 목사의 순교가 한국교회 회복과 부흥을 꿈꾸는 샛별이라고 기록하고 있다.

김정복 목사가 마지막으로 기도했던 굴날뿌리 기도굴

"샛별"

인생은 가지만 말씀은 계속 흐르고
역사는 바뀌지만 여전하리
고인의 발자국은 순교의 꽃이 되고
천시받던 십자가는 승리를 가져오리
핏줄 없는 설움보다
더욱 애달픈 복음사역
후계자를 평생 그리워
버림받은 병든 양 떼 가슴에 안고
말씀으로 가꾸고, 기도로 길러
보석보다 귀한 은혜 복음사명을
이 동산 양 떼에게 맡겨 주셨네
오직 불구 이 몸 묶어 예수 이름을
멀리 가서 사람에게 못 전하나
별 따라 순교의 피여
십자가 제단 앞에 쪼개 들려서
산 제물로 주님 뒤를 따라가리라.

김정복 목사 묘지에 세워진 기념비

천사의 섬에 새끼를 많이 깐 씨암탉, 문준경 1891-1950

- **1891.** 전남 신안 암태도 출생
- **1908.** 정근택과 혼인하여 증도로 옴
  생과부 생활이 시작됨
- **1927.** 목포 북교동교회 출석
- **1931 - 1936** 경성성서학원 수학,
  임자진리교회, 증동리교회, 대초리교회 개척
- **1936 - 1950** 신안 일대를 돌며 전도사역
- **1950. 10. 5.** 증도 백사장에서 공산당에게 총살

▶ 문준경 전도사 개척 교회와 기도처

잉태치 못하여 출산하지 못한 너는 노래할지어다
산고를 겪지 못한 너는 외쳐 노래할지어다
홀로 된 여인의 자식이 남편 있는 자의 자식보다 많음이라
여호와께서 말씀하셨느니라 사 54:1

| 새끼를 많이 깐 씨암탉 |

"네 년이 공산주의 사상이 들어가지 못하게 예수쟁이 새끼를 그렇게 많이 깐 씨암탉이더냐? 그래 예수를 믿지 않겠다고 말하면 살려는 주겠다." 1950년 10월 5일 새벽 2시 터진목 길로 이어진 백사장가에서 공산군과 좌익들이 죽창을 들고 문준경 전도사에게 묻고 있었다. 그러나 문준경에게 살고 죽는 것은 이미 문제가 아니었다. 양도천과 함께 내무서원들에게 잡혀 목포에 갔다가 9·28 서울 수복의 영향으로 기적적으로 살아났으나, 아직도

문준경 전도사

공산당이 지배하는 중도의 교인들과 아끼는 딸 같은 백정희 전도사를 구하기 위해 사지로 들어온 그녀였다. "저들을 용서하소서, 이 죄인은 중도를 다 구원하지 못하고 갑니다." 죽창에 찔리고 총탄에 맞아 '가시밭에 백합화' 같았던 성결교 첫 여성 순교자는 그렇게 하늘로 갔다. 믿음의 딸 백정희 전도사는 문준경의 시신을 수습하고 소복을 입고 3년 상을 치러주었다. 그리고 새벽마다 눈물로 재단을 지키며, 가장 낙도인 재원교회를 지켰다.

| 생과부에서 신안군의 목민 센터로 |

문준경은 1891년 2월 2일 전라남도 신안군 암태면 수곡리에서 동네 유지 문재경의 3남 4녀 중 3녀로 태어났다. 그녀는 어려서부터 총기가 있고 명철했지만, 유교적 전통에 집착한 아버지 때문에 글을 배우지 못했다. 문준경은 1908

년 3월 18일 17세의 나이에 지도면의 정근택에게 시집을 갔다. 정근택은 이미 다른 여자와 살림을 차리고 있었으나 양가 어른들 간의 약속 때문에 결혼할 수밖에 없었다. 시아버지가 살아계신 20여 년간 거의 생과부 노릇은 했지만, 문준경은 시아버지 덕분에 글을 배울 수 있었다. 시아버지가 돌아가시자 문준경은 큰 오빠가 있던 목포로 와 시내 중심부에 바느질 가게를 열었다. 그러던 중 북교동교회 전도부인의 전도를 통해 예수를 믿게 되었다. 1928년 6월 학습문답을 받고 이듬해 집사가 되었으니, 그의 나이 37세였다.

1931년 40살의 문준경은 경성성서학원에 청강생으로 입학해 정규학생이 되어 신학 공부를 시작해 1936년 25회로 졸업했다. 3개월 수업에 9개월 현장실습으로 이루어진 학제에 따라 문준경은 자신의 고향에서 현장실습을 시작했다. 자신을 버린 남편을 구원해야겠다고 생각하고 임자도를 첫 번째 전도지로 삼은 이래 임자진리교회, 증동리교회 등을 세우고 많은 기도처를 만들었다. 증동리교회를 세울 때는 시숙과 시댁 식구들, 그리고 이만신 목사의 어머니가 헌신적으로 도왔다. 졸업 후에도 신안군의 수많은 섬을 돌아다니면서, 일 년에 아홉 켤레의 고무신이 닳도록 다니며 복음을 전했다. 특유의 고운 목소리로 찬양을 하면서 사람들을 끌어들였고, 아이들에게 사탕을 주고, 논밭의 일손을 돕고, 산모가 되어 출산을 돕고, 전염병으로 죽어가는 이들을 일일이 돌봐주면서 복음을 전했다. 여자의 몸으로 나룻배에 몸을 싣고 매일 11개의 섬을 돌아다니면서 복음을 전한 문준경 전도사의 삶과 존재는 기적적인 목민센터 그 자체였다.

일제치하의 어려움은 증도에서도 있었다. 증동리교회는 일본의 경방단에 강제로 매각되었고, 그 대금은 국방헌금으로 사용되었다. 6·25전쟁 때는 50여 명의 공산군이 들어와 쑥대밭을 만들었다. 그러나 20여 년 동안 신안군의 여러 섬을 섬겨오면서 문준경은 섬사람들의 목민관, 증도의 머슴, 한국교회의 작은 예수로 살아갔다.

천사^{1004}의 섬 증도

문준경 전도사는 순교를 당했지만, 그녀의 영향력은 너무나 깊게 남아있다. 1004개의 섬으로 이루어진 신안군, 태평염전과 문준경이라는 진짜 보물을 가진 99개의 섬으로 이루어진 증도, 2천여 명이 사는 증도에는 10개가 넘는 교회가 있고 주민의 90% 이상이 교회를 다닌다. 섬에서 흔한 선술집이나 풍어제 한 번 지내지 않는 증도, 이것이 바로 문준경 전도사의 삶과 신앙의 결과다.

문준경이 마지막까지 섬긴 증동리교회에는 처음 세운 교회 터, 순교기념비, 문준경 전도사가 쳤던 종이 있다. 그리고 교회 뒷산을 1km 정도 올라가 상정봉에 이르면 문준경이 기도했던 바위가 있다. 그 바위 정면에 서면 한반도의 모습을 한 섬의 광경을 한눈에 볼 수 있다. 문준경 전도사는 이 작은 섬에서 여인의 몸으로 일제와 분단에 희생당한 한반도와 한국교회를 위해 기도했을 것이다. 신안 앞바다에서 보물이 난 것, 최고의 소금을 만들어 내는 태평염전, 그리고 한국교회의 보배 문준경이 이 땅 증도에서 난 것은 하나님의 섭리였다. 그의 가르침을 받고 김준곤, 이만신, 정태기, 이인재 등 10여 명의 기라성 같은 한국교회 목회자가 배출되었다.

문준경 전도사가 순교 당한 후 증도의 교회들과 주민들은 그녀를 기리는 순교비를 세우고 다음과 같이 기록했다.

> 여기 도서의 영혼을 사랑하시던 문준경 전도사님이 누워 계시다. 빈한 자의 위로되고, 병든 자의 의사, 아해 낳는 집의 산파, 문맹퇴치 미신타파의 선봉자, 압해, 지도, 임자, 자은, 암태, 안좌 등지에 복음전도, 진리, 증동리, 대초리, 방축리교회 설립. 모든 것을 섬사람을 위하였고 자기를 위하여는 아무것도 취한 것이 없었다. 그대의 이름에 하나님의 은총이 영원히 깃들기를! 우리들의 어머니 문준경 전도사를 위하여 감사에 충만한 지도 증동리교회.

2013년 5월 문준경 전도사를 기리는 순교기념관이 순교지에서 증동리교회로 가는 길목에 세워졌다.

문준경 전도사 순교비

문준경 전도사 순교기념관

일제와 분단의 비극에 3대가 몰살당한 가정, 김방호 1895-1950

- **1895.** 경북 경산 출생
- **1919.** 3·1 만세운동 참여 후 만주로 망명
- **1927 - 1933** 평양신학교 수학
- **1933 - 1940** 영광읍교회 목회, 신사참배 반대로 체포, 투옥(10여 일)
- **1941.** 신안 비금도 덕산교회 부임, 신사참배 문제로 교회에서 축출
- **1945 - 1950** 나주 상촌교회, 영산포교회를 거쳐 염산교회 부임
- **1950. 10. 27** 공산당에 의해 순교

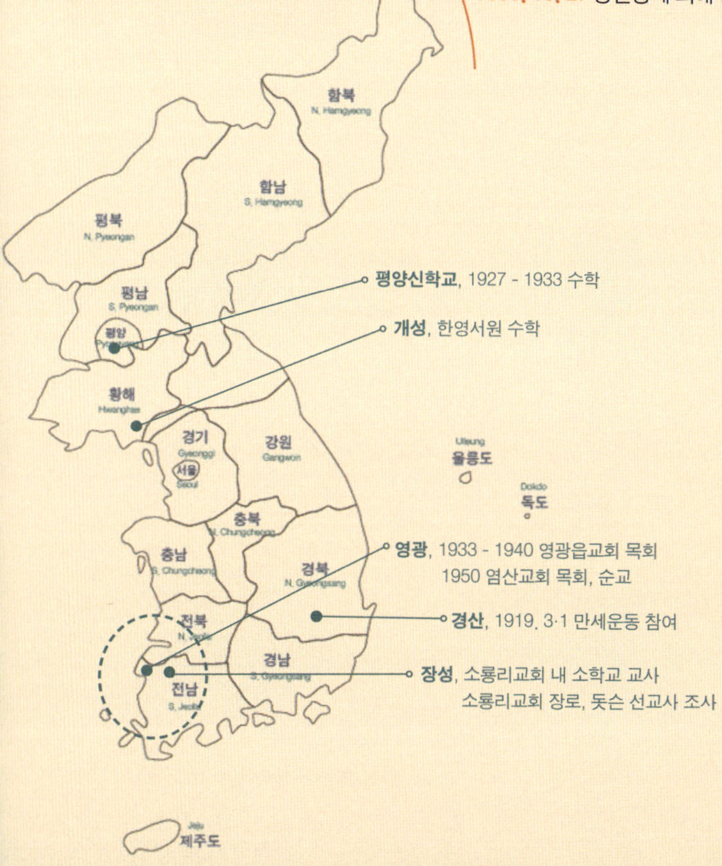

○ **평양신학교**, 1927 - 1933 수학
○ **개성**, 한영서원 수학
○ **영광**, 1933 - 1940 영광읍교회 목회
   1950 염산교회 목회, 순교
○ **경산**, 1919. 3·1 만세운동 참여
○ **장성**, 소롱리교회 내 소학교 교사
   소롱리교회 장로, 돗슨 선교사 조사

피에 묻혀 기도하던 땅 찢긴 살 맞은 뼈 마디마디에
순교의 결실 백배 천배 거둘 것 많겠네
(김준곤 목사의 "추모헌시" 중에서)

| 교회에서 민족의 희망을 본 사람 |

"이제부터 예수를 믿겠습니다."

3·1 운동으로 조국을 떠나 만주에 기거하면서 독립군 자금을 모금하기 위해 함경도 삼수갑산에 온 김방호는 어느 부흥회에 참석한 후 강사 목사를 찾아가 말했다. 얼마 전 고향에서 일어난 일들이 눈에 아른거렸다.

김방호 목사 가족사진

아버지를 비롯한 온 가족과 동네 사람들이 1919년 경북 경산의 장날에 맞추어 독립만세를 불렀다. 서울에서 시작된 3·1 운동을 지방이라고 그냥 지나쳐버릴 수 없었기 때문이다. 놀란 일본 경찰은 무자비하게 만세운동을 진압했고, 현장에서 일본의 총칼에 쓰러진 아버지는 경산의 첫 번째 희생자가 되었다. 일본은 경산 장터 만세운동의 주동자 김방호의 집을 몰수했고, 아버지의 희생과 재산몰수에 충격을 받은 어머니 역시 오래지 않아 숨을 거두었다. 그래서 만세운동에 연루된 몇몇 청년들과 만주로 피신을 와서 독립운동을 하는 중이었다.

김방호는 부흥회 때 깨달은 바가 있어 예수를 믿기로 작정했다. 교회 안에서 민족독립의 희망을 보았을까? 김방호를 기특하게 여긴 강사 목사는 3·1 운동으로 남편을 잃고 딸 하나를 데리고 그곳에 살던 부인을 소개해 주었다. 김방호는 그 부인의 딸 김화순과 결혼했고, 장모의 도움으로 좌옹 윤치호가 교장으로 있던 한영서원에 입학해 공부까지 하게 되었다.

| 순교지 찾아 나선 고난과 영광의 여정 |

1895년 경북 경산에서 태어난 김방호는 어려서부터 민족과 나라를 사랑하는 정신이 강한 집안에서 자라났다. 한영서원에서 공부한 후, 김방호는 충남 한산, 서천, 전북 김제, 그리고 전남 장선군 소룡리교회에서 운영하는 소학교에서 교사로 일했다. 동시에 돗슨Samuel K. Dodson, 도대선 선교사의 조사로 일하면서 소룡리교회에서 장로가 되었다. 돗슨, 유진 벨Eugene Bell, 배유지, 탈메이지John V. Talmage, 타마자 등 외국의 선교사가 낙후된 호남의 여러 지역을 다니며 헌신적으로 복음을 전하는 것을 보면서 신학을 해야겠다는 생각을 굳힌 그는 1927년 평양신학교에 입학해서 6년 만인 1933년 그의 나이 48세에 졸업했다.

1933년 8월 23일 유진 벨이 1905년 시작한 영광읍교회의 임시목사로 부임해서 영광지역 사역을 시작했다. 신사참배를 전국적으로 확대하던 일본은 심지어 영광보통학교 뒤 관람산에 신사를 세우고 주민들에게 참배를 강요했다. 그리고 1940년 이에 적극적으로 반대하던 김방호 목사와 편진옥, 노동악 등을 체포해 투옥하였다.

초대 염산교회 모습(1942)

1941년 신안 비금도 덕산리 덕산교회에서 목회를 했는데, 이 교회는 맥컬리 Henry D. McCalle, 맹현리 선교사가 시작한 비금도의 대표적인 교회였다. 그런데 일본은 이곳 섬 지역까지 군대를 주둔시키고, 신사를 짓고 신사참배를 강요했다. 학교를 징발해 군인훈련소로 사용했고, 목회자는 강제로 쫓아냈다. 김방호 목사도 이곳에 더 이상 있을 수 없었다. 나주 상촌교회와 영산포교회에서 사역을 하다가, 1950년 3월 10일 공산좌익들에게 쫓겨난 원창권 목사 후임으로 염산교회로 왔다. 일본의 모진 고난 다

겪고, 살만한 시대가 되니 한국전쟁으로 인한 순교의 매장지를 찾아서 소금의 고장 염산으로 온 것이다.

| 이들을 미워하지 말라 |

1950년 한국전쟁이 시작되고 7월 23일 공산군이 염산교회까지 왔다. 공산군이 교회를 자신들의 거처로 삼자, 김방호는 서울과 목포 등에서 온 자녀와 손자들을 데리고 사택에서 몇몇 교인들과 함께 예배를 드렸다. 공산군이 사택에서 그의 가족을 쫓아내자 김방호 목사는 이제 갓 세례를 받은 장병태의 집에서 잠시 기거했다. 김방호 목사의 사정을 안타깝게 여긴 김동근 장로가 그에게 비금도로 잠시 피해있기를 권유했으나, 교회 문까지 닫은 상황에서 자기 혼자 살겠다고 피신할 수는 없었다.

1950년 10월 27일 장병태의 집에 공산군과 좌익세력이 들어와 김방호의 가족들을 끌어냈다. 그리고 자녀들에게 몽둥이로 아버지를 패면 살려주겠다고 협박을 가했다. 김방호 목사는 "내주를 가까이 하게 함은……" 찬송을 부르며 자녀들에게 최후의 말을 이었다. "너희는 절대로 이 사람들을 미워하지 말고 무서워하지도 마라. 그들은 몰라서 그러는 거야." 그는 죽는 순간까지 공산군을 미워하지 않았지만, 그들은 김방호와 일가족 8명을 장작으로 때려죽였다. 이 무렵 염산교회 성도 77명이 연이어 순교를 당했다.

| 아버지의 뜻을 이은 아들, 김익 전도사 |

염산교회는 많은 순교자를 냈음에도 불구하고 전쟁이 끝난 후 오랫동안 어려움을 겪었다. 그것은 순교자의 후손과 공산 좌익에 동조했던 이들의 후손들이 뒤엉켜 살아가야 했기 때문이다. 때로는 경찰들도 손을 대지 못할 정도로 서로 간에 폭력과 살인이 벌어지기도 했다.

이런 상황에서 구사일생으로 살아난 김방호의 둘째 아들 김익 전도사가 1951년 4월 10일 염산교회를 섬기게 되었다. 그는 전쟁이 터지자 아버지의 전임목회지이자 처가가 있는 비금도 덕산교회로 피신했기 때문에 살아남을 수 있었다. 아버지의 뜻을 잇고 자신의 가족을 죽인 자들을 용서하기 위해 염산교회에 온 김익은 "원수를 사랑하라"는 예수의 가르침을 주민들에게 전하며 교회를 치유하고 목회를 이어갔다. 그러나 하늘도 김익을 사랑했는지, 부임 11년 만에 시력이 매우 악화되어 42세의 나이에 소천했다.

염산교회

77인 순교기념비

광주·순천 선교의 개척자, 조상학 1877-1950

- **1877.** 전남 승주군에서 출생
- **1899.** 광주의 오웬 선교사와 지원근 조사의 전도로 유진 벨 선교사에게 세례를 받음
- **1905.** 보성 무만리교회, 광양 신황리교회 개척
- **1907.** 여수 장천교회, 순천읍교회 개척
- **1923.** 평양신학교 졸업 후 광양읍교회, 율촌교회, 하동읍교회 등 시무
- **1940.** 순천노회 원탁회사건으로 구속되었으나 고령으로 풀려남
- **1949.** 여수 덕양교회 부임
- **1950. 9. 28.** 손양원 목사와 함께 공산당에게 총살

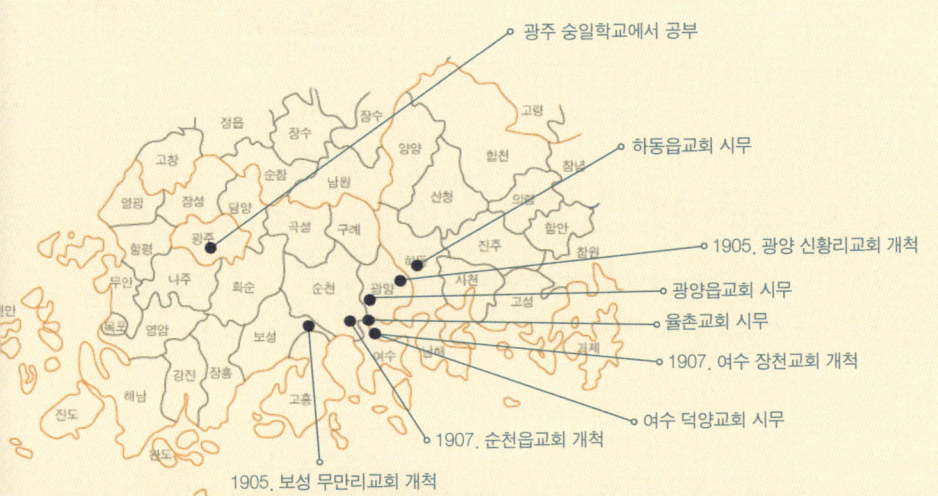

- 광주 숭일학교에서 공부
- 하동읍교회 시무
- 1905. 광양 신황리교회 개척
- 광양읍교회 시무
- 율촌교회 시무
- 1907. 여수 장천교회 개척
- 여수 덕양교회 시무
- 1907. 순천읍교회 개척
- 1905. 보성 무만리교회 개척

내가 대신 희생을 당할 테니 나의 시체는 저 산에 묻어주시오.

| 승주 사람 조상학, 오웬을 만나다 |

조상학은 1877년 전남 승주군 송광면에서 양반집 조형섭의 장남으로 태어났다. 그는 나이 스무 살이 될 때까지 넉넉한 가정 형편과 전통적인 분위기에서 한문을 비롯한 유교교육을 받고 성장했다.

전남지역에서는 이미 19세기 말부터 유진 벨과 오웬Clement C. Owen, 오기원의 선교사역이 시작되었다. 1898년 조선에 온 오웬 선교사는 목포 선교지부를 중심으로 광주와 순천까지 선교영역을 확장하면서, 해남, 보성, 완도, 나주, 장흥, 고흥, 화순, 광양 등의 핵심적인 자리에 교회를 설립해 나갔다. 그리고 마침내 조사 지원근과 함께 오웬이 쳐 놓은 거대한 복음의 그물망에 전남 동부지역 기독교의 선구자 조상학이 걸려들었다.

안타깝게도 조상학의 어린 시절과 회심 과정에 대한 상세한 자료는 구하기 어렵다. 그렇지만 오웬과 그의 조사 지원근의 인격과 복음의 열정이 유교 선비 조상학을 예수께 인도했던 것만은 분명하다.

유진 벨과 오웬 선교사

| 전도와 교회설립의 열정 |

1899년 유진 벨로부터 세례를 받은 조상학은 절망에 빠진 이 나라에 예수를 전해야겠다는 사명을 품고 전도자가 되기로 했다. 그리고 전도의 열망은 즉시

열매로 나타났다. 조상학은 여수 율촌면 정천리의 조의한에게 예수를 전해 장천리교회를 세웠고, 이후에는 조의환과 함께 한태원을 전도해서 광양군 신황리에 신황교회를 세웠다. 광양 최초의 교회가 된 신황리의 교회 설립이야기는 감동적이다. 한태원은 바로 명성황후를 살해하고 일본으로 도망치려는 일본인을 인천까지 쫓아가 죽이고 이곳 웅동마을로 숨어든 사람이었다. 한태원을 잡기 위해 이곳에 온 한 관리가 도박에 빠져있는 마을 사람을 보고, '야소교'를 권하면서 광주에 있던 조상학을 소개해 주었다. 그리하여 박희원, 서병준, 장기용이 3일을 걸어 광주까지 가서 조상학으로부터 복음을 듣고 교회를 시작하게 되었다.

보성지방에서는 정태인과 김일현을 전도해서 그 지역 최초의 교회인 무만동교회를 세웠는데, 이때 조상학의 전도를 받은 정태인은 1917년 평양신학교를 졸업하고 보성, 고흥, 제주에 수많은 교회를 설립했다. 전남동부지역의 열성적인 교회 설립에는 남장로교 선교사들의 헌신이 있었지만, 그 이면에는 조상학과 정태인과 같은 한국 기독교 지도자들의 눈물과 땀이 배어 있었다.

조상학 한 사람의 회심은 전남 동부와 제주의 신앙지평을 형성하는 놀라운 결과를 낳았다. 특이한 것은 조상학의 전도를 받은 사람이 자신의 신앙발전에 그친 것이 아니라 바로 전도하고 교회를 세우는 전도자의 열정을 확대 재생산했다는 것이다.

조상학은 1923년 평양신학교를 졸업하고, 1922년 40여 개 교회를 중심으로 새롭게 시작한 순천노회 최초의 목사가 되어 광양읍교회를 섬겼다. 이어 율촌교회, 경남 하동교회, 여천 덕양교회 등을 섬기며 사역을 감당했다.

| 일제와 분단의 희생양 |

일본은 1940년 소위 '원탁회사건'을 계기로 순천노회 소속 목사들을 일시에

검거했다. 일본은 이 사건을 빌미로 조상학, 양용근, 김정복, 나덕환 등의 목사들을 검거했고, 양용근 목사는 광주형무소에서 38세의 나이에 옥중에서 순교했다.

현재의 덕양교회

70이 다되어 가는 조상학 목사는 다행히 석방되었다. 일본의 억압은 그런대로 넘어갔지만, 1950년에 터진 한국전쟁은 그를 가만히 내버려두지 않았다. 빠르게 남하한 공산군들의 위협에 덕양교회 성도들이 늙은 조 목사에게 피난을 요구했다. 그러나 평생을 예수쟁이로 올곧게 살아온 그가 죽음의 위협을 피해 나갈 리 없었다. "내가 대신 희생을 당할 테니, 나의 시체는 저 산에다가 묻어주시오." 이 말을 남기고 그는 여수내무서에서 온 공산군에게 체포되어 모진 고문을 당했다.

더운 여름날 70여 일간의 감옥생활을 한 그는 9월 28일 미평동으로 끌려갔다. 앞서 총을 맞고 순교한 손양원 목사의 뒤를 따라 그 역시 순교의 잔을 마셨다. 그의 나이 73세였다. 이때 소록도의 김정복 목사, 구례읍교회 이선용 목사 등도 순교를 당했다. 덕양교회는 1983년 조상학 목사 순교비를 세워 그의 죽음을 기념했으며, 2008년에는 광양시 웅동마을에 광양기독교선교 100주년 기념관이 개관했다.

조상학 목사 순교기념비

복음성가의 아버지, 기도원운동의 창시자, 유재헌 1904-1950

- 1904. 제중교회 조사였던 유흥렬의 독자로 경기도 광주에서 출생
- 1924. 일성회一成會 조직, 민족계몽운동 전개
- 1926. 피어선성경학원 재학 중 6·10 만세 시위 가담, 일본으로 건너가 간사이關西 성서신학교 입학
- 1931. 목사안수를 받고 도쿄·요코하마 등지에 '조선기독교 독립교회' 개척
- 1941. 애국반일사상 전파로 옥고
- 1942. 강제송환되어 귀국, 부흥사로 전국 순회 집회
- 1945. '대한수도원'을 철원에 설립
- 1950. '임마누엘 수도원' 삼각산에 설립, '순교자의 깃발' 작곡
- 1950. 9·28 수복 전 납북되어 가던 중 총살당한 것으로 추측

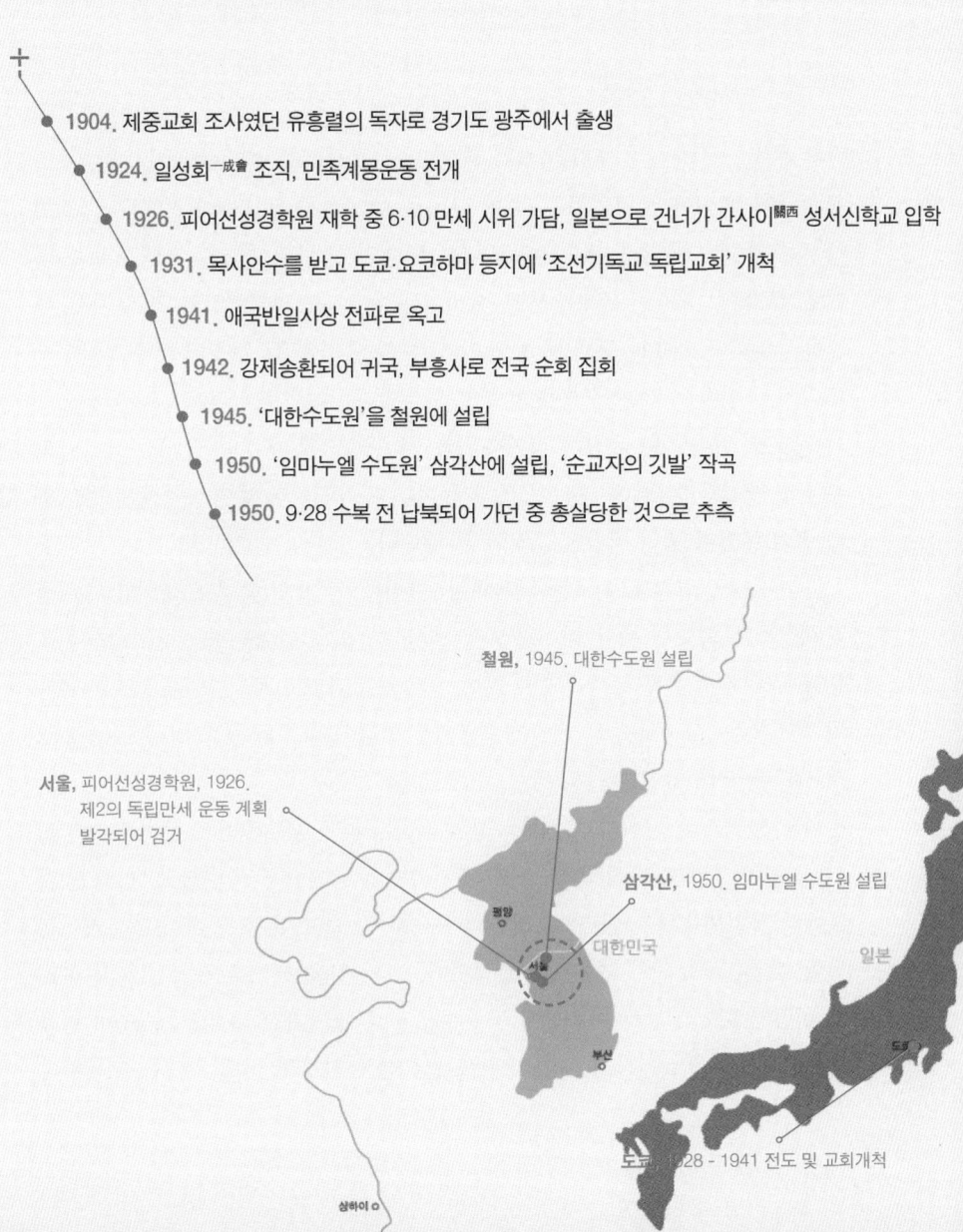

철원, 1945. 대한수도원 설립

서울, 피어선성경학원, 1926. 제2의 독립만세 운동 계획 발각되어 검거

삼각산, 1950. 임마누엘 수도원 설립

평양 · 대한민국 · 일본 · 서울 · 부산 · 도쿄

도쿄, 1928 - 1941 전도 및 교회개척

상하이

동족 위해 달게 죽자, 불쌍한 죄인 구령 위하여
주님 위해 달게 죽자, 그 사랑 갚아 영광을 돌리자
('순교의 깃발' 중에서)

| 그 아버지에 그 아들 |

유재헌은 아버지 유흥렬 장로의 돈독한 신앙 아래서 성장했다. 경기도 광주 실촌에서 태어난 아버지는 30세의 나이에 언더우드 선교사에게 복음을 받고 상투를 자르고 개화사상과 복음을 받아들였다. 이 때문에 문중에서 버림을 받기도 했지만, 1894년 세례를 받은 아버지는 제중원교회(현 남대문교회) 조사로 서상륜, 김홍경, 박태선 등과 함께 용인-광주-안성-평택 등 경성지방 순회전도자로 활동하면서 수많은 교회를 세우고 돌보았다. 아버지는 평생을 무급전도자와 장로로 하나님의 나라를 섬기다 1945년 8월 17일 83세의 일기로 하나님의 부름을 받았다. 이날은 손양원 목사를 비롯해 마지막까지 신사참배를 반대하던 주의 종들이 풀려 해방된 조국을 본 날이다.

아버지가 순회전도자로 활동할 때인 1904년 3월 21일 독자로 태어난 유재헌은 경신고등학교를 거쳐 피어선성경학원에 다녔고, 1926년에는 6·10 만세 운동과 추가적인 운동 모의에 연루되어 일시 투옥되기도 했다. 일본으로 건너가기 직전에는 '감성회'라는 애국계몽단체를 만들어 활동하는 등 민족에 대한 그의 사랑은 끝이 없었다.

이후 일본으로 건너가 고베神戶 성서 신학원에서 공부하면서 동시에 재일조선인교회인 다하라마치田原町, 도쿄 미가와시마三河島에서 사역했고, 1931년 일본에서 목사안수를 받았다. 그러면서 요코하마, 고베, 도쿄 등에서 조선기독교 독립교회를 설립하고 부흥사로 활약했다. 그의 일본 사역은 특이했다. 손수레를 이동가옥으로 고쳐 머물면서 구두수선을 해서 생계를 유지하고, 10년 넘게 복음을 전했다. 그러다가 재일 교포들에게 애국 사상과 반일 사상을 고취한다는 이유로 고베 유치장에 갇히기도 했고 1941년에는 결국 옥에 갇혔다.

| 대한수도원과 임마누엘 수도원 |

일본 내에서 불온한 사람으로 낙인 찍힌 그는 1942년 한국으로 압송되었으나, 40일 금식기도를 마친 후 다시 분연히 일어나 전국적인 부흥회 운동을 시작했다. 그리고 1945년 한국 최초의 수도원인 대한수도원을 철원 갈말읍 군탄리에 설립했고, 1950년 임마누엘 수도원을 삼각산에 설립했다.

복음 전도와 민족재건을 꿈꾼 그의 기도제목은 간단했다. 그것은 '사람을 움직이기 전에 하나님을 움직이고, 전도운동을 하기 전에 기도운동을 전개하고, 기도하고 회개하여 성신을 받고 그 다음에 나가서 외치고 다음에 나라를 세우자.'였다. 이런 신앙과 확신이 한국에 전도 운동과 기도원운동을 일으키게 된 것이다.

서울 삼각산 임마누엘 수도원

| 순교자의 깃발, 화단火壇 위에 올린 순교의 노래 |

한국전쟁은 남북한 기독교인들이 피해 가지 못할 시련의 무대였다. 전쟁의 와중에서도 많은 사람이 유 목사의 부흥회를 찾았다. 그는 7월 9일 "나는 마음을 정하였다."라고 설교를 하고, 7월 11일 "순교자의 깃발"이라는 제목의 복음성가를 직접 불렀다. 개원한지 두 달도 안 된 삼각산 기도원에 수많은 사람이 찾았다. 그리고 8월 15일 공산군 정치보위부도 여지없이 찾아와, 아이들과 노인들을 제외하고 대부분의 성도를 국립도서관 지하에 감금했다. 사람들 대부분은 풀려 나왔으나 유재헌은 나오지 못하고 납북되었다. 9월 28일 서울이 수복되기 전에 순교를 당한 것으로 전해진다. 유재헌은 "순교자의 깃발"을 비롯

해 100편이 넘는 주옥같은 복음성가를 남겼다.

일본에 체류할 때인 1939년 "고통의 멍에 벗으려고"에 맞추어 처음 작사한 "내 신랑 예수여"를 시작으로 복음성가 작곡은 해방 이후 부흥사로서의 그의 활약과 함께 최고 전성기를 맞았다. 등사판으로 인쇄한 《복음성가》에는 총 114편이 실려있다. 일본 유치장에 갇혀서도, 부흥회를 인도하는 중에도, 심지어 전쟁의 와중에 순교를 예감하고 노래를 짓고 불렀다. 한국 최고의 부흥사로 '허사가' 등을 포함한 수많은 노래로 민초들과 한국교회를 위로했던 이성봉 목사처럼, 유재헌 목사도 기도로 받은 영감을 성도들과 교회를 위해 쏟아냈다. 그는 엘리야의 불 재단처럼 화단火壇 위에 쏟아낸 한국교회 복음성가의 아버지였다. 1950년 7월 11일 전쟁의 와중에 하늘을 향해 올려드린 그의 마음의 노래, "순교자의 깃발"의 한 부분이다.

복음성가

1. 나를 위해 우리 주님, 피 땀 눈물 다 바쳐
   속죄하여 주셨으니, 주께 이 몸 드리네
5. 나의 살을 찢어 가라, 거룩한 피 흘리어
   주의 흔적 지고 가서, 주님 얼굴 뵈련다
7. 나의 목을 잘라가라. 순교자의 면류관
   나까지도 쓰고 가니 할렐루야 승리다.

*후렴 동족 위해 달게 죽자, 불쌍한 죄인 구령 위하여
       주님 위해 달게 죽자, 그 사랑 갚아 영광을 돌리자

| 수많은 열매를 맺은 순교의 씨앗 |

한국교회 초기의 공신이었던 유흥렬에 이어 기도운동과 부흥운동의 선각자 유재헌도 갔지만, 그 헌신과 순교의 꽃은 손자세대에 이어 만발했다. 아들 유종곤은 수송교회를 섬기다 미국으로 건너갔고, 둘째 유광웅은 아세아연합신학에서 가르쳤다. 큰 딸 유인애는 대구 서문교회 이성헌 목사의 아내이며, 막내 딸 유정심은 대구 아름다운교회 정영호 목사의 아내이다. 유재헌의 아름다운 멜로디는 '밀알'을 부른 손자 사위 천관웅 목사를 통해 전해졌다.

가족과 함께

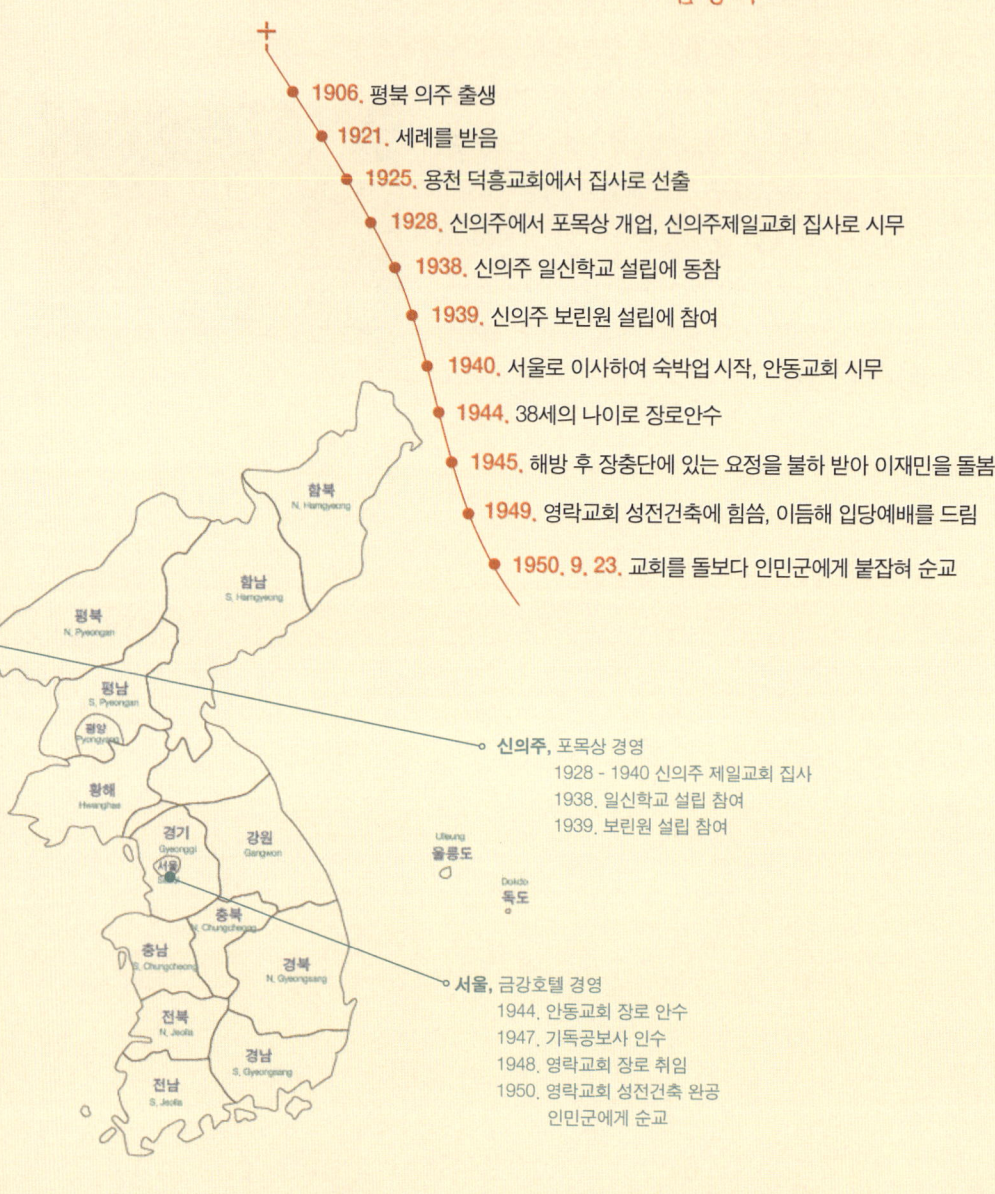

나의 기쁨 나의 소망 되시며 나의 생명이 되신 주
밤낮 불러서 찬송을 드려도 늘 아쉰 마음 뿐일세

| 의주에서 서울로, 소년 집사의 꿈 |

김응락은 1906년 5월 6일 평북 의주군 고관면의 부호 김기평의 4남으로 태어났다. 양시보통학교에서 공부한 그는 윤택한 집안에서 온유한 성품으로 자라 19살에 용천 덕흥교회 집사가 되었다. 이후 신의주 제일교회를 12년간 섬기면서, 옥상회라는 포목상을 경영해 큰 돈을 벌었다. 그는 뜻있는 지인들과 함께 1938년 신의주 미륵동에 일신초등학교를 설립하고, 가난한 자들에게는 학비와 생활비까지 지원했다.

김응락은 더 큰 꿈을 안고 서울에 와서 안동교회를 섬기면서 1944년 장로가 되었다. 그는 금강여관과 종로 5가에 포목상을 경영하고, 보육원과 양로원을 지원하는 등 사회사업을 펼쳐갔다. 장로교 교단 신문인 〈기독공보〉를 인수하는 등 기독교 문서사업에 대한 지원도 아끼지 않았다.

1944년 10월 22일 안태인, 윤택선, 김응락 장로 장립 기념

| 김응락과 한경직 |

해방 이후 공산당의 박해가 심해지자 많은 교인들이 남쪽으로 내려왔다. 이때 신의주 지역에서 내려온 사람들은 김응락을 찾아왔다. 김응락은 교회설립 위원으로 선정되어 1945년 12월 2일에 중구 정동 2가에 베다니 전도교회(현 영락교회)를 개척하였다. 한경직 목사의 기도와 말씀, 김응락 장로의 구호와 베풂 정신이 하나 되어 많은 사람의 안식처가 생겨난 것이다. 이들의 헌신에 기초하

여 1950년 6월 5일 350평의 석조건물 예배당을 완공할 수 있었다. 교회건축을 위해 김응락은 삼척, 대전 등지를 오가면서 자재를 사 오는 등 온 힘을 다했다.

| 나는 이 교회 장로요 |

예배당을 완공한 20여 일 만인 6월 25일 한국전쟁이 터졌다. 불안에 쌓인 성도들에게 한경직 목사는 말씀을 전했다. "우리나라의 전쟁과 같은 불행한 사태가 하나님의 사람에게 영광을 갖다 주실지 누가 알겠습니까?" 서울의 많은 목회자가 승동교회에 모여 구국결의를 다졌지만, 28일 공산군에게 서울 방위선이 뚫리자 대부분의 목회자도 한강을 건너 남으로 피신하거나 지하로 몸을 숨겼다.

자신의 모든 것을 걸고 교회를 지은 김응락은 예배당이 무기창고로, 교회사무실이 공산당 연락사무소로 사용하고 있는 현실을 개탄하지 않을 수 없었다. 그는 매일 교회의 상태를 살피느라 여념이 없었다. 전쟁이 지속되던 9월 21일 아침, 그래도 상처 없이 서 있어준 교회가 고맙기라도 한 듯 교회를 보러 왔다. 유엔군이 9월 15일 인천상륙작전을 시작하기 전에 매일 서울에 엄청난 공격을 했기에 그저 바르게 있어준 교회가 사랑스러웠고, 유엔군이 서울을 수복할 때까지 조금만 더 견뎌 주기를 원했을 것이다. 공산군은 벌써 피난을 갔는지 보초도 보이지 않길래 교회 안에서 기도를 드리고 싶은 생각에 정문을 밀어 제쳤다. "거 누구요, 어딜 가는 거야?" 예배당 안에 숨어있던 공산군이 질문했다. "난 이 교회 장로요, 기도하러 들어가는 길이요." 김응락은 주저하지 않았다. 그러자 공산군은 그 자리에서 김응락을 체포해서 공산당이 본부로 사용 중이던 중부경찰서로 끌고 갔다. 거의 같은 무렵 김인모 장로의 아들 김만이란 청년도 교회의 상황을 살펴보고자 왔다가 경찰서로 잡혀 들어왔다.

며칠 동안 모진 고문과 학대를 당하고, 그들은 교회로 다시 끌려왔다. 김응락은 교회 계단으로 끌려 올라가면서 찬송을 불렀다. "나의 기쁨, 나의 소망 되시며……" 그것이 그가 살아 부른 마지막 찬송이었다. 그는 공산군에게 마지막으로 5분만 기도를 할 수 있게 해 달라고 부탁했다. 그리고 기도를 마친 후 공산군의 총에 맞아 목숨을 잃었다. 이 마지막 모습을 전성천 목사의 장모 백 여사가 지켜보았고, 이 혼란의 와중에 김만은 다행히 피할 수 있었다.

김응락 장로는 마지막 순간에 예배당에서 무슨 기도를 하나님께 드렸을까? 나중에 한경직 목사는 다음과 같이 추억했다. "이때 드린 김 장로의 기도는 자신의 전 생애를 하나님과 교회를 위해 바칠 수 있도록 인도하신 하나님을 향한 감사와 함께 믿는 자로서 죽음을 맞이할 때 하나님께 영광을 돌릴 수 있는 담대한 자세를 간구했습니다."

| 어린 주님 발자국 따라 |

자신이 손수 지은 성전을 온몸으로 지키고자 했던 김응락 장로를 기념하기 위해 영락교회에서 1960년 8월 8일 순교기념비를 세웠다. 거기에는 다음과 같은 글이 새겨져 있다.

"무거운 발길을 옮겨 골고다로 향하신 피어린 주님 발자국 따라 생을 다하고 의의 길 택하시오며 모진 붉은 돌에 쓰러지시올 때 스데반의 미소 또한 그 광

영락교회 현재 모습

순교기념비

채 만면에 사무치고 마지막 한 방울 피 흘리시도록 영락의 제단 부둥켜 안으사 숨을 거두셨으니 베다니 뜰에 첫 번 맺은 순교의 원공은 장하시다."

한국 최초의 신학자, 남궁혁 1882-1950

- **1882.** 서울에서 출생
- **1900.** 서울 배재학당 졸업
  인천·목포세관에서 근무
- **1907.** 목포 영흥, 광주 숭일학교 교사로 근무
- **1918 - 1921** 평양신학교 수학
- **1923 - 1925** 프린스턴Princeton 유니온Union 신학교에서 공부
- **1925.** 평양신학교 한국인 최초의 교수로 부임
- **1928.** 〈신학지남〉의 편집을 맡음
- **1932.** 제21회 장로회 총회에서 총회장에 선출
- **1938.** 신사참배 거부 결의로 인해 평양신학교 폐교, 중국 상해로 망명, 상해에서 신학사전 편집과 〈신학지남〉 교열
- **1945.** 한국인 거류민 단장으로 귀국
- **1947 - 1948** 한국 과도 정부의 재무부 세관국장 역임
- **1948. 10.** 한국기독교연합회KNCC 총무
- **1950. 8. 23.** 한국전쟁 당시 납북

평양, 1918 - 1921, 평양신학교 수학
1925 - 1938, 평양신학교 교수

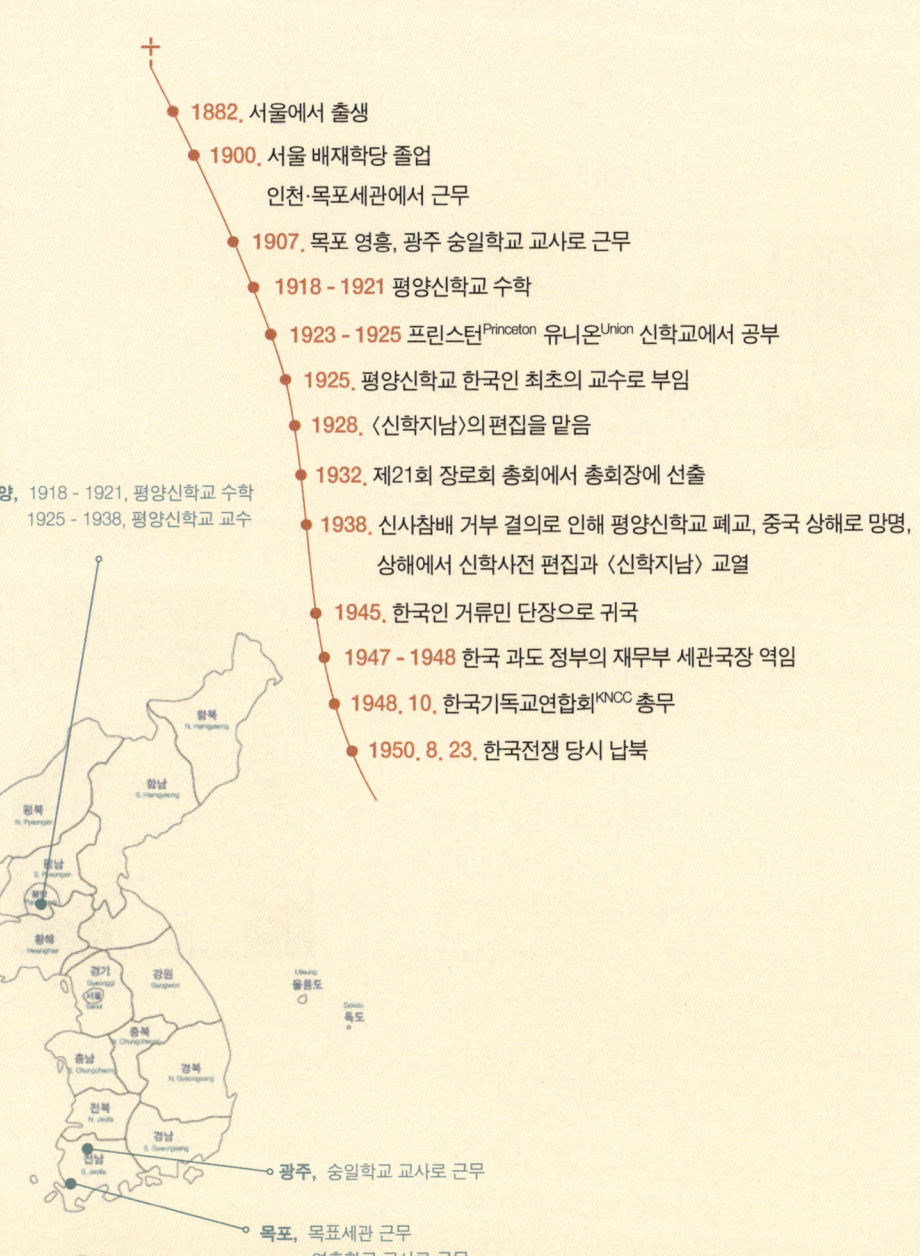

광주, 숭일학교 교사로 근무

목포, 목표세관 근무
영흥학교 교사로 근무

오직 나를 비우고 내 몸과 정신과 감정과 심령 전부를 그리스도께 바치라
그리하면 그리스도께서 또한 우리 안에 거하사
그의 열렬한 사랑으로 우리도 서로 사랑하게 하실 것이다.
('그리스도와의 결합' 중에서)

| 선교사들과 김함라의 손에 이끌려 |

남궁혁 박사

한국인 최초의 신학박사, 평양신학교에서 최초의 한국인 교수를 했던 남궁혁 목사는 1882년 7월 1일 서울의 양반가문에서 출생했다. 구한말 애국지사이자 평양감사인 외조부를 따라 어린 시절을 평양과 용인을 오가며 보냈다. 배재학당을 수석 졸업한 그는 인천세관을 거쳐 목포세관장으로 활동하면서 미국 남장로회 선교사들의 눈에 띄게 되었다. 영특한 그를 교회로 이끌려는 선교사들의 노력으로 남궁혁은 정신여학교 출신인 김함라와 결혼을 했는데, 이때 결혼식 주례를 캐나다 선교사 게일James S. Gale이 맡았다. 김함라는 한국최초의 교회 소래교회 김윤방의 딸이자, 김마리아의 큰 언니였다. 직장도 목포 영흥학교로 옮겼고 이후 광주 숭일학교로 옮겨 학생들을 가르쳤다.

남궁혁을 목회자의 길로 이끈 것은 독실한 신앙을 가진 아내 김함라였다. 이후 나이 40세인 1921년 평양신학교를 졸업하고 1년간 광주 양림교회에서 목회를 한 후, 미국으로 건너가 프린스턴Princeton신학대학과 리치먼드 유니온Union신학교에서 공부한 후 1927년 박사학위를 받고 한국인 신학박사 1호가 되었다.

이화 7인 전도대, 김함라(뒷줄 맨 우측)

평양에서 상해로

유니온신학교 수업을 마친 그는 1925년부터 평양신학교에서 신약학을 가르치고, 성경번역과 주석편찬, 그리고 〈신학지남〉의 발행을 맡아 수고했다.

그는 평양신학교에 있는 동안 좋은 동료와 후배들을 많이 만났다. 김인서와 김재준 등이 남궁혁을 적극적으로 도우며 깊이 교제했고, 남궁혁 자신도 미국유학을 마친 박형룡의 교수 길을 지원해주었다. 경제적으로 어려운 김재준과 송창근 같은 후배들의 진로를 후원해주는 일도 그의 몫이었다. 바로 이 기간이 신학자와 교수로서 가장 행복했을 때였고, 그런 남궁혁이 있었기에 한국 개신교 신학이 가장 풍성한 시기를 누릴 수 있었다.

〈신학지남〉

신사참배문제로 1938년 신학교가 폐교되자 남궁혁은 이듬해 가족들과 함께 상해로 망명하여 갈 곳 잃은 교포들의 거류민단 단장으로 활동하는 등 해방이 될 때까지 그곳에 머물렀다.

한국교회 분열을 예견한 사람

해방 후에 그는 미 군정청의 요청으로 일본이 두고 떠난 재산을 정리하는 적산관리처장, 재무부 세관국장으로 2년간 일했다. 1948년 폐교된 평양신학교를 이을 남산장로교신학교 개교를 준비하던 박형룡이 남궁혁에게 교장을 맡아 달라고 요청했다. 이에 남궁혁은 다음과 같이 대답했다. "내가 한국교회의 분열을 책임질 만한 인물이 되지 못하니 사양합니다." 한국전쟁과 함께 지루하고 비참하게 진행된 한국교회의 분열을 도울 마음이 없다는 것을 에둘러 답변했다. 대신 교회의 일치와 화합을 위한 한국기독교교회협의회 KNCC의 총무로 적극적으로 활동했다.

1950년 전쟁이 일어났지만, 그는 서울 이남으로 남하할 기회를 얻지 못했다. 그러던 중 북한군의 가택수색에 발각되어 1950년 8월 23일 연행되어 평양 쪽으로 강제 납북되었다. 정치보위부의 위협과 감언이설에도 신앙적 지조를 지키며 금식하다가 순교한 것으로 알려진다.

대표 유적지

한국전쟁 기간 남한의 대표적인 순교지

1. 끝까지 믿음을 지킨 순교자의 안식처, 애양원

여수시 율촌면 신풍리 1번지
☎ 061-682-7515
www.aeyangwon.org

성산교회

애양원역사관

기념공원

손양원 목사 순교기념관

| 애양원의 시작 |

목포에서 활동하던 포사이드Wiley H. Forsythe 선교사가 동료 선교사 오웬Clement C. Owen이 위급하다는 소식을 듣고 광주로 급히 가는 길이었다. 이때 포사이드는 길에 버려진 한센인 여인을 보게 되었다. 광주로 데려와 윌슨Robert M. Wilson 선교사와 함께 정성껏 치료해 주었지만 결국 목숨을 잃고 오웬 선교사도 안타깝게 생을 마감했다. 그러나 이 사건을 계기로 윌슨 선교사가 광주에 한센인치료소를 세우게 되었고 이것이 오늘날 애양원의 시작이 되었다. 당시 선교사를 돕던 최홍종은 포사이드 선교사가 한센인을 돌보는 모습에 감동해 광주 봉선리 자신의 땅을 바쳐 치료소 건립에 이바지했다.

한센인 환자들이 광주로 몰려들면서 주민들의 항의가 거세지자 치료소를 한적한 곳으로 이전하기로 계획하고 엉거James K. Unger, 원가리 선교사와 최홍종 등이 필요한 자금을 모금하였다. 그리고 1926년, 마침내 현재의 여수 신풍리로 600여 명의 한센인이 옮겨와 병원, 교회, 학교 등을 세우고 한센인 마을을 형성했다. 이들은 더 이상 거리에서 구걸하며 사람들의 눈을 피해 다니지 않아도 되었다. 안정적인 치료로 질병이 차츰 회복되었고 엉거 선교사가 애양원교회를 섬기며 한센인들의 영적인 치료를 담당했다. 이후 한국인 목회자인 김응규 목사가 애양원교회를 담당하게 되었고 애양원은 '사랑이 자라는 동산'愛養園으로 성장해 나갔다.

| 신사참배, 애양원과 미국 남장로교회 |

1938년 순천노회는 구례읍 예배당에서 모인 제22회 정기노회에서 신사참배를 가결하였다. 그리고 그 해 가을, 조선예수교장로회 총회가 신사참배를 가결하자 남장로교회 선교부는 1938년 9월 28일, 임시회의를 열고 조선 장로교회와의 단절을 선언하였다. 남장로교회에 소속되어 있던 애양원 또한 선교사들을 따라서 신사참배 거부 노선을 걷게 되었다. 총회의 신사참배 가결로 신사참배를 반대하는 교역자 다수가 배척을 받던 시대였다. 그와 같은 상황에서 애양원교회가 신사참배를 거부한다는 것은 쉽지만은 않은 일이었다.

그러던 어느 날 신사참배를 반대하던 김응규 목사가 노회에 참석했다가 신사 앞에 머리를 숙이는 일이 발생하게 되었다. 이 일로 김응규 목사는 사임하고, 신사참배를 반대하던 손양원 목사가 애양원교회의 2대 담임목사로 부임해 왔다.

1938년 이후 일제는 선교사들의 출국을 강요하는 조치를 취하였고, 이에 따라서 상당수의 선교사들이 한국을 떠나기 시작했다. 뿐만 아니라 끝까지 신사참배를 반대하던 손양원 목사가 1940년 투옥되었다. 이로써 애양원은 담임목사 부재상황에 처하게 되었다. 그러나 손양원 목사는 수감 기간에도 교인들과 가족들에게 편지를 보내 목회를 하였고 교인들은 손 목사를 등대 삼아 신앙의 절개를 지켜나갔다. 감옥에서도 변함없이 신앙을 지킨 손 목사는 1945년 해방을 맞아 애양원으로 돌아오게 되었다.

|여수와 순천에 퍼진 이념적 혼란, 애양원의 아픔|

손양원 목사가 돌아오자 애양원은 다시 안정을 찾아갔다. 하지만 그것도 잠시였다. 미 군정이 시작되고 신탁통치 찬성파와 반대파가 크게 충돌하면서 미국을 중심으로 한 자본주의 세력과 소련을 중심으로 한 공산주의 세력이 충돌하기 시작하였다. 이러한 두 세력의 충돌은 여수를 넘어 순천까지 확장되었고, 이 과정에서 손목사는 두 아들 동인, 동신을 잃게 되었다. 여수-순천 사태의 진압은 결국 동족상잔의 서막이 되었고, 한국은 두 쪽으로 나뉘어 마침내 1950년 한국전쟁이 발발하였다. 북한군은 남하하여 순식간에 전라남북도 일대를 점령하였다. 그러나 9월 15일 인천상륙작전을 기점으로 북한군이 철수하기 시작하면서 우익인사들 상당수가 총살을 당했다. 이 과정에서 염산교회의 김방호 목사를 비롯한 성도 77명, 야월교회의 김성종 영수를 포함한 65명, 법성포교회의 김종인 목사와 24명, 강진읍교회의 배영석 목사, 함평의 정재련 전도사, 조상학 목사 등 여러 곳에서 다수의 순교자가 발생하였으며, 애양원의 손양원 목사 역시 이 시기에 순교하였다.

|끝까지 한센인과 함께한 순교자 손양원 목사|

이 당시의 애양원 역시 여러 어려움에 술렁거리고 있었다. 북한군이 남한의 한센병 환자들을 좋은 세상을 더럽히는 존재라고 여기고, 전부 다 쏴 죽인다는 소문이 나돌기 시작하였다. 이런 소문을 들은 몇몇 사람은 애양원에도 인민위원회를 세우고 인공기를 걸자고 요구하였다. 하지만 손양원 목사는 삼위일체 하나님을 거부하는 공산주의에는 절대로 동조할 수 없다고 완강하게 거부하였으며, 피난도 마다한 채 마지막까지 한센인 환자들을 돌보다가 결국 공산군에 체포되어 순교하였다.

2. 회복과 부흥의 원천, 소록도

전라남도 고흥군 도양읍 소록리
☎ 061-830-5224(고흥군청 문화관광과)
☎ 061-844-0384(소록도연합교회)

| 소록도의 출발과 교회의 시작 |

소록도는 전남 고흥군 고흥반도 남쪽에 위치한 아기 사슴 모양을 한 섬이다. 1916년 일본은 한센인을 격리하여 치료할 목적으로 이곳에 자혜의원慈惠醫院을 세워 소록도 갱생원을 만들었다. 애양원 같은 기존의 한센인 치료소는 주로 기독교 선교사들에 의해 세워졌다. 반면 소록도의 갱생원은 일본이 조선을 보다 효과적으로 통치하고 사람들의 마음을 얻기 위해 세운 것이다. 소록도 가장 안쪽, 구북리를 중심으로 한 초기 갱생원 시절에는 환자들이 종교적 활동은커녕, 일본식 옷을 입고 다다미방에서 생활해야 했다.

자혜병원

1919년 3·1 운동 이후 일본은 소위 '문화통치'를 실시하였고, 소록도에서도 이러한 변화를 느낄 수 있었다. 1921년 2대 원장으로 부임한 하나이젠키치花井善吉는 환자들에게 강요되었던 기존의 일본식 생활을 청산하고, 외부가족과의 통신과 만남도 허락하였다. 또한 3년제 보통학교를 개설해 한센인들에게 교육의 기회를 제공했다. 그러나 기독교인의 입장에서 하나이 원장의 가장 큰 공헌은 그의 배려로 소록도에 교회가 세워진 것이다. 하나이 원장이 광주에서 사역하던 일본인 목사 다나카田中眞三郎를 초청해 집회를 가진 것이 소록도 교회의 기원이 되었다. 1923년 소록도 백사장에서 첫 세례식이 베풀어졌고, 1928년 예배당이 세워졌다. 한국인에게 호의를 베푼 하나이 원장이 병사하자, 주민들은 손수 기금을 모아 '하나이 원장 송덕비'를 만들어 주었다.

하나이 원장 송덕비

| 소록도의 위기, 교회의 위기 |

일제가 지배하던 1916년부터 1945년 사이에 소록도에는 5명의 일본인 원장이 있었다. 이들 중 2대 하나이 원장을 제외하고는 모두 강압적이었는데, 그중에서 가장 잔혹했던 사람이 제4대 수호원장이었다. 1933년 4대 원장으로 부임한 수호 마사히데周防正秀는 아시아에서 가장 큰 한센인 마을을 만들겠다는 야망을 품고 소록도 전체를 매수하여 확장공사를 적극 추진했다. 몇 차례에 걸친 확장공사로 소록도에 길과 공원이 생기고, 선착장이 만들어졌다. 그러나 이러한 일은 대부분 병든 한센인들이 고문과 강압 속에서 감당했다.

비록 힘든 상황이었지만 소록도의 기독교인들은 일본인 목사, 교회 장로, 전도사들의 노력에 힘입어 신앙으로 어려움을 극복해 나갔다. 김교신은 〈성서조선〉을 통해 소록도 주민들의 신앙을 간간이 세상에 알렸고, 외부인들은 성경, 찬송가, 헌금 등을 보내주기도 했다.

그런데 1930년대 들어 소록도 성도들은 신사참배를 강요받았다. 교회는 치료소나 가마니 공장으로 바뀌었고, 성도들은 주일에도 노동에 시달렸다. 매월 1일과 15일에는 신사참배를, 그리고 매월 20일에는 수호원장의 동상에 절을 해야 했다. 그리고 매일 밤에는 '황국신민서사'를 암송했다. 신앙인들은 치료를 포기하고 소록도를 떠나거나 저항하다가 감금실에 갇혀 순교하기도 했다. 소록도 주민들은 이 시절의 소록도 생활을 이스라엘 백성의 애굽 노예생활에 비유하기도 한다.

| 6·25와 김정복 목사의 순교 |

생체실험까지 감행한 것으로 알려진 제4대 수호 원장은 이춘상에 의해 피살되었고, 마침내 해방이 찾아왔지만 소록도의 아픔은 끝나지 않았다. 섬의 운영권을 놓고 직원과 주민들이 갈등을 겪다가 주민대표 84명이 학살당하는 사건이 일어났다. 이러한 아픔에도 불구하고 손양원 목사가 1946년 5월 소록도를 찾아 10여일간 부흥회를 인도하며 주민들을 위로했고, 애국지사 김정복 목사가 교회를 맡으면서 소록도는 안정을 찾아갔다.

손양원 목사가 인도한 부흥회를 마치고(1946)

그런데 1950년 한국전쟁과 함께 또 하나의 커다란 아픔이 찾아왔다. 7월 말 공산군들이 소록도에 들어오면서 예배는 중단되었다. 예배당에 김일성의 사진이 걸리고, 성도들은 인민군가를 부르도록 강요받았다. 성도들은 소록도를 떠날 생각을 해 보았지만 엄두가 나지 않았다. 수천 명의 주민들이 이주한다는 것이 현실적으로 불가능했기 때문이다.

김정복 목사 역시 성도들의 피난 권유에도 소록도를 쉽게 떠날 수 없었다. 그는 3·1운동으로 인해 옥고를 치르는 등 민족의 아픔을 누구보다 깊이 공감하는 사람이었다. 나이 70이 다 된 김정복 목사는 신생리에서 구북리로 가는 해안가에 있는 기도굴에서 기도하다 밀고를 당해 공산군에게 붙잡혔다. 그리고 고흥 정치보위부에 끌려가 고문을 당하고 1950년 9월 말 총살당해 순교하였다. 김정복 목사와 함께 소록도에 새로운 기운을 불어넣었던 손양원 목사도 같은 시기에 하늘에 부름을 받았다.

기도굴

전쟁 이후에도 개신교와 가톨릭의 갈등, 원장들의 갈취와 협박, 지도자들의 추방과 같은 일들이 있었지만 성도들의 신앙은 더욱 굳세어졌다. 특히 소록도 교인들은 1957년, 마을에 '성실 성경 고등학교'를 설립하여 기독교 지도자를 양성했다. 여기서 1983년까지 총 151명의 졸업생이 배출되어, 일부는 여수의 한성신학교와 부산의 영광신학교로 진학하여 목회활동을 지속하기도 했다.

성실성경고등학교

| 손목에 수저 달아 절벽을 파내 지은 교회 |

소록도 성도들의 고난은 일제와 한국전쟁의 비극에서 끝나지 않았다. 1961년 박정희의 군부 쿠데타의 영향은 소록도까지 미쳤다. 권총을 허리에 차고 소록도에 새로 부임한 조창원 원장은 오마도 간척사업을 시작했다. 동시에 정부기관을 교회로 사용할 수 없다는 이유로 각 마을의 교회를 폐쇄하고 성도들이 배급받은 물품으로 헌금하는 것을 막았다.

그러나 소록도 성도들은 혜성같이 등장한 김두영 목사와 힘을 합쳐 일곱 마을에 일곱 개의 교회를 새로 짓는 놀라운 기적을 만들어냈다. 김두영 목사의 탁월한 지도력과 위엄에 조창원은 마지못해 언덕배기의 바위투성이 땅을 교회를 지을 공간으로 내놓았다. 성도들은 반항할 엄두도 내지 못하고, 그저 손가락이 없는 손목에 수저를 매달아 꼭두새벽까지 바위를 파고 손목 위에 벽돌을 얹어 공사에 참여했다. 그리고 머리카락을 팔아 부족한 재정을 충당했다.

바닷길 3km를 막는 오마도 간척사업과 함께 진행된 소록도 교회의 설립이야기는 수많은 기적과 이적의 이야

동성교회

남성교회

북성교회 중앙교회 신성교회

기를 만들어내었다. 교회를 모두 완공했을 때, 소록도 주민 거의 모두가 방언을 하는 기적이 나타났는데, 성도들은 그것이 방언인지 모르고 하늘이 임한 것을 경험한 것이다. 이후 소록도 교회는 작대기 기도부대, 시각 장애인들의 하모니카 연주단 등 수많은 기적 같은 이야기를 잉태해 내었다.

지금 소록도 주민들의 평균나이는 75세 정도이다. 세월의 무게 때문에 지난 100여 년간의 신앙이야기도 옛이야기와 전설이 되어가고 있다. 처절한 고난과 절규 가운데서도 신앙 때문에 죽지 않고 살아온 이들의 간증과 삶의 이야기를 다음 세대에 전달하는 것은 이제 살아남은 자들의 몫이다.

3. 문준경과 함께 천사의 섬을 만든 전남 신안군의 순교지

(1) 임자도의 진리교회

전라남도 신안군 임자면 256-1
☎ 061-275-5322
www.jrch.org/

| 미움과 원망이 용서와 사랑으로 변한 곳, 임자도 |

임자도 진리교회는 문준경 전도사가 처음으로 개척한 교회이다. 문준경이 다니던 신학교는 1년 중 3개월은 수업을 받고 나머지 9개월은 목회현장에서 전도하거나 새로운 교회를 개척하도록 하였다. 이에 문준경은 1932년 3월, 여태 복음이 전해지지 않았던 임자면 진리에 내려가 처음으로 복음을 전하고 교회를 세웠다.

문준경에게 임자도는 특별한 곳이었다. 그곳에 자신을 버린 남편 정근택이 소실과 자식들을 거느리고 살고 있었기 때문이다. 그러나 문준경은 자신에게 상처와 아픔을 준 남편을 용서하고 그 가족을 전도해 구원받게 하려고 이곳을 첫 전도지로 정했다. 복음을 전하는 과정은 결코 쉽지 않았다. 그러나 바쁘게 일하는 사람들의 일손을 돕고 새참을 나누어 주면서 주민들의 마음을 얻었다. 고운 목소리로 찬송을 불러 사람들이 모이면 곧바로 말씀을 전했다. 처음에 모인 사람들은 비록 적은 수의 아이들과 부녀자들이었지만 이들을 통해 임자도에는 믿음의 불씨가 피어오르게 되었다.

| 진리교회에 세워진 두 기둥, 그리고 순교로 증언한 교회 |

문준경에게는 어디를 가나 늘 좋은 조력자들이 있었는데, 임자도 진리교회에는

이판일 장로와 그 동생 이판성 집사가 있었다. 이판일은 문준경이 실습기간을 마치고 서울로 상경할 때 진리교회를 부탁하고 떠났을 정도로 믿음직한 동역자였다. 이판일은 문준경이 없는 동안 열심히 교회를 개보수하고, 연약한 성도들이 신앙생활을 바르게 할 수 있도록 주일이면 어김없이 교회에 모여 간소하게라도 예배를 드렸다.

1950년 한국전쟁이 시작되자, 임자도에도 공산군이 들어와 진리교회를 인민위원회 사무실로 사용하고 기독교인을 핍박했다. 교회당을 빼앗긴 이판일은 이에 굴하지 않고 자신의 집에서 예배를 드렸다.

1950년 9월 유엔군의 인천상륙작전과 함께 공산군도 급하게 후퇴를 해야 했다. 그런데 10월 5일 임자도에 남아 퇴각을 준비하던 공산군은 마지막까지 집집마다 수색해 주민들을 학살했다. 진리교회의 많은 성도도 공산군에 체포되었는데, 이판일 장로와 이판성 집사 두 가족 13명을 포함해 총 48명에 이르는 진리교회 성도들이 끝까지 신앙의 절개를 지키다 담담히 순교의 피를 흘렸다. 그리고 진리교회는 그 순교의 피를 기둥 삼아 오늘날까지 든든히 세워져 있다.

진리교회 내 순교자 기념탑

(2) 증도 증동리교회

전라남도 신안군 증도면 증동리 1304
☎ 061-271-7547

문준경 전도사가 신안 일대를 전도하는 데에 중심 역할을 했던 증동리교회는 1933년 문준경의 큰 시숙 정영범이 땅을 바쳐 지어졌다. 교인들은 온 종일 농사일을 하다가 날이 저물면 선착장에서 건축자재들을 날라 교회를 완성하였다. 일제강점기

에는 교회가 경방단에 매각되어 교회를 빼앗기는 아픔을 겪기도 했다.

현재 증동리교회에는 처음 세워진 교회 터, 순교기념비, 문준경 전도사가 쳤던 종이 남아있다. 그리고 교회 뒷산 상정봉에는 문준경이 기도했던 기도터가 있는데, 이곳에서 신뢰할 만한 소수 인원과 함께 증도와 한반도의 복음전파를 위해 기도했다고 한다. 기도 바위 뒤로는 한반도 모양을 한 지형이 눈에 들어온다.

상정봉 기도 바위

증동리교회를 나와 해안도로를 따라 내려가면 문준경 전도사의 순교현장에 세워진 순교기념비를 만날 수 있다. 문준경 전도사는 한국전쟁 발발 후 신안군까지 밀고 들어온 공산군과 좌익 세력에게 붙잡혀 목포로 이송되었다가 9·28 수복의 영향으로 기적적으로 살아났다. 그러나 증도의 교인들이 염려되어 이성봉 목사의 만류에도 증도로 들어왔다가 결국 터진몽 길로 이어지는 백사장에서 순교의 최후를 맞게 되었다. 2013년에는 문준경 전도사 순교기념관이 개관해 문 전도사의 순교정신을 이어가고 있다.

문준경 전도사의 순교현장

문준경 전도사 순교기념관

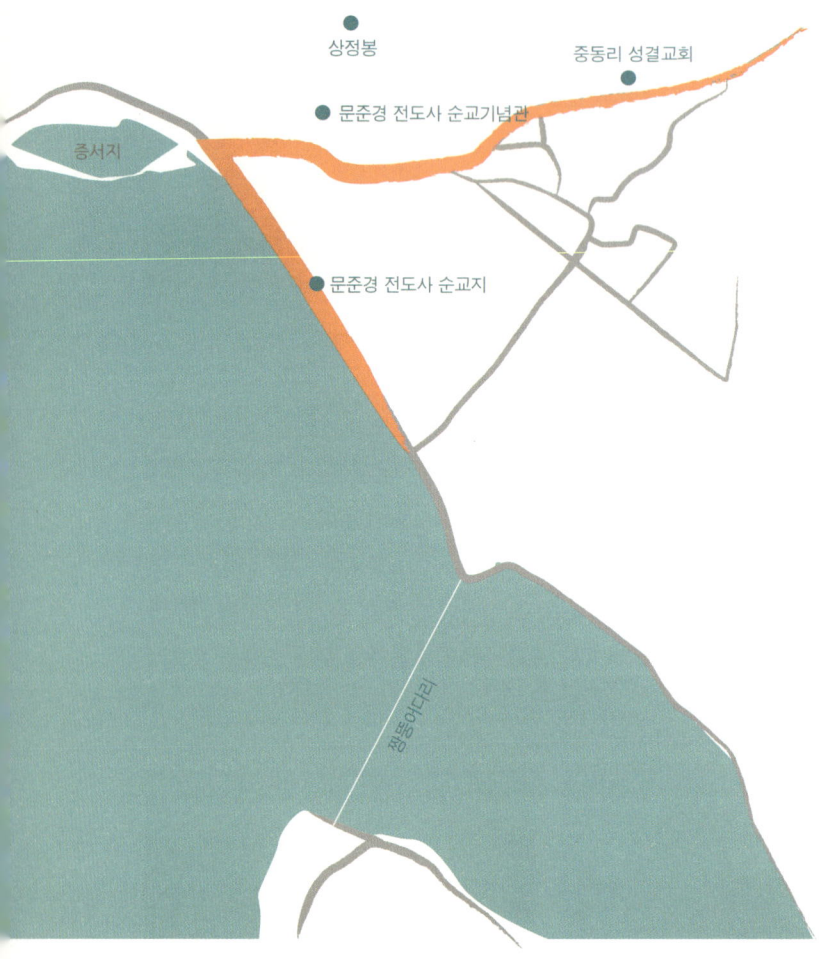

4. 영광의 집단 순교 교회

(1) 전 교인의 피 위에 세워진 야월교회

전라남도 영광군 염산면 야월리 541-1
☎ 061-352-9147

| 민족애로부터의 시작 |

영광 염산에 위치한 야월교회는 문영국, 정정옥 등이 세운 교회로, 이들은 한 말의 대표적인 친일 어용단체인 일진회에 대항하던 민족적 성향이 강한 인물들이었다. 이런 상황에서 호남지방 선교를 담당하던 유진 벨 선교사가 당시 개항장으로 번성했던 영광군 법성포로 들어가려다 길을 잘못 들어 야월도에 정박하게 되었고, 기독교 복음을 전하고 있던 문영국, 정정옥 등과 만나게 되어 야월도에서 세례를 주고 성례를 주관하였다. 이후 야월교회는 지역민들에게 새로운 근대 사상과 정보를 제공해 주는 통로가 되었으며, 교인들의 민족의식은 1930년대에 들어와 신사참배 반대운동으로 이어졌다.

| 염산면에 불어 닥친 피바람 |

1950년 한국전쟁이 시작되고, 7월 23일 공산군이 영광으로 진입해 군청과 경찰서를 비롯한 관공서를 모두 접수했다. 전라도 지역은 한국전쟁 후 인민군이 점령한 지역을 중심으로 우익인사와 기독교인의 집단 희생이 컸다. 특히 전라남도는 한국전쟁을 전후한 시기에 영광, 무안, 나주, 완도, 영암 등지에서 가장 많은 희생 사건이 발생한 지역이다.

이때 영광군에서만 2만 명이 넘는 사람들이 학살당했는데, 그중 피해가 가장 컸던 지역 중 하나가 바다를 접하고 수많은 염전을 가진 '소금밭 천지'라는 뜻의 염산면이었다. 염산면은 한국전쟁 이전부터 남로당 김삼룡의 지침을 받은 북한의 정치공작원 부대가 들어와 있어 무력투쟁이 빈번히 일어났던 곳이다. 한국전쟁 당시 염산면은 다른 지역에 비해 수복이 늦어졌고 남한 군경에 쫓기던 좌익세력들이 몰려들면서 좌익의 활동본거지가 되었다. 이 가운데서 염산면 지역민들의 시달림은 최악의 상황에 처하게 되었다.

염산면 내에서도 야월리와 봉남리의 피해가 상대적으로 컸다. 따라서 이 지역에 위치한 야월교회와 염산교회의 피해도 클 수밖에 없었다. 야월교회의 경우 교인 65명 전원이 공산당에게 피살당하였다. 피살당한 교인들은 영수로 있던 김성종, 조양현 그리고 집사 최판섭, 김병환, 정일성 집안 사람들이 주를 이루었다. 김성종의 집안에서는 부인, 아들, 며느리, 손녀까지 모두 33명, 최판섭의 집안에서는 11명, 김병환의 집안에서는 7명, 정일성의 집안에서는 13명이 집단 학살을 당했다. 바닷가 작은 마을에서 일어난 처참한 동족 간의 비극이었다.

순교자 기념탑

| 순교는 새로운 시작이다 |

전 교인이 학살되면서 야월교회는 그대로 사라져 버린 것처럼 보였다. 그러나 이듬해 1951년부터 지속적인 교회 재건을 통해 야월교회는 다시 세워졌다. 주일학생을 모아 교육을 실시하고, 순교자 조양현 영수의 집을 이용해 학교를 세웠으며, 그 집 한 칸을 빌려 예배 처소로 삼았다. 1990년에는 야월교회 뒤뜰에 순교기념탑이 세워졌으며 2009년에는 야월교회 기독교인 순교기념관이 완공되어 야월교회 65명의 죽음을 기념하고 있다.

기독교인 순교기념관

(2) 77인의 순교지 염산교회

전남 영광군 염산면 봉남리 191번지
☎ 061-352-9005

| 77인 순교의 시작 |

영광 염산면에 위치한 염산교회는 야월교회보다 약 40년 후에 세워진 교회로 1939년 이곳 지역민인 이봉오라는 인물에 의해 설립되었다. 당시 그의 부인이 큰 병에 걸리자 귀신이 든 줄 알고 이를 퇴치하려고 야월교회에 다니기 시작했는데, 야월리는 당시만 해도 섬이었기 때문에 배를 타고 건너가야 했다. 그래서 옥실리에 기도처를 만들고 예배를 보기 시작했는데 이것이 옥실리교회의 시작이었다. 그 후 해방이 되자 사람의 왕래가 잦은 현재의 장소에 염산교회를 설립한 것이다.

염산교회의 피해도 야월교회 만큼이나 컸는데, 전체 교인의 3분의 2에 해당하는 77명이 공산주의 세력에 의해 학살당했다. 김방호 목사가 담당하고 있던 염산교회는 공산당이 차지해 인민위원회사무실로 사용하였고, 김 목사는 가족과 함께 쫓겨나 성도들을 심방하며 비밀리에 예배를 드리고 있었다.

염산교회의 첫 번째 순교자는 만세운동을 주도했던 기삼도였는데, 그는 설도와 옥실리 사이를 왕래하면서 김방호 목사에게 소식을 전하고 있었다. 당시 염산교회는 인민군의 점령으로 교회 건물도 사용할 수 없었으며, 신자들 대부분이 신변의 위협을 느껴 은신해 있었다. 이런 상황에서 설도와 옥실리를 자주 왕래하던 기삼도를 수상히 여긴 좌익세력은 그를 체포하여 1950년 10월 8일 죽창으로 찔러 죽였다. 그는 순교 당시 목포성경학교 3학년에 다니던 목사 지망생이었다.

또한 노병재 집사와 그의 가족들은 수문의 뚝방으로 끌려가 수장을 당했는데, 노병재는 찬송을 부르며 스스로 물에 뛰어들었다. 그리고 그의 일가족 9명도 차례로 순교를 당하여 총 23명에 이르는 그의 가문이 순교를 당했다. 그리고 염산교회 초대

교역자 허상 장로와 부인도 10월 13일 순교를 당했다.

예수를 믿는다는 이유로 공산당은 무던히 사람들을 죽였다. 엄지손가락을 십자가 모양으로 해서 가슴에 조여 매고 사람 머리만한 돌을 가슴에 묶어서, 1m 정도씩 사람을 굴비 매듯 묶어서 설도항 수문에 밀어 빠뜨렸다. 물에 뜨는 사람이나 살아있는 듯한 사람들은 확인 사살을 하듯 죽창으로 찔렀다.

설도항 기념탑

공산당은 마지막으로 장병태 성도의 집에서 머물고 있던 김방호 목사를 온 가족이 보는 앞에서 몽둥이로 때려죽였다. 반동분자 아버지 김방호 목사를 몽둥이로 때리면 자녀들은 살려주겠다고 위협했지만 모든 식구는 찬송을 부르며 죽음을 맞이했다. 김방호 목사와 아내 김화순, 다섯 아들, 그리고 이제 겨우 8세와 5세 된 손자가 차례로 순교를 당했다.

염산교회 전체 교인 중 3분의 2가 순교를 당했지만, 그래도 살아남은 사람들이 1951년 2월 24일에 다시 모였다. 그리고 땅속에, 마루 밑 항아리 속에 숨겨둔 성경책과 찬송가를 꺼내 들고 다시금 교회를 일구어 나갔다. 이들은 순교자들의 피가 헛되지 않도록 그들의 순교 신앙을 따라 걸어갔다.

1951년의 부활절 예배는 모든 가족이 순교 당한 김방호 목사의 둘째 아들 김익 전도사가 부임하여 드리는 첫 예배였다. 어둠과 전쟁의 공포, 교인들이 죽음과 아픔을 추스르고 드리는 부활절 예배는 감격 그 자체였다.

| 순교, 끝나지 않은 신앙 |

김방호 목사의 둘째 아들 김익 전도사는 한국전쟁이 발발하자 신안의 비금도로 피난하였다. 그곳은 아버지 김방호 목사가 시무했던 비금 덕산교회가 있던 곳이었고 김익 전도사의 처가가 있었다. 그렇게 김방호 가족의 유일한 생존자가 된 그는 수복된 후 염산교회로 돌아와 부모 형제와 교인들을 죽인 원수들을 구원하기 위해 복음을 전하기 시작했다. "원수를 사랑하라."는 예수님의 말씀을 외치며, 자신의 아픔과 상처보다 살아남은 교인들과 지역 주민들의 상처를 치유하기 위해 노력하였다. 자신들이 처한 상황 가운데에서 심적 부담감을 느끼며 괴로워하던 그들에게 김익 전도사가 전한 복음은 진정한 위로였고, 사랑이었다. 그리고 적지 않은 사람들이 그런 김익 전도사의 목회에 감동하여 예수를 믿게 되었다. 그 땅 가운데, 77명의 고귀한 순교의 피가 뿌려졌고, 그 피는 흩어져 사라지지 않고, 더 많은 구원의 열매로 피어났다.

염산교회 77인 순교비

염산교회는 그 후 세월이 흘러 1997년 순교기념사업을 추진하면서 순교공원, 순교자료 전시관, 순교교육관을 개관했다. 전시관에는 200여 점이 넘는 자료들과 1950년 10월 7일 불타는 예배당에서 기삼도 청년이 목숨을 걸고 지고 나온 설교단이 손님을 맞고 있다. 이 설교단은 머지않아 자신도 목숨을 바쳐야 했던 기삼도가 남겨놓은 유품이다. 순교자 77인을 합장한 묘를 다듬고 기념비를 세웠으며 염산교회의 순교역사를 담은 DVD와 책자 등도 만들어 염산교회의 순교정신을 알리고 있다.

[영광지역 순교지]

5. 영암의 집단 순교 교회

　1950년 시작된 한국전쟁은 일제의 지배 못지않게 한국사회와 교회에 큰 희생을 남겼다. 특히 전쟁이 시작된 후 3개월간 부산시 일대를 제외한 남한 전체는 쑥대밭이 되었으며, 수많은 민간인이 인민재판으로 희생되었다. 교회 중에서 가장 큰 희생을 입은 지역은 전라남도 지역으로 여수의 손양원, 소록도의 김정복, 증도의 문준경 등 많은 사람이 분단과 이데올로기의 희생양이 되었다. 백제 시대 일본에 문물을 전해 준 왕인박사의 고향 영암도 이 시대의 폭풍을 벗어날 수 없었다.

　전남 남서부지역에서 영암지역이 큰 희생을 당한 것은 고흥, 완도, 지도, 해남, 장흥, 강진을 포함한 6개의 지역 공산군들이 유엔군에 의해 퇴로가 막히자, 지리산으로 도망하기 위해 영암을 집결지로 삼았기 때문이다. 게다가 국군이 아직 들어오지 못한 20여 일간 공산군에 의해서 1천 명이 넘는 사람들이 희생당했다. 몇몇 교회는 흔적도 없이 불에 타 버렸으며, 교회와 관련된 영암지역 순교자는 자료에 따라 차이가 있지만 대략 85명에서 90명 사이로 추정하고 있다.

　　영암읍교회(24명), 상월 그리스도의교회(26명), 구림교회(18-19명),
　　천해교회(7-10명), 매월교회(3명), 삼호교회(2명),
　　신흥교회(2명), 서호교회(1명), 독천교회(2명)

　이들을 기념하기 위한 '영암 순교자 기념관'이 2005년 건립되었다. 다만 몇 점의 그림만 전시되어 있는 건물이 안내표지판도 제대로 갖추지 않고 우두커니 서 있어서 찾는 이들을 안타깝게 만들고 있다.

(1) 영암읍교회

전라남도 영암군 영암읍 서남리 78-1번지
☎ 061-473-1800

영암읍교회에서는 1950년 10월경 김동흡 장로를 비롯한 24명의 성도가 순교를 당했다. 영암읍교회는 1953년 12월 24명의 희생을 기리는 순교비를 세웠는데, '순교비'라는 글자는 당시 부통령 함태영이 직접 썼다고 한다. 이때 세워진 비석에는 다음과 같은 글이 기록되어 있으며, 뒷면에는 24명의 이름이 기록되어 있다.

 만세반석 열리니 내가 들어갑니다.
 빈손 들고 앞에 가 십자가를 붙드네
 오호라. 겨레의 어둠의 날 6·25
 24 성도여 주님 오실 때까지 고이 기다리시라.

순교비

(2) 상월 그리스도의교회

전라남도 영암군 학산면 상월리 423-7번지
☎ 061-472-3437

영암군 학산면에 위치한 상월 그리스도의교회는 해방 이후 혼란한 시대를 신앙으로 극복하기 위해 김재순, 김은석, 최요한 목사가 마을 유지 진성구 장로를 설득해서 1947년 7월 1일 그의 집에서 모임을 가지면서 시작되었다. 상월교회 초대담임으로 신덕철 전도사가 부임했다. 상월리 회관을 교회로 사용하던 중에 종이 없자, 진성구 장로는 산소통을 구입해서 종을 만들 정도로 열심이었다.

1950년 10월 하순 상월교회에서는 신덕철 담임 전도사 가족을 비롯해 영암읍교회와 매월교회의 전도부인 나옥매, 그리고 광주 양림교회의 박선현 목사와 그 가족 등 교인 33명이 공산군에 의해 풋둔병 아래에서 희생을 당했다. 교회는 1993년 3월 23일 순교자 기념비 건립을 완공하고 건립예배를 드리고 순교자들의 뜻을 이어받으려 노력했다. 이 교회 출신들이 천해교회를 세우게 되어 천해교회 역시 순교자 교회로 자리매김하였다.

순교기념비

(3) 구림교회

전라남도 영암군 군서면 동구림리 301
☎ 061-471-0232

월출산 끝자락에 위치한 구림교회의 경우 18명의 성도가 우익인사들과 함께 체포되어 도로변 주막에 감금되었다. 좌익 세력들이 무안군에서 월출산으로 이동하면서 구림교회를 불태웠고, 공산군이 감금한 사람들을 포위하고 삽나무로 둘러쌓아 불을 질러 태워 죽였다. 성도들은 마지막 순간까지 "내주를 가까이 하게 함은……" 찬송을 부르며 순교했다.

1976년 합동묘와 순절비를 처음 세웠고, 2000년에는 영암지역 순교자들의 이름을 담아 순교비를 세웠다.

순절비

[영암지역 순교지]

6. 전라북도의 집단 순교 교회

(1) 덕암교회, 오병길과 삼부자 순교

전라북도 고창군 공음면 덕암리 803
☎ 063-562-7714

남장로회 선교부에 의해 1900년 어간에 설립된 고창군 공음면에 위치한 덕암교회는 농촌의 가난한 청소년들을 가르치고 복음을 전하기 위해 설립되었다. 이곳은 한국전쟁기간에 오병길 전도사와 두 아들 오주환, 오제환 등 삼부자를 포함해 22명의 교인이 순교를 당한 곳이다.

오병길의 아버지 오윤팔은 남장로교 페이슬리James Ira Paisley, 이아각 선교사를 통해 예수를 믿고 덕암교회를 세운 개척멤버였다. 어려서부터 총명했던 오병길을 알아보고 이아각이 오병길의 아버지에게 아들 오병길을 광주로 데려가 공부시켜 바울과 같은 전도자를 만들겠다고 약속했다. 오병길은 이 선교사를 따라 광주에 가서 숭일중학교와 광주성경학교에서 수학하고 졸업 후 야월교회를 시작으로 부안면 용산교회, 흥덕면 홍덕교회, 해담면 동호교회를 섬기다가 백산면 평교교회로 부임하였다. 그의 아들들은 상업에 종사하며 오병길 전도사의 전도비를 뒷받침하고 교회를 개척할 때마다 경제적으로 부친을 도왔다.

한국전쟁이 발발하자 부안 평광교회에서 시무하던 오병길은 교회를 빼앗기고 큰아들이 사는 고향 덕암리로 돌아왔다. 그리고 부엌을 파서 지하 예배실을 꾸미고 예배를 드렸다. 그러나 1950년 9월 하순 발각되어 식구들과 함께 끌려가 순교당했다. 그 이튿날 두 아들 오주환과 오제환도 공음면 분주소에서 인민재판을 받고 순교함으로 덕암교회에서 삼부자의 순교자가 탄생했다. 한편 오병길의 조카인 덕암교회의 오계환 장로도 피난 가기를 거부하고 교회에 들어가 땅굴을 파고 기도하며 교회를 사수하던 중 발각되어 친정으로 피신했던 부인과 어린 자식들과 함께 용성마을 뒷산에서 생매장되었다. 당시 중학교 2학년이었던 아들 오균열만이 간신히 도망해 살아남았는데, 그는 이후 목회자가 되어 교회를 섬겼으며 그의 아들도 목회자의 길을 걸었다고 한다.

(2) 만경교회

전라북도 김제시 만경읍 만경리 276
☎ 063-542-5165

한국전쟁 발발 후 김제지역에서도 좌익과 우익의 대립이 격렬했다. 1950년 7월 19일 밤 10시경 인민군들이 만경에 들어와 당시 만경에 있던 2개 교회 중 하나인 대동교회를 징발해 선전실을 만들었다. 이에 기독청년인 송진구와 만경교회 전도사 최정렬 등이 반공 혁명단을 조직하여 교회를 사수하고자 했으나 결국 공산군에게 붙잡혀 전주형무소에 수감되었다. 이때 가담한 청년들의 다수가 만경교회 출신이었기 때문에 공산당은 김종한 목사와 강성진 영수 등 총 15명의 교회 지도자들과 10여 명의 교우들을 집단 사살했다.

청량리에서 태어난 김종한 목사는 선교사를 통해 기독교를 접하고 선교사의 후원으로 오사카大阪 상업학교와 아오야마青山 학원 신학부에서 수학하였다. 청량리교회, 황해도 석탄교회에서 시무하던 중 일제의 신사참배 강압을 견디지 못해 전북 김제 가실리교회로 오게 되었다. 해방을 맞을 때까지 가실리교회를 섬기다가 1950년 만경교회에 부임하여 안덕윤 목사와 함께 김제 성경학교를 세우고 청년들과 목회

예비생들을 교육했다. 그러던 중 한국전쟁으로 목숨을 잃게 된 것이다. 대창교회에서 목회하던 안덕윤 목사도 인민군이 퇴각할 때 40여 명의 청년과 함께 총살당해 순교하였다.

(3) 완주 제내교회

전라북도 완주군 봉동읍 제내리 51
☎ 063-263-6669

　전북 완주 봉동면 제내교회에서도 요시찰 인원과 교인 등 50여 명이 소방서 창고에 갇혀 있다가 공산군이 후퇴하는 9월 초순 김상천, 김현경 장로 등 21명이 죽임을 당했다. 이 순교의 피는 헛되지 않아 김현경 장로의 4남 3녀 중 장남 김갑배는 목사가 되어 충남에서 사역하고 있으며, 2남 상배도 군목으로 섬기고 있고, 김상천 장로 장남 김덕환도 목사가 되어 교회에 충성하고 있다.

제내교회 순교기념비

　이 밖에도 전라북도 옥구군 미면 원당교회에서는 9월 26일 밤 11시쯤 홍산식 영수, 홍옥성, 이순엽, 신옥례 집사 등 20명 교우들이 새끼줄로 결박을 당해 끌려가 순교 당했다.

7. 성결교의 대표적인 순교지 논산 병촌교회

충남 논산시 성동면 개척리 228-1번지
☎ 041-732-6251

| 일제 말 사회의 혼란과 교회의 설립 |

충남 논산에 위치한 병촌교회는 일제의 강압적인 신사참배 강요문제로 기독교가 극심한 탄압에 직면해 있었던 1935년 5월 7일 강경 성결교회의 모교회로 설립되었다. 한국성결교회에 대한 일제의 탄압은 1943년 5월 24일을 기해 본격적으로 시작되었다. 일제는 교역자 200명, 장로와 집사 100여 명을 검거했으며, 성결교회 교리를 30여 개 세부항목으로 나누어 조사하였다. 이 과정에서 그리스도의 재림, 유일신 사상 등 일본의 신도와 천황체제를 위협하는 교리가 드러나 1943년 12월 29일 성결교회는 해산하였다.

이 시기 병촌교회 역시 일제의 탄압으로 교역자와 신도 대표들이 구속되고, 1943년 교단이 해산될 때 교회도 폐쇄되어 매각되었다. 그러나 가정교회 형태로 유지되던 병촌교회는 해방과 함께 우제학 집사, 노미종 권사, 김주옥 집사 등 평신도들이 주축이 되어 교회를 재건하였다.

| 한국전쟁기에 성결교의 고난과 박해 |

1950년 시작된 한국전쟁 기간 전국적으로 여러 곳에 순교자가 생겼다. 성결교회가 당한 수난 중 가장 큰 피해를 입은 교회는 충남 논산 개척리에 소재한 병촌교회이다. 1950년 7월 말 공산군이 논산 방면으로 들이닥쳤다. 그리고 미처 피난을 가지 못하고 남아있던 자유진영의 인사들 120여 명을 검거해 마을창고에 가두고는

고문과 구타를 가하였다. 그러다가 최고의 악질분자로 분류된 병촌교회 김주옥 장로를 비롯해 19명을 논산 내무서로 압송하였다. 갖은 고초를 겪다가 다행히 가석방되어 집으로 돌아오던 중 김주옥 장로는 공산주의자들의 악랄한 흉계를 깨닫고 피신해 단신 방랑 길에 올랐다. 이때부터 생명을 건 피신의 생활이 시작되었으며, 그는 병촌교회 유일한 생존자로 산 증인이 되었다.

공산군과 좌익세력은 가석방되어 돌아온 사람들과 마을 창고에 남아 있던 사람들을 죽이고, 전쟁에 쫓기기 시작하자 9월 11일 밤에 최후의 발악으로 자유진영의 가족들을 일제히 생매장하였다. 당시 성동면 지역에서 학살당한 사람들의 수가 1,000여 명에 달할 정도였다.

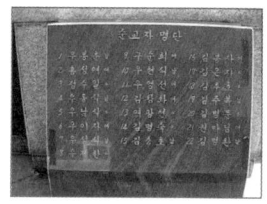 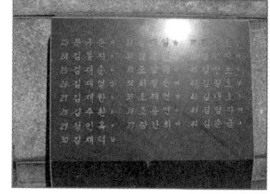 

순교자 명단이 새겨져 있는 비석

| 환난 중에도 지킨 믿음 |

그 당시 화를 당한 사람 중에는 병촌교회의 정수일 여 집사를 비롯해 세례인 13명, 학습인 13명, 구도자 8명, 유년주일학생 19명, 유아 12명 등 모두 66명이 포함되어 있었다. 이 같은 참혹한 죽음에서도 성도들은 아름다운 믿음을 증거 하였다. 정수일은 자기를 죽이려는 자를 위하여 기도하였다. 그리고 피신한 남편을 위하여 기도하고는 자기의 영혼을 하나님께 부탁하였다.

병촌교회는 이 같은 참화를 당하였지만, 환난을 겪고 난 후 믿음에는 더욱 열을 더하여 전쟁 후에 기념 예배당을 아름답게 건축하였으며, 성결교회 충남지방회에서는 순교자들을 기념하고자 비를 마련하여 예배당 앞뜰에 세웠다.

순교자 기념 예배당　　66인 순교기념탑

한국전쟁의 결과로 27개 성결교회가 불타고, 79개 교회가 무너졌다. 또한 20여 명의 교역자가 순직하고, 20여 명의 교역자는 행방불명 되었다. 일제의 억압과 한국전쟁을 거치면서 성결교는 여러 곳에 순교지를 만들어 내었다. 강원도 철원교회, 충남 논산의 병촌교회, 전남 신안의 중동리교회와 임자진리교회, 전북 정읍의 두암교회, 전북 익산의 하리교회 등이 대표적인 성결교의 순교지이다.

[성결교 대표 순교지]

8. 울산 월평교회

울산광역시 울주군 두동면 월평리 635-2
☎ 052-264-7249

| 망부석 신앙의 터 |

월평교회는 동쪽으로 먹장산과 치술령이 병풍처럼 둘러싸인 울산의 북서쪽에 자리하고 있다. 특히 치술령은 신라 눌지왕 때, 일본에 볼모로 잡혀간 눌지왕의 동생을 구하러 갔다 죽은 남편 박제상을 사모하며 기다리던 아내가 바위가 되었다는 망부석이 있는 산이다. 그래서인지, 월평교회는 박제상 아내처럼 주님만을 사모하다 그 땅에 피를 뿌린 '망부석 신앙'의 순교자들 여섯 명을 배출하였다.

울산은 한국전쟁 지역에서 제외되어 전화(戰禍)를 겪지 않았다. 하지만 좌익과 우익 사상의 갈등은 동족 간에 피비린내 나는 갈등과 시련, 그리고 죽음을 가져왔다. 울산지역의 서부 5개면은 당시 밤만 되면 무고한 주민이 학살당하는 치안이 부재한 혼란한 곳이었고, 월평교회는 울산지역 기독교 선교역사 가운데 최초로 순교자를 배출하게 되었다.

| 월평마을의 복음전파 |

월평마을에서 최초로 복음을 받고 예수를 영접한 사람은 당시 마을 선비이자 한학자였던 우영식이었다. 엥겔Gelson Engel, 왕길지 선교사가 말을 타고 월평마을에 찾아와서 "예수를 믿으세요. 예수님은 우리 죄를 대신해 죽으신 분으로 믿으면 구원을 받습니다."라고 이 지역에서 처음 전도를 했으나, 사람들은 번번이 거절하고 그를 돌려보냈다. 하루는 우영식이 엥겔이 탄 말의 궁둥이에 돌멩이를 던지면서 다

시는 오지 말라고 욕설을 퍼부었는데, 엥겔 선교사는 오히려 웃으며 "예수를 믿으라."고 권유하였다. 이 모습을 본 우영식이 마음에 변화를 받아 예수를 영접하게 되었고, 주일이 되면 자신의 집에서 예배를 드렸는데 이것이 월평교회의 시초가 되었다.

우영식이 복음을 받아들이게 되면서, 그의 처 이남전, 아들 명범, 선봉, 두봉, 후봉, 딸 원희가 예수를 믿었고, 5촌 조카인 남범, 7촌 조카 덕범도 함께 예수를 믿었다.

| 한국전쟁 전의 혼란한 사회, 평안한 영혼 |

해방 후 울산에서는 남로당 계열의 인민위원회가 결성되고 북한 공산당과 연계된 좌익세력이 두동면에 침투하는 등 큰 혼란이 일어났다. 울산지역 서부 5개 면(두동, 두서, 삼남, 상북, 언양)의 신불산과 가지산 그리고 치술령에 아지트를 구축한 남로당 좌익분자들이 밤마다 출몰해 마을을 습격하여 양식을 빼앗고, 양민들을 죽이는 일이 지속되었다. 월평마을은 치술령 아래 있는 마을로 공산당 무장대의 쉬운 표적이 되었고, 월평교회 역시 무장대의 손쉬운 표적이었다.

이런 상황 가운데 월평교회에서 첫 순교자가 생겼다. 1948년 4월 13일 경북 경주교회 집사로 봉사하던 우두봉이 월평 고향 집에 잠시 다니러 왔는데, 그날 밤 초저녁에 좌익 세력들이 그의 집에 들이닥쳤다. 그들은 양식을 약탈하고, 동네 마을회관 마당에서 예수를 믿는다는 이유로 우두봉 집사를 사살하였다.

두 번째 순교자는 같은 집안의 우재만 집사였다. 그는 자신이 공산당의 처형 대상이라는 사실을 알고 밤에는 집을 나가 인근 콩밭에서 잠을 자고 새벽녘에 가족들과 아침을 나누고 일과를 시작하였다. 그런데 1950년 2월 25일 밤 이 날 따라 바깥 날씨가 춥고 허리가 아파 집에 와 몸을 풀고 잠이 들었다. 그런데 무장대가 들이닥쳐 잠자는 그를 일으켜 세워 밧줄로 묶었다. 이때 부인 최재선 권사가 남편의 다리를 잡으며 간곡히 살려달라고 말렸지만, 인정사정없이 우재만 집사를 교회 앞 저수지로 끌고 가 사살했다. 그리고 우재만의 집으로 돌아가 최 권사와 아이를 쫓아내고 집에 불을 질러버렸다.

| 한국전쟁 와중의 순교자들 |

월평교회 성도의 연이은 순교는 한국전쟁이 시작되면서도 계속되었다. 1950년 6월 30일 한국전쟁이 시작된 바로 직후 무장한 좌익세력들이 월평교회를 습격해 교회당에서 기도하고 있던 정두란 집사, 조재년, 정분순, 우인목 학생을 끌어내었다. 이때 다른 무장대원들이 조말복을 끌고 와서 기도하고 있던 교인들과 함께 교회당과 사택 사이 마당에 일렬로 세웠다. 칠흑같이 어두운 밤에 무장대가 정분순을 향해 "당신은 누구요?"라고 물었다. 이에 그녀는 "나는 교회 전도사 사모입니다."라고 대답했다. 그들이 "당신 죽어도 예수를 믿겠느냐?"라고 되묻자, 정분순은 "나는 평생 주를 위해 살려고 주의 종과 결혼했고, 지금 예수님을 위해 죽어도 좋다."고 대답하였다.

그때 정두란이 찬송가를 불렀다. "내 주를 가까이 하게 함은 십자가 짐 같은 고생이나 내 일생 소원은 늘 찬송하면서 주께 더 나가기 원합니다." 무장대원들은 일렬로 서 있는 교인들을 향해 총을 난사했고, 조재년, 정두란, 조말복이 총에 맞아 순교하였고, 정분순은 관통상을 입었으며, 우인목은 정두란 덕분에 가까스로 죽음을 면하였다. 무장대원들은 이어 교회당과 사택에 불을 지르고 유유히 사라졌다. 이는 전쟁기간 전국적으로 일어난 잔인한 학살의 단면에 불과했다.

| 끝나지 않은 순교와 순교의 열매 |

무장대원들의 습격 후, 월평마을은 일상생활을 할 수 없을 만큼 심각한 혼란에 빠졌으며, 일부 주민들은 불안해서 정든 마을에 더 이상 살지 못하고, 경주와 부산 등으로 피난길에 나섰다. 1년 여의 시간이 흘러, 1951년 8월 추석을 앞두고 경주에 있던 우성만 집사(순교자 우재만의 동생)가 형님이 없는 추석 명절에 가족들도 위로하고 추석도 쉴 겸 큰댁에 왔다. 저녁을 먹고 지쳐 있던 우성만은 "혹 공산당이 들이닥칠지 모르니 피하라."는 형수 최재선 권사의 권면에도 불구하고 "사람의 생명은 하나님께 있다."고 말하면서 피하지 않고 그곳에 잠이 들었다. 그런데 얼마 지나지 않아 무장대가 덮쳤고, 뒷문으로 도망하던 우성만은 그들이 쏜 총에 맞고 말았다. 총상을 입은 채 집으로 돌아온 그는 형수 앞에서 숨을 거두었다.

해방 이후부터 한국전쟁기간에 월평교회에서 모두 여섯 명이 순교를 하였다. 그러나 순교는 죽음으로 끝난 것이 아니라 새로운 시작이었다. 월평교회는 순교의 역사를 유년 주일학교에서부터 가르쳤으며, 그 순교의 믿음을 들으며 자란 많은 사람은 후에 큰 열매로 성장하였다. 월평교회는 순교자의 피를 이어 총회장 윤현주 목사를 비롯하여 10여 명의 목회자를 배출했고, 평신도로 교회의 중직을 맡아 헌신하는 수없이 많은 성도를 배출하였다.

월평교회 내 순교자 비

순교자 기념교회 동판

참고문헌

일차자료

〈기독신보〉
〈동아일보〉
〈매일신보〉
〈새가정〉
〈신학지남〉
〈조선일보〉
〈파수군〉
〈활천〉
New Horizons
The Presbyterian Guardian

《순조실록》
《진중일기》
국가보훈처, 《대한민국 독립유공자 공훈록》8, 국가보훈처(1990)
국사편찬위원회, 《일제침략하 한국36년사》1, 국사편찬위원회(1970)
국사편찬위원회, 《한국독립운동사》자료1, 국사편찬위원회(1970)
김익두, KIATS 엮음, 《김익두》, 홍성사(2008)
김익두, 《김익두 목사 설교집》, 성광문화사(1976)
김인수, 《헤론의사의 선교편지》, 장로회신학대학교기독교교육연구(2007)
남궁억, 《무궁화 선비 남궁억》, KIATS(2010)

남궁혁, "로마인서요절강해", 〈신학지남〉(1932)
손양원, KIATS 엮음, 《손양원》, 홍성사(2009)
안이숙, 《죽으면 죽으리라》, 기독교문사(1976)
이성호 편, 《한국 신앙 저작집 4: 김익두 목사 설교 및 약전집》, 혜문사(1969)
조수옥 증언, 와따나베 노부오 기록, 김산덕 옮김, 《신사참배를 거부한 그리스도인》, 동인(2002)
한상동, KIATS엮음, 《한상동》, 홍성사(2009)

Bruce F. Hunt, *For a Testimony*, The Banner of Truth Trust(1946)
Bruce F. Hunt, 《22, 언약의 노래》, KIATS(2013)
Bruce F. Hunt, KIATS엮음, 《브루스 헌트》, KIATS(2013)
Elizabeth A. McCully, 유영식 역, 《한 알의 밀이 떨어져 죽으면: 맥켄지 선교사의 일생》, 대한예수교장로회 총회교육부(1985)
Henry G. Appenzeller, 노종해 역, 《자유와 빛을 주소서 : 아펜젤러 일기》, 대한기독교서회(1988)
Samuel A. Moffett, 옥성득 편역, 《마포삼열 서한집》1, 두란노아카데미(2011)
Sherwood Hall ; 김동열 역, 《닥터 홀의 조선회상》, 좋은씨앗(2003)
Rosetta Sherwood Hall; 현종서 역, 《닥터 윌리엄 제임스 홀》, 에이맨(1994)

단행본

고당기념사업회 엮음, 《북한 일천만 동포와 생사를 같이 하겠소》, 기파랑(2010)
고당 조만식 선생 기념사업회, 《고당 조만식 회상록》, 조광(1995)
고무송, 《토마스와 함께 떠나는 순례여행》, 쿰란(2001)
권순형, 《쥬야 나를 불상이 녁여 도아 주쇼서》, 진흥(2009)
권순형, 《호주 선교사들이 뿌린 복음의 열매》, 진흥(2010)
김갑수, 《한국침례교인물사》, 요단(2007)
김남식, 《풀은 마르고 꽃은 시드나》, 대한예수교장로회 총회(2003)
김동옥, 《순국열사 순교자 구연영 전도사》, 홍익기획(1989)
김문제, 《십계명과 십자가》, 제일출판사(1970)
김석영, 《처음 선교사 아펜젤러》, KMC(2011)
김성진, 《최권능 목사: 그의 전도와 순교의 생애》, 기독교문사(1985)
김세한, 《한서 남궁억 선생의 생애》, 한서남궁억선생 기념사업회(1960)
김수진, 《6·25 전란의 순교자들》, 대한기독교출판사(1981)
김수진, 《호남선교 100년과 그 사역자들》, 고려글방(1992)
김승태, 《신사참배 거부 항쟁자들의 증언》, 다산글방(1993)
김양선, 《한국기독교해방십년사》, 대한예수교장로회(1956)
김영권, 《보리울의 달》, KIATS(2013)
김요나, 《거친 바다의 풍랑을 딛고》, 제주노회(2010)
김요나, 《순교자 전기》, 대한예수교장로회 총회(1996)
김재황, 《거성 은재 신석구 목사 일대기》, 은재신석구목사기념사업회(1988)
김정덕, 《폭풍속의 별 이기선 목사의 생애》, 그리심(2005)
김충남, 박종구, 《예수 천당》, 드림북(2005)
김태균, 《우리는 천국간다》, 쿰란(2012)
나동광, 《한국 최초의 순교자 토마스 목사의 생애》, 생명의 말씀사(1999)

리진호, 《아펜젤러의 조난사건 : 그 진상과 기념사업》, 진흥(2006)

박영창, 《정의가 나를 부를때》, 두란노(1998)

박용규, 《제주 기독교회사》, 생명의 말씀사(2008)

박용규, 《평안도 그 한사람: 최권능 목사 전기》, 백합사(1968)

박용규, 《평양 산정현교회》, 생명의말씀사(2006)

박용옥, 《김마리아: 나는 대한의 독립과 결혼하였다》, 홍성사(2003)

박은배, 《하나님의 거처》, 새로운 사람들(2009)

박응규, 《한부선 평전: 가장 한국적인 미국 선교사》, 그리심(2004)

박현정, 《하얀불꽃》, KIATS(2011)

배재학당역사박물관, 《아펜젤러와 배재학당》, 배재학당역사박물관(2010)

손동희, 《나의 아버지 손양원 목사》, 아가페(1994)

송기식, 《가시밭의 백합화 순교자 박봉진 목사 전기》, 기독교대한성결교회 출판부(1996)

신배섭·이인수·임혜봉, 《이천독립운동사》, 이천문화원(1996)

신영걸, 《야월도의 순교자들》, 보이스사(1999)

심군식, 《세상 끝날까지-한국교회의 증인 한상동 목사 생애》, 소망사(1997)

심군식, 《조수옥 권사의 생애》, 영문(1997)

심군식, 《한국교회인물 25인 약사》, 영문(1993)

소피 몽고메리 크레인, 정병춘 옮김, 《기억해야 할 유산: 미국 남장로회 한국 의료선교 역사)》,
　　　한국장로교출판사(2011)

소피 몽고메리 크레인, 정병춘 옮김, 《미국남장로교 선교 100년사》, 진흥(2010)

안용준, 《사랑의 원자탄》, 성광문화사(1949)

안용준, 《태양신과 싸운 이들》, 칼빈문화출판사(1956)

애너벨 메이저 니스벳, 한인수 역, 《호남선교초기역사 1892-1919》, 경건(1998)

엄두섭, 《좁은길로 간 믿음의 사람들》, 소망(2008)

연규홍, 《제주성내교회 100년사》, 제주성내교회(2008)

오문환, 《도마스 목사전》, 도마스목사순교기념회(1928)

오병학, 《김익두》, 규장문화사(1995)

유승준, 《천국의 섬 증도》, 홍성사(2012)

유해석, 《토마스 목사전》, 생명의말씀사(2006)

윤춘병, 《한국감리교 수난 백년사》, 감리교신학대학교출판부(2003)

윤춘병·조명호, 《마라나타》, 보이스사(1990)

이강훈, 《청사에 빛난 순국선열들》, 역사편찬회(1990)

이경윤, 《백번의 인내》, KIATS(2011)

이경윤, 《아, 愛양원》, KIATS(2013)

이광일, 《손양원 목사의 생애와 사상》, 글로리아(1995)

이덕주, 《신석구 연구》, 기독교대한감리회 홍보출판국(2002)

이덕주, 《신석구: 민족의 독립을 위해 십자가를 지다》, 신앙과 지성사(2012)

이덕주, 《초기한국기독교사 연구》, 한국기독교역사연구소(1995)

이만열, 《아펜젤러 : 한국에 온 첫 선교사》, 연세대학교출판부(1985)

이사례, 《이기풍》, 기독교문사(2008)

이상규, 《한상동과 그의 시대》, SFC출판부(2006)

이연옥, 《대한예수교장로회 여전도회 100년사》, 대한예수교장로회 여전도회 전국연합회 출판사업부(1998)

이정은, 《3·1운동의 얼 유관순》, 역사공간(2010)

이태선, 《불의 사자 김익두 목사》, 보이스사(1993)

이학인·김만수, 《만주의 사도바울 한경희 목사》, 기독교연합신문사(2005)

이현갑, 《순교자 문준경 전도사》, 청파(1990)

이형근, 《한국교회순교자》, 세신문화사(1992)

이홍술, 《순교자 손양원 목사의 생애와 신앙》, 누가(2002)

임석윤, 《이기선 목사와 동역자 김의홍 목사의 생애》, 마루뫼(2007)

임택권 편, 《죠선예수교회 이적명증》, 조선예수교서회(1921)

임영옥, 《성령의 사람 박관준》, 좋은씨앗(2006)

장규식, 《민중과 함께 한 조선의 간디》, 역사공간(2007)

장로회신학대학교 대학원 편집위원회, 《남궁혁의 로마서 강해》, 장로회신학대학교출판부(2004)

정석기, 《서마전동 예수꾼》, 혜선출판사(1984)

정행업, 《오직 예수》, 대한기독교서회(2003)

조대현, 《조선을 사랑한 의사 닥터 홀》, 좋은씨앗(2006)

존 브라운·탁지일·이상규, 《부산의 첫 선교사들》, 한국장로교출판사(2007)

주승민, 《순교자 문준경의 신앙과 삶》, 킹덤북스(2010)

진병도, 《섬진강》, 쿰란(2010)

진수철, 《순교열전》, 한국기독교순교자유족회(1994)

진수철, 《순교자 유고설교집》, 대한예수교장로회총회 순교자 기념선교회(1993)

차종순, 《애양원과 사랑의 성자 손양원》, KIATS(2008)

차종순, 《양림동에 묻힌 22명의 미국인》, 호남신학대학교 45주년 사료편찬위원회(2000)

최덕성, 《장로교인 언약과 바르멘 신학 선언》, 본문과 현장사이(2000)

최현, 《대부흥사 김익두》, 예루살렘(2000)

한상동 목사10주기 전집 발간위원회, 《한상동 목사 그의 생애와 신앙》, 광야(1986)

허긴, 《한국침례교회사》, 침례신학대학교 출판부(1999)

현재호 엮음, 《삼천리 반도 금수강산 하나님 주신 동산》, 홍천군(2006)

홍만춘, 《고당 조만식 사상의 연구노트》, 혜림(2004)

논문

강대훈, "남궁혁의 갈라디아서 강해 연구", 안양대학교 석사학위논문(2011)

강명숙, "아펜젤러와 배재학당", 〈사학〉(2009)

고무송, "토마스 목사를 향한 선교신학적 접근과 자료발굴", 〈한국기독교역사연구소소식〉 26(1997)

곽은아, "문준경 전도사의 삶과 사역에 대한 교회사적 평가", 서울신학대학교 신학대학원 석사학위논문(2007)

김광수, "한국교회 인물상 연구 : 남궁혁", 〈복된 말씀〉171(1976)

김기창, "기독교 여성 애국자 유관순과 에스더", 〈대학과 복음〉11(2005)

김동건, "제중원 2대 원장 헤론의 생애", 〈의사학〉9:2(2000)

김동면, "한서 남궁억의 역사관", 〈한국사연구〉46(1984)

김병하, "로제타 셔우드 홀 여사에 의한 한국 특수교육의 성립사고", 〈특수교육학회지〉 7(1986)

김빛나, "미국 남장로교 선교회 광주지역 선교 연구", 장로회신학대학교 세계선교대학원 석사학위논문(2011)

김삼웅, "의사 이재명의 삶과 죽음", 〈문학과 경계〉3:4(2003)

김성은, "로제타 홀의 조선여의사 양성", 〈한국기독교와 역사〉27(2007)

김승남, "구연영의 민족운동 연구", 감리교신학대학교 석사학위논문(2007)

김양선, "Ross Version과 한국 Protestantism", 〈백산학보〉3(1967)

김인수, "윌리엄 매켄지 선교사의 소래 선교: 그의 일기를 중심으로", 〈장신논단〉 21(2004)

김종희, "제주도 1호 목사 - 순교자 이도종", 〈새가정〉56(2009)

김홍기, "헨리 아펜젤러의 신학사상", 〈신학과 세계〉44(2002)

나동광, "토마스 목사의 생애와 선교사역", 〈신학과 실천〉6(2003)

나일성, "아펜젤러와 번커 두 선교사의 서간을 연재하면서", 〈동방학지〉 52(1986)
남궁용권, "한서 남궁억 사상의 고찰", 〈관대논문집〉 4(1976)
문백란, "남궁혁의 신학사상 연구 : 1930년대 신학 갈등을 중심으로", 연세대 연합신학대학원 석사학위논문(2004)
민경배, "김익두 목사의 부흥운동과 그의 치병문제", 〈동방학지〉 54-56(1987)
박구서, "손양원 목사의 가정교육에 대한 기독교 교육 신학적 해석", 계명대 대학원 박사학위논문(1998)
박대인, "한국 감리교의 개척자 헨리 G. 아펜젤러", 〈신학과세계〉 7(1981)
박명수, "1920년대 초 김익두의 신유운동", 〈교수논총〉 14(2003)
박보경, "한국 장로교회 초기 여성 선교사의 사역과 선교학적 의의, 1908-1942", 〈선교와 신학〉 19(2007)
박설봉, "시대적 소명을 감당했던 목회자 전덕기", 〈나라사랑〉 97(1998)
박철희, "손양원 목사의 설교연구", 장로회신학대 대학원 석사학위논문(1998)
박한, "한국 교회에서 남궁혁의 신학사적 위치", 고신대학교 석사학위논문(2009)
박형규, "박봉진목사 순교기", 〈활천〉 231(1946)
박형우, "윌리암 제임스 홀:1860.1.16-1894.11.24", 〈연세의사학〉 14(2001)
백병권, "신석구목사의 생애와 민족운동 연구", 목원대 신학대학원 석사학위논문(1998)
서성옥, "민족 운동의 선구자 전덕기 목사", 〈나라사랑〉 97(1998)
소요한, "아펜젤러 선교활동의 변화에 대한 연구", 연세대 연합신학대학원 석사학위논문(2003)
송현숙, "호남지방 미국 남장로교의 확산(1892-1942)", 고려대 대학원 박사논문(2011)
신광철, "유관순의 신앙과 3·1운동", 〈한국기독교역사연구소소식〉 36(1999)
신현우, "은재 신석구 목사의 생애와 사상", 감리교 신학대학원 석사학위논문(1995)
안병호, "김순호 선교사의 생애와 선교적 역사적 의의에 대한 연구", 장로회신학대학원 석사학위논문(2011)
안수영, "한상동 목사의 생애와 영성", 고신대 신학대학원 석사학위논문(2001)

안용준, "순교자 토마스 목사", 〈신학지남〉 33(1966)
유금주, "3·1운동을 전후한 한국 교회 부흥운동: 길선주와 김익두의 부흥운동을 중심으로", 〈신학논단〉 30(2002)
유동식, "전덕기의 민중·민족 목회 사상", 〈나라사랑〉 97(1998)
유준기, "3·1독립운동과 기독교계 민족대표의 활동: 양전백·신석구를 중심으로", 〈총신대논총〉(2005)
윤경로, "신민회 창립과 전덕기", 〈나라사랑〉 97(1998)
이경환, "초기 한국 기독교인들의 개종체험에 관한 연구:최병헌, 길선주, 신석구를 중심으로", 감리교 신학대학원 석사학위논문(1999)
이덕식, "일제시대 한국교회 설교 연구: 신석구 목사, 주기철 목사를 중심으로", 호서대 연합신학전문대학원 박사학위논문(2005)
이덕주, "멈춘 곳에서 다시 시작하게 하소서-철원 대한수도원과 지경터, 새술막 교회 터" 〈기독교교육〉(2004)
이덕주, "백홍준- 몇 가지 오류와 문제점", 〈한국기독교사연구회소식〉 19(1988)
이덕주, "전덕기의 생애와 사상", 〈나라사랑〉 97(1998)
이덕주, "피 뿌린 씨앗탉 문준경 전도사", 〈새가정〉 381(1988)
이만열, "아펜젤러의 초기 선교활동과 한국 감리교회의 설립", 〈한국기독교와역사〉 8(1998)
이만열, "한국 초대교회 선교사 아펜젤러", 〈기독교사상〉 29(1985)
이상규, "복음성가의 아버지 화단 유재헌 목사", 〈생명나무〉(2008)
이상규, "한국에서의 의료선교사역에 관한 고찰(1880-1945)", 〈고신대학교 논문집〉 20(1993)
이상규, "한부선 선교사의 생애와 사역", 〈기독교사상연구〉 3(1996)
이상규, "호주 빅토리아 장로교의 부산, 경남지방 선교활동", 〈기독교사상연구〉 5(1998)
이영호, "황해도 동학농민군과 기독교 선교사의 접촉과 소통", 〈한국기독교와역사〉 34(2011)

이학인, "고 한경희 목사의 순교를 조함", 〈신학지남〉 17:2(1935)
이홍술, "순교자 손양원 목사의 윤리사상에 대한 연구", 장로회신학교 석사논문(1993)
장영수, "남궁혁의 생애와 신학사상에 대한 연구 : 신학지남을 중심으로", 장로회신학교 대학원 석사학위논문(1993)
편집부, "독립협회연역략", 〈창작과비평〉 16(1970)
정성규, "문준경의 생애와 사역", 호서대학교 연합신학전문대학원 석사논문(2007)
정병준, "호주 빅토리아 장로교회의 형성과 한국선교 동기", 〈한국기독교와 역사〉 22(2005)
정상우, " 3·1운동의 표상 '유관순'의 발굴", 〈역사와 현실〉 74(2009)
조순호, "손양원 목사 설교 연구", 총신대학교 목회신학전문대학원 석사논문(2012)
조이제, "감리교회 설교사-신석구 목사의 설교", 〈세계의 신학〉 57(2002)
주선애, "나의 스승 김순호 선교사님", 〈교육교회〉 273(1999)
차종순, "오기원; 광주의 첫 순교자", 〈신학리해〉 12(1994)
최덕근, "고 손양원 목사 체형조서 연구", 총신대 신학대학원 석사학위논문(2000)
최덕성, "장로교인 언약과 바르멘 신학선언", 〈성경과 신학〉 29(2001)
최덕성, "한상동과 주기철의 교회론", 〈역사신학논총〉 3(2001)
최양섭, "일제하 양양지방 독립운동과 기독교인의 역할", 목원대 신학대학원 석사학위논문(1998)
최원주, "남궁혁의 생애와 사상 : 교회일치와 연합 사상을 중심으로", 연세대 연합신학대학원 석사학위논문(1993)
최은총, "성경의 빛에 비추어 본 손양원 목사의 고난", 장로회신학대학원 석사학위논문(2013)
평화문제연구소 편집부, "청춘을 바친 열일곱살 독립운동가 '유관순 열사기념관'", 〈통일한국〉 26(2008)
피정만, "한서 남궁억과 강원도 근대교육", 〈강원문화연구〉 11(1992)
하지연, "한말 한서 남궁억의 정치, 언론 활동", 〈이화사학연구〉 31(2004)
한규무, "1905년 '상동회의'와 을사조약 반대투쟁", 〈한국독립운동사연구〉 43(2012)

한규무, "토마스 목사의 '순교' 과정에 대한 사료 검토", 〈한국기독교역사연구소소식〉 (1995)

한규무, "한서 남궁억의 사상과 활동", 〈역사와 경계〉 54(2005)

한규무, "한서 남궁억의 신앙과 활동에 대한 몇 가지 문제", 〈한국기독교역사연구소 소식〉 69(2005)

한순희, "내가 아는 박봉진 목사님", 〈활천〉 409(1984)

허돈, "은재 신석구 목사의 민족의식 재고찰: 3·1독립만세운동을 중심으로", 협성대 신학대학원 석사학위논문(1998)

홍성호, "제너럴 셔먼호 사건과 토마스의 '순교'문제 연구", 감리회신학대학원 석사논문(1995)

홍승표, "아펜젤러 조난사건의 진상과 의미", 〈한국기독교와역사〉 31(2009)

홍치모, "한부선 선교사의 신사참배 반대운동", 〈신학지남〉 70:3 (2003)

이 책에 실린 믿음의 사람들 찾아보기

ㄱ. 구연영(독립운동기) 98
　권원호(신사참배 반대자들) 191
　김마리아(독립운동기) 111
　김방호(해방과 한국전쟁 기간) 274
　김순호(해방과 한국전쟁 기간) 246
　김영진(만주·시베리아 지역) 85
　김영학(만주·시베리아 지역) 76
　김윤섭(신사참배 반대자들) 223
　김응락(해방과 한국전쟁 기간) 288
　김익두(해방과 한국전쟁 기간) 250
　김정복(해방과 한국전쟁 기간) 264

ㄴ. 남궁억(독립운동기) 133
　남궁혁(해방과 한국전쟁 기간) 293

ㄷ. 데이비스(개신교 초창기 사람들) 133

ㅁ. 맥켄지(개신교 초창기 사람들) 57
　문준경(해방과 한국전쟁 기간) 269

ㅂ. 박관준(신사참배 반대자들) 156
　박봉진(신사참배 반대자들) 183
　박의흠(신사참배 반대자들) 228
　백인숙(해방과 한국전쟁 기간) 242
　백홍준(개신교 초창기 사람들) 28
　브루스 헌트(만주·시베리아 지역) 89

ㅅ. 손양원(해방과 한국전쟁 기간) 259
　손정도(독립운동기) 129
　신석구(독립운동기) 116

ㅇ. 아펜젤러(개신교 초창기 사람들) 33
　안이숙(신사참배 반대자들) 179
　양용근(신사참배 반대자들) 199
　오웬(개신교 초창기 사람들) 52
　유관순(독립운동기) 120
　유재헌(해방과 한국전쟁 기간) 283
　윌리암 홀(개신교 초창기 사람들) 42
　이기선(신사참배 반대자들) 162
　이기풍(신사참배 반대자들) 203
　이도종(해방과 한국전쟁 기간) 254
　이재명(독립운동기) 102

ㅈ. 조종대(독립운동기) 123
　전덕기(독립운동기) 106
　주기철(신사참배 반대자들) 167
　전치규(신사참배 반대자들) 195
　조만식(해방과 한국전쟁 기간) 236
　조수옥(신사참배 반대자들) 213
　조상학(해방과 한국전쟁 기간) 279

ㅊ. 최봉석(신사참배 반대자들) 173
　최인규(신사참배 반대자들) 187

ㅌ. 토마스(개신교 초창기 사람들) 24

ㅎ. 허성도(신사참배 반대자들) 219
　한경희(만주·시베리아 지역) 81
　한상동(신사참배 반대자들) 208
　헤론(개신교 초창기 사람들) 38

한국 기독교를 통해
선교의 본질을 되묻는다

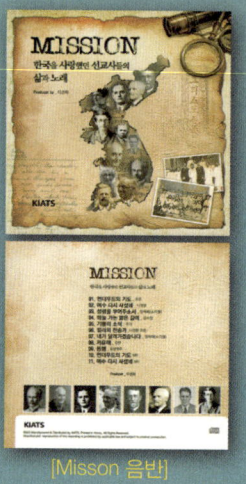

[Misson 음반]
(2015년 2월 발매)

노래 듣기
유투브 https://www.youtube.com/user/RYUMK83/videos

    한치 앞을 내다볼 수 없는 19세기 말 조선 땅에 알렌-언더우드-아펜젤러가 복음 생명의 씨앗을 들여온 지 벌써 130년이 되었습니다. 해방 전 한국 땅에 들어온 1,500여 명의 외국 선교사들의 희생과 헌신과 열정에 힘입어 오늘의 한국교회가 이루어졌으며, 이제는 2만명이 넘는 선교사들을 전 세계에 내 보내고 있습니다.

    우리는 다시금 선교의 본질과 정신과 자세를 물어볼 필요가 있습니다. 선교의 기교나 방법보다는 선교의 근본 정신과 자세를 보여준 모델을 우리 땅에 와서 헌신한 선교사들의 삶과 신앙에서 찾습니다. 이런 의도를 갖고 우리들교회(김양재목사님)의 후원과 기도로 출간된 이 책과 선교사들의 삶을 음악으로 풀어낸 한국 최고의 CCM아티스트 이권희(사명의 작곡가)의 음반은 선교를 생각하는 우리 기독교인들에게 커다란 도전과 위로를 줄 것입니다.